GUÍA DE
TERAPIAS

PILATES • YOGA • MEDITACIÓN • ANTIESTRÉS

[p]

Copyright © PARRAGON 2002

Diseño y creación en colaboración con la Bridgewater Book Company Ltd.

Todos los derechos reservados. Ninguna parte de esta obra puede ser reproducida, almacenada o transmitida de ninguna forma ni por ningún medio, sea éste electrónico, mecánico, por fotocopia, grabación o cualquier otro, sin la previa autorización escrita por parte de la editorial.

Copyright © 2003 de la edición española: Parragon
Traducción del inglés: Olga Delgado
para Equipo de Edición, S.L., Barcelona
Redacción y maquetación: Equipo de Edición, S.L., Barcelona

ISBN: 1-40541-420-0

Impreso en Indonesia

NOTA

La información contenida en este libro no pretende ser un substituto del consejo médico. Cualquier persona bajo tratamiento médico debería consultar a profesionales médicos o terapeutas cualificados antes de empezar cualquiera de los programas de ejercicios descritos en este libro.

Sumario

Introducción	**4**
Método Pilates	**6**
Yoga	**68**
Meditación	**130**
Antiestrés	**192**
Índice	**254**

Introducción

La vida moderna impone niveles de estrés y tensión elevados, tanto desde el punto de vista físico, como mental, emocional y espiritual. Este libro le propone cuatro formas distintas de lidiar con tales imposiciones y poder disfrutar plenamente de la vida. Asimismo, orienta sobre el modo de acabar con un estilo de vida potencialmente perjudicial, revelándole cómo, con un poco de esfuerzo y ciertos cuidados, usted puede aumentar su vitalidad, encontrar la serenidad y sacarle el mayor partido a cada día.

Las cuatro secciones de este libro pueden leerse como módulos independientes, aunque son complementarias. El conjunto formado por todas ellas constituye un extenso y práctico asesoramiento para ayudarle a superar, de una forma natural, las presiones de la vida moderna, así como mantenerse sano y recobrar la vitalidad y el sosiego.

Le aconsejamos que lea las cuatro secciones y elabore su propio programa, extrayendo de cada sección los elementos que más se ajusten a sus circunstancias y estilo de vida.

El método Pilates es una terapia física que opera en diferentes músculos del cuerpo para tonificarlo y ponerlo en forma, a la vez que desarrolla una respiración correcta y unas posturas y concentración mental adecuadas. Este método mejora el equilibrio, la coordinación y la flexibilidad, además de modelar el cuerpo. Se trata de una espléndida manera de mejorar la forma de su cuerpo sin aumentar la corpulencia.

Además de mejorar su salud física, el yoga le permite conseguir un mayor equilibrio, concentración y sosiego.

INTRODUCCIÓN

El yoga puede contribuir a mejorar su salud física, ya que tonifica los músculos y órganos internos, alivia la tensión, reduce el peso y fortalece los huesos. Pero el yoga no sólo afecta al cuerpo, sino que también le guía hacia la relajación, mostrándole el modo de conseguir un equilibrio, concentración y sosiego mayores. Se trata de toda una filosofía de vida que enseña cómo el control del cuerpo es la clave para controlar la mente. El dominio del arte de la relajación y respirar de una forma "adecuada" son dos de los aspectos más importantes del yoga. En cuanto usted los domine, su concepto de la vida será más positivo y saludable.

La meditación puede ser una vía para alcanzar la armonía interior.

Por su parte, la meditación, además de ser también un elemento importante del yoga, constituye por sí misma una terapia por derecho propio y no sólo se trata de un mero tipo de relajación. En este libro le mostramos cómo, con la práctica, la meditación puede ser utilizada para frenar la distracción y el "parloteo mental", transportándole a un estado de plena conciencia que le permitirá experimentar las cosas tal y como son realmente. La meditación puede mejorar su capacidad de concentración, aumentar su autoconciencia y combatir el estrés de la vida diaria, ayudándole a relajarse y a hacer frente a la misma. La meditación puede mejorar el bienestar físico y mental y puede ser una vía para lograr la armonía interior.

La sección final de este libro muestra cómo eliminar el estrés de su vida. Insiste en muchos de los mensajes de las secciones anteriores, pero también le ofrece otras opciones que pueden reconfortarlo y rejuvenecerlo.

No importa la edad o el nivel de forma física que usted tenga, su vida puede mejorar. Este libro le indica cómo encontrar el tiempo necesario para ocuparse de sí mismo y le guía de forma pausada para conseguir el bienestar en todos los aspectos de su vida: físico, emocional y espiritual.

Método Pilates

Introducción

A lo largo de la historia de la humanidad el hombre ha ido siempre en busca de formas nuevas e innovadoras para ejercitar el cuerpo. Los vestigios del yoga encontrados en el subcontinente indio se remontan a unos 4.000 años atrás, y los del tai chi chuan, una forma de movimiento fluido practicado en China, tienen 2.000 años de antigüedad. El método Pilates, desarrollado en el siglo XX, combina la sabiduría ancestral con el conocimiento moderno.

Los Juegos olímpicos, que comenzaron en Grecia hacia el siglo VIII a. C., atrajeron a atletas de todo el mundo. A pesar de que en el año 393 d. C. fueron suprimidos, en 1896 se reemprendió su edición, poniéndolos otra vez en la palestra. En la actualidad, los Juegos olímpicos continúan atrayendo a los mejores atletas del globo y se han convertido en todo un acontecimiento mundial que se celebra cada cuatro años. Al igual que estos juegos, otras formas antiguas de hacer ejercicio siguen siendo apreciadas hoy día, si bien la gente ha continuado buscando maneras nuevas y fascinantes de mantener la forma física en las mejores condiciones: desde las competiciones deportivas, como el fútbol, el baloncesto o la natación, hasta los nuevos sistemas de entrenamiento, que incluyen las pesas o el aeróbic.

Los ejercicios del método Pilates nos ayudan a utilizar nuestro cuerpo de una forma consciente y correcta, mejorando nuestra postura y salud.

El objetivo del método Pilates

El método Pilates se desarrolló en el siglo XX. Practicado con regularidad, le ayuda a mantener la mente y el cuerpo en armonía, ya que combina la concentración mental con la fluidez de movimientos. Su objetivo es trabajar con diferentes músculos para tonificar y poner en forma todo el cuerpo, a la vez que desarrolla una respiración correcta y unas posturas y concentración mental adecuadas. En particular, el método Pilates mejora el equilibrio y la coordinación, modelando el cuerpo y contribuyendo a mejorar la flexibilidad de los músculos y las articulaciones.

INTRODUCCIÓN

Pilates para todos

Desde sus inicios, esta forma de hacer ejercicio, que combina la mente y el cuerpo, ha atraído a gente rica y famosa de todo el mundo, y es especialmente popular entre las celebridades de Hollywood. Desde que Gregory Peck se adhirió a las enseñanzas del método Pilates, muchos otros personajes famosos le han seguido. En la actualidad, estrellas como el tenista Pat Cash o la cantante pop Madonna, han adoptado el método Pilates como su sistema preferido para mantenerse en forma. *Top models* y gente del mundo de la danza y del deporte han cosechado ya los beneficios de esta práctica. Además, lo mejor del método Pilates es que usted no necesita ser un atleta para poder practicarlo. Los ejercicios que se proponen son suaves y están diseñados para forzar el cuerpo lo menos posible. Esto significa que casi todas las personas de cualquier edad y nivel de forma física pueden seguir este método. Ya sea usted joven o viejo, un fanático del *fitness* o alguien que no haya practicado deporte alguno en muchos años, puede beneficiarse del método Pilates. Y tampoco necesita un equipo especial, puede practicarlo por su cuenta y en casa.

Casi cualquier persona puede practicar el método Pilates; los ejercicios son suaves y ejercen una tensión mínima sobre el cuerpo.

El estrés y el agotamiento son realidades de la vida moderna, pero el método Pilates le puede ayudar a combatirlos y aumentar su bienestar.

Beneficios para la salud

El método Pilates puede mejorar su salud. Los ejercicios, cuidadosamente diseñados, son muy efectivos para ayudarle a tonificar su cuerpo y conseguir una figura de aspecto más esbelto y estilizado, así como una buena forma física; y todo ello sin aumentar su corpulencia. También le ayudará a reducir el estrés y combatir la fatiga, a la vez que reforzará la confianza en sí mismo y le hará sentirse mejor. Comprobará que su aspecto mejora y se siente cada vez más en forma, al mismo tiempo que sus movimientos adquieren una nueva gracia al haber aumentado la coordinación y flexibilidad de los músculos. Cualquier momento es bueno para empezar a remodelar el cuerpo; sólo necesita un poco de tiempo y ganas de conseguirlo.

PARTE I: ANTECEDENTES

¿Qué es el método Pilates?

El método Pilates es un sistema de ejercicios que le permite controlar su cuerpo y su mente. Consiste en movimientos suaves y fluidos que tonifican el cuerpo y le dan esbeltez, y además fortalecen y dan mayor flexibilidad a músculos y articulaciones. También utiliza el poder mental, el cual colabora en los ejercicios, aumentando así la armonía entre el cuerpo y la mente.

El método Pilates se suele definir como "un sistema parecido al yoga, que usa máquinas". No obstante, a pesar de que Joseph Pilates, su fundador, se inspirara algo en el yoga, los ejercicios son diferentes. Si tiene cerca de su casa algún centro Pilates provisto de aparatos especiales, como poleas o muelles, tenga presente que, si bien estos elementos pueden ser de utilidad, no son imprescindibles. A medida que vaya realizando los ejercicios de este libro se dará cuenta de que el único equipo necesario para conseguir una forma física y una salud óptimas es el propio cuerpo.

Un tiempo mínimo para un resultado máximo

Los ejercicios del método Pilates han sido diseñados para ejercitar los músculos del cuerpo de una forma lo más eficiente posible en el mínimo tiempo. Estos "suaves ejercicios" tratan el cuerpo como un todo y son muy efectivos. No es preciso que invierta diariamente muchas horas de entrenamiento en el gimnasio: sólo necesita practicar dos o tres veces por semana; comience con sesiones de 10 minutos y vaya aumentando la duración de las mismas de forma paulatina.

El método Pilates trabaja con el cuerpo como "un todo", en lugar de incidir sólo en áreas específicas o sobre grupos de músculos en particular.

Remodelando el cuerpo

La capacidad del método Pilates de remodelar el cuerpo ha atraído a personas de todos los ambientes a lo largo de los años. Si bien es cierto que este sistema de ejercicios puede modificar su aspecto físico, no debemos olvidar que cada persona tiene una constitución propia. Por ello, es importante trabajar con lo que uno ya tiene y reconocer que no es posible cambiar la forma del cuerpo por completo.

En el recuadro inferior se presentan los tres biotipos esenciales en función de la constitución física, conocidos como ectomorfo, mesomorfo y endomorfo. Esta clasificación le ayudará a definir cuál es la constitución que más se ajusta a su caso. Además, muchos consideran que la forma del cuerpo está asociada a ciertos rasgos de la personalidad, algunos de los cuales también se incluyen en el recuadro.

Constitución física

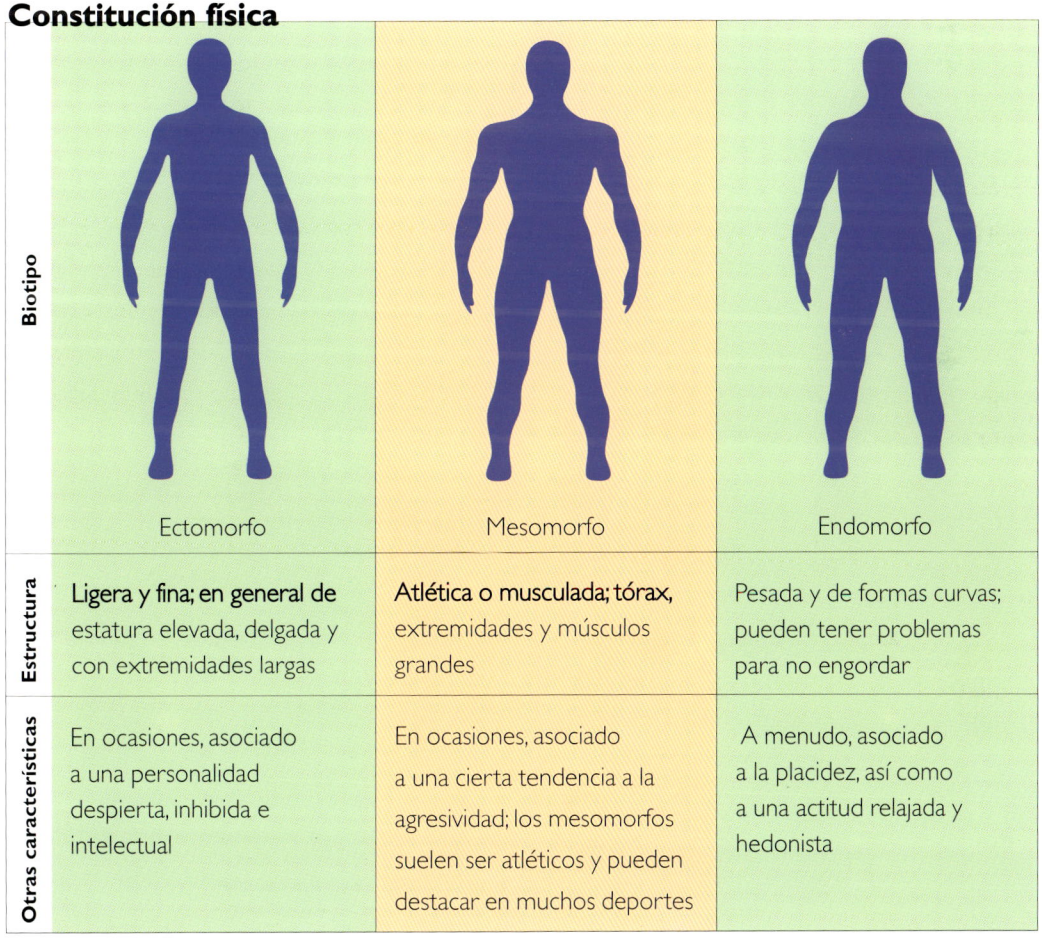

	Ectomorfo	Mesomorfo	Endomorfo
Estructura	Ligera y fina; en general de estatura elevada, delgada y con extremidades largas	Atlética o musculada; tórax, extremidades y músculos grandes	Pesada y de formas curvas; pueden tener problemas para no engordar
Otras características	En ocasiones, asociado a una personalidad despierta, inhibida e intelectual	En ocasiones, asociado a una cierta tendencia a la agresividad; los mesomorfos suelen ser atléticos y pueden destacar en muchos deportes	A menudo, asociado a la placidez, así como a una actitud relajada y hedonista

Historia y evolución del método Pilates

El método Pilates fue desarrollado por un alemán llamado Joseph H. Pilates. En su infancia, Pilates sufrió de raquitismo y otras enfermedades y creció con la determinación de fortalecer su débil cuerpo. Su interés por la forma física aumentó durante la Primera Guerra Mundial, donde sirvió como oficial y trató a pacientes que no podían moverse.

Durante la década de los años veinte, Pilates incorporó una serie de aparatos a sus series de ejercicios con el fin de aumentar la efectividad de su método. Así, por ejemplo, diseñó unos ejercicios para ser realizados en la cama, a la cual acoplaba unos muelles para aumentar la eficiencia de los ejercicios. Enseguida pudo comprobar cómo sus pacientes se recuperaban más rápido si utilizaba tales muelles. De hecho, éstos se convirtieron en los primeros elementos de una extensa colección de aparatos que Pilates fue ampliando con el tiempo.

Un buen equilibrio es uno de los principios del método Pilates, el cual incluye ejercicios para realizar de pie que pueden ser practicados en cualquier sitio y a cualquier hora.

Después de la guerra

Al finalizar la Primera Guerra Mundial, Pilates se fue a Estados Unidos y abrió un centro de *fitness* en Nueva York. Muy pronto sus técnicas atrajeron a personas ricas e influyentes. Pilates continuó desarrollando y perfeccionando su método hasta el final de sus días. Aunque, a menudo, utilizaba aparatos en sus ejercicios, el método original se basaba en una serie de ejercicios de colchoneta, cuya eficacia era igual a la de los efectuados con aparatos. Los fundamentos del método Pilates son: una respiración rítmica, una postura centrada, movimientos suaves y fluidos y una concentración mental adecuada.

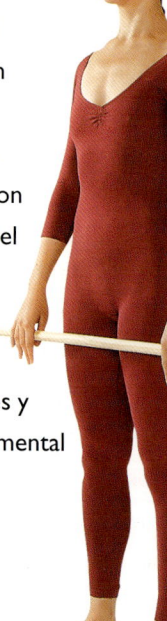

En algunos de los ejercicios se utiliza un sencillo utensilio casero, como el palo de una escoba, para entrenar el cuerpo a que se mueva de forma correcta.

HISTORIA Y EVOLUCIÓN DEL MÉTODO PILATES

Ponerle riendas a la mente es uno de los principios de cualquier ejercicio del método Pilates y aporta grandes beneficios.

un mayor equilibrio, una mejor coordinación muscular y más gracia en sus movimientos, así como aumentar su resistencia y flexibilidad general. Por este motivo, no es de sorprender que actualmente sea tan popular entre multitud de deportistas. Muchos de ellos han adaptado las técnicas del Pilates para su uso particular y no cabe duda de que irán surgiendo cada vez más ideas ingeniosas basadas en los principios básicos de este método.

El método Pilates en la actualidad

En sus comienzos, el método comprendía 34 movimientos, pero con el transcurso de los años, practicantes y profesores de todas partes han aportado a esta poderosa técnica sus propias variaciones. Por ello, no puede hablarse de un método Pilates único. Durante décadas, la gente ha ido incorporando sus propias ideas e innovaciones al método y por tanto su práctica ha ido evolucionando de forma paulatina. Hoy día, el método Pilates incluye otros ejercicios, así como modificaciones de los ejercicios originales. Sin embargo, todos ellos se ajustan de forma esencial al sistema original.

Con todo, una de sus características más positivas es su adaptabilidad. En cuanto conozca cómo actúa el sistema, usted podrá incluir sus movimientos en otras disciplinas para completar su programa de entrenamiento. Los ejercicios del método Pilates pueden ayudarle a alcanzar

En todos los ejercicios del método Pilates, sólo debe llegar hasta donde su cuerpo alcance, sin forzarlo ni sentir incomodidad.

¿Por qué practicar el método Pilates?

El método Pilates constituye un sistema muy completo de entrenamiento para todo el cuerpo: no sólo se ejercitan los grupos de músculos principales, sino también aquellos más débiles y menos utilizados. Por este motivo podrá conseguir una perfecta tonificación de todo su cuerpo y darse cuenta del potencial que éste encierra. El método Pilates es un sistema abierto a todo el mundo; cualquier persona puede practicarlo a cualquier edad.

Beneficios

Hay muchas recompensas para los que practican el método Pilates de forma regular. Además de aumentar la confianza en sí mismo y hacerle sentirse mejor, la práctica del método Pilates le ofrece las siguientes ventajas:

- **Mayor equilibrio:** los ejercicios le permiten comprender mejor su cuerpo y sistema muscular. Tomará mayor conciencia de la simetría de su cuerpo y de cómo cada movimiento tiene su propio equilibrio y características.

- **Menos estrés:** el método Pilates le permite relajarse, así como combatir los efectos químicos del estrés, como es el exceso de adrenalina en el organismo.

- **Una digestión más eficiente:** el método Pilates le puede ayudar a tonificar y fortalecer los músculos del estómago. Y puesto que también ayuda a reducir el estrés, facilitará sus digestiones, ya que éstas suelen complicarse cuando estamos sometidos a gran tensión y estrés.

- **Aumenta el aporte de oxígeno:** esto ayuda a que el organismo funcione de forma eficiente, lo que conlleva un nivel de energía superior, mejor salud muscular y mayor claridad mental.

- **Mejora la circulación:** el método Pilates le ayuda a mejorar el flujo sanguíneo, lo que significa una circulación más eficiente de nutrientes y oxígeno y una mayor facilidad para eliminar toxinas.

- **Mejora la piel:** una mejor función cardiovascular significa una mayor eficiencia en la eliminación de los productos de desecho y, por tanto, una piel más limpia.

- **Refuerza el sistema inmunológico:** el método Pilates, al ejercitar los músculos, ayuda a que la linfa circule por todo el cuerpo. La linfa transporta leucocitos, que son las células responsables de combatir las enfermedades.

- **Modela el cuerpo:** los ejercicios le ayudan a conseguir una figura más esbelta y estilizada.

- **Mayor fuerza y coordinación:** su fuerza, coordinación y equilibrio aumentarán. Se moverá con mayor agilidad y gracia.

¿POR QUÉ PRACTICAR EL MÉTODO PILATES?

Cuando practique el método Pilates, asegúrese de que sus movimientos son lentos y suaves y de que su mente está concentrada.

Consejo

Los mejores programas para conseguir una buena forma física son aquellos que mejoran la flexibilidad del cuerpo, lo fortalecen y aumentan su resistencia. El método Pilates le ayuda a aumentar su fuerza y flexibilidad y mejora la coordinación de sus músculos. Sin embargo, para obtener los mejores resultados, debería combinar su programa Pilates con una forma de ejercicio cardiovascular específico, como por ejemplo el aeróbic, para aumentar su resistencia.

Para obtener los mejores resultados de la práctica del método Pilates, al empezar debe asegurarse de que su cuerpo está correctamente alineado.

Aprendiendo la práctica del método Pilates

Esta sección le proporciona una introducción básica al método Pilates, que puede ser muy útil a aquellos que quieran saber más del método y cómo realizar algunos de los ejercicios. Este método está recomendado sobre todo para gente que no tenga graves problemas de salud y que no estén en tratamiento médico o sufran lesiones físicas.

En caso de que usted padezca alguna enfermedad o lesión, o tenga alguna duda sobre su estado físico y la idoneidad del método Pilates para su caso, consulte a su médico antes de comenzar a practicarlo.

Este libro tampoco pretende ser un substituto de un profesor cualificado del método Pilates. Es más, si usted decide profundizar en el conocimiento y práctica de dicho método, le recomendamos firmemente que busque cerca de su casa algún centro donde poder recibir clases de un instructor cualificado (véase pág. 67).

Cómo actúa el método Pilates

Los ejercicios del método Pilates actúan sobre el cuerpo de una forma muy efectiva. En lugar de trabajar sólo sobre un grupo de músculos determinados, considera el cuerpo como un "todo". La práctica de este método le proporcionará los recursos necesarios para realizar de una forma más eficiente sus tareas cotidianas, como cargar con la compra, trabajar en el jardín o mover muebles. Asimismo, le dará mayor flexibilidad y ligereza de movimientos.

Emociones

La práctica del método Pilates puede contribuir a mejorar su salud, tanto a nivel físico como emocional. Asimismo, puede aumentar la confianza en sí mismo y hacerle sentirse mejor. También puede reducir el nivel de estrés y ayudarle a estar más relajado.

En una situación de amenaza, o en otras circunstancias que puedan provocar mucho estrés, se activa en el organismo el mecanismo de respuesta que se conoce como "luchar o huir". Ante una amenaza inmediata su cuerpo responde liberando adrenalina, a la vez que se aceleran el ritmo cardíaco, el metabolismo y la respiración, y cortisol y otras hormonas se ponen en circulación por todo el organismo. Cualquier función que no sea esencial para la supervivencia inmediata –incluidos el sistema inmunológico o la digestión– se detiene de forma automática.

Este mecanismo de defensa prepara al cuerpo para un gran esfuerzo físico inminente, algo que sin duda ayudó a nuestros antepasados a escapar de sus depredadores. El esfuerzo físico para acometer la huida o luchar libera estrés. Una vez que el peligro ha pasado y se ha

El método Pilates y el cuerpo

El método Pilates es un excelente sistema de ejercicios para tonificar y poner en forma nuestro cuerpo. Actúa a muchos niveles, como por ejemplo:

- Emociones.
- Nervios.
- Tejidos.
- Músculos.
- Huesos.

El método Pilates le ayuda a respirar utilizando los músculos del diafragma.

realizado el esfuerzo físico correspondiente, el organismo vuelve a la normalidad.

Sin embargo, no siempre podemos contrarrestar la respuesta del estrés. Y en estos casos las sustancias químicas generadas permanecen en el cuerpo, minando su energía y obstaculizando la digestión y el sistema inmunológico. El método Pilates ayuda a reducir la respuesta frente al estrés, permitiendo que nuestro organismo recupere su funcionamiento normal. La respiración se hace más relajada, el ritmo cardíaco desciende y se estabiliza y los procesos metabólicos se regularizan. Además, digerimos la comida con mayor facilidad y nos hacemos más resistentes a padecer resfriados. A medida que nos vamos relajando, nuestro humor mejora y nos sentimos más felices.

Tejidos

Los ejercicios del método Pilates pueden ayudar a tonificar los tejidos conjuntivos que rodean, protegen y sostienen partes vitales del organismo, incluidos los huesos, los tendones y los músculos. La práctica regular de este método durante un cierto período de tiempo fortalece estos tejidos conjuntivos, lo que comporta una mayor coordinación de movimientos y reduce el riesgo de padecer lesiones.

Nervios

El cerebro y la médula espinal son centros del sistema nervioso central, pero en realidad este último consiste en una extensísima red de células que transporta información entre todas las partes del cuerpo y cuyo fin es controlar las actividades y el funcionamiento del organismo.

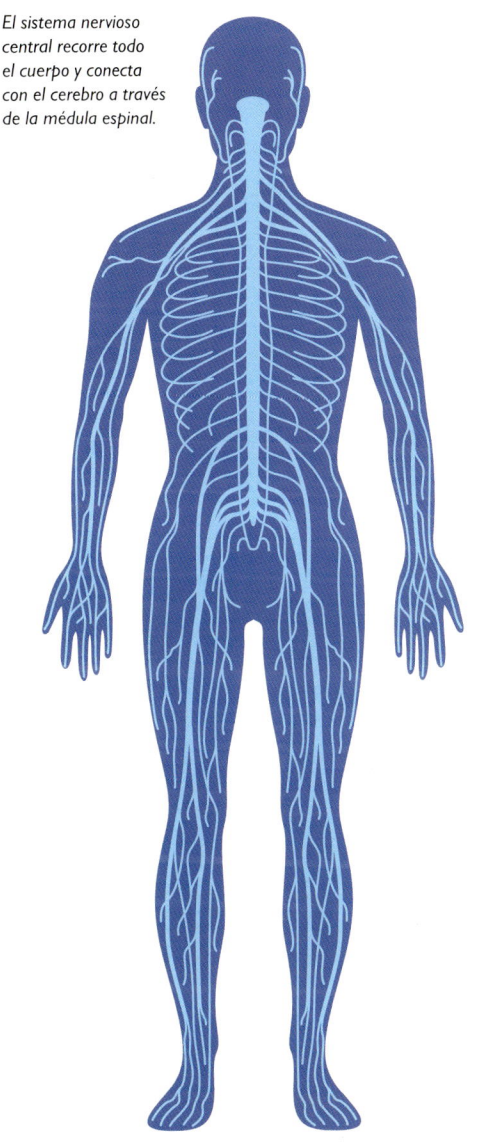

El sistema nervioso central recorre todo el cuerpo y conecta con el cerebro a través de la médula espinal.

Asimismo, es el responsable del movimiento y la coordinación. Los impulsos nerviosos parten del cerebro y llegan a él y nos dicen cómo nos sentimos. Además coordinan nuestros movimientos. El método Pilates nos ayuda a encontrar un equilibrio entre la relajación y la tensión, así como a tomar conciencia del sistema nervioso.

Músculos

Existen más de 650 músculos en todo el cuerpo, los cuales realizan un enorme trabajo. Permiten que podamos movernos, sentarnos o levantarnos, a la vez que controlan funciones clave del organismo. El corazón, por ejemplo, es un gran músculo que bombea sangre por todo el cuerpo. El estómago y el intestino son también músculos y son los responsables de los procesos de digestión. El método Pilates le ayuda a tonificar y fortalecer tales músculos, para que trabajen de forma más eficiente.

Aislar un músculo o un grupo de músculos durante el ejercicio físico es contrario a los principios del método Pilates. Éste incide en el trabajo de todo el cuerpo y así lo prepara de forma más concienzuda para la realización de las tareas cotidianas. Y, dado que los músculos suelen trabajar por parejas o por grupos, el ejercitar un solo músculo actuaría siempre en detrimento de otro. No obstante, es importante conocer dónde están situados los distintos músculos en el cuerpo, por lo que incluimos aquí un conciso recuadro de referencia.

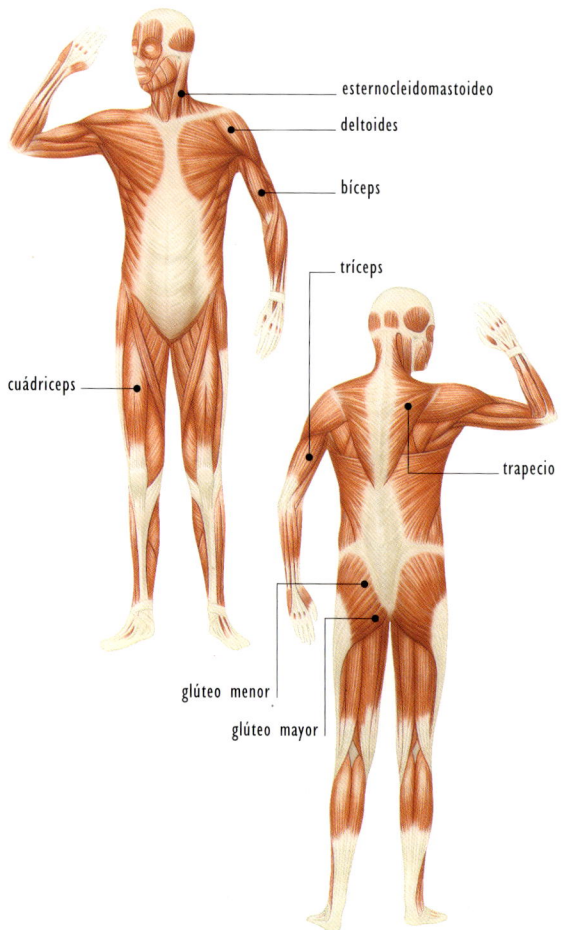

Músculos del cuerpo

Músculo	Área del cuerpo
Bíceps	En la parte anterior del brazo
Deltoides	En la parte superior de los hombros
Glúteo menor	Pareja de músculos en las nalgas, justo por encima de la parte blanda de las mismas
Glúteo mayor	Pareja de músculos en la parte blanda de las nalgas
Esternocleidomastoideo	A ambos lados y en la parte posterior del cuello
Cuádriceps	Situado en los muslos
Trapecio	Músculo plano y triangular que recubre la parte posterior del cuello y de los hombros
Tríceps	Músculo en la parte posterior del brazo

Huesos

Los ejercicios del método Pilates actúan sobre los huesos de la espalda para devolverles su alineación correcta y natural. Con la práctica regular se consigue mejorar la postura y la coordinación de movimientos. Los ejercicios también aumentan la estabilidad, lo que a su vez le permitirá realizar los movimientos y ejercicios de forma más eficiente. La práctica regular del método Pilates también confiere mayor movilidad a las articulaciones y hace posible que todo el cuerpo trabaje de forma suave. Esto puede serle de especial provecho a medida que se vaya haciendo mayor, porque así cuando llegue a la vejez tendrá una buena movilidad y podrá estar más activo.

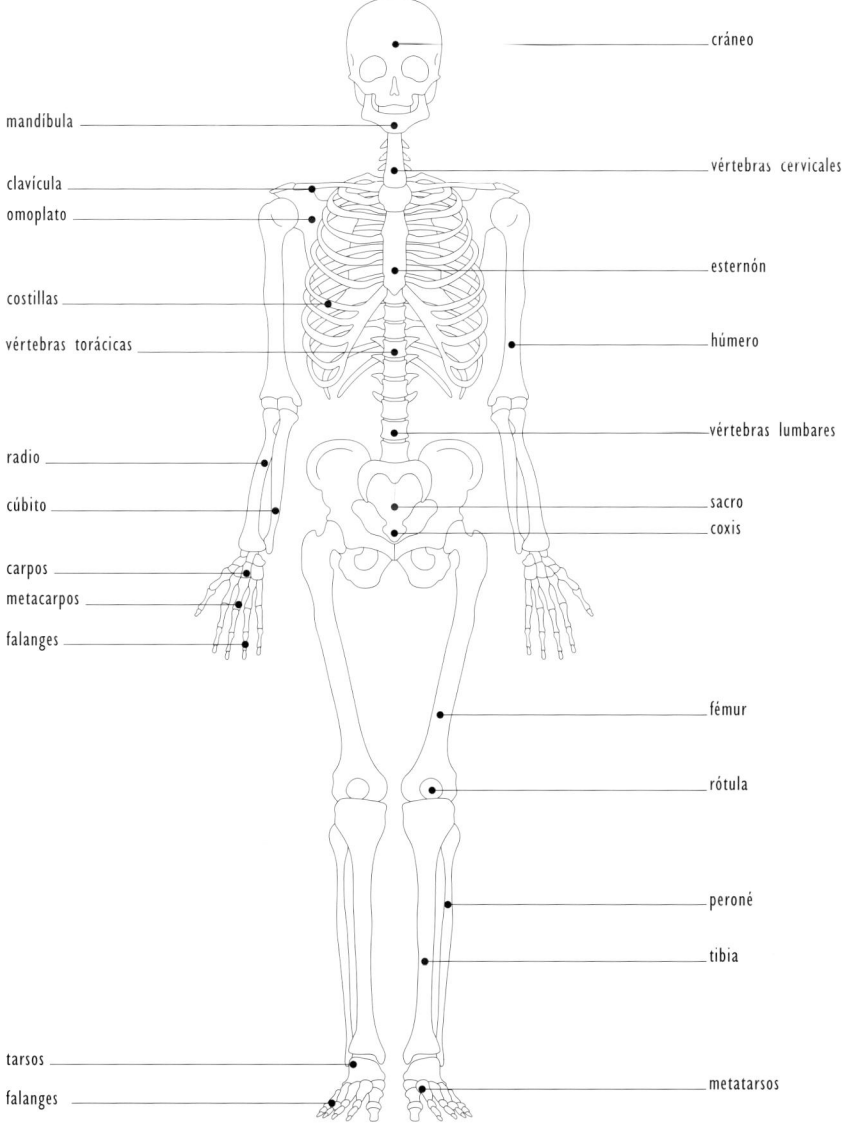

PARTE 2: PREPARACIÓN

Equipo, ambiente y seguridad

Si bien es cierto que Joseph Pilates concibió ingeniosos artilugios para mejorar el rendimiento de sus ejercicios y que no cabe duda que tales aparatos, utilizados en programas de entrenamiento específicos, pueden producir resultados satisfactorios, no es preciso que usted compre un equipo especial para practicar este método.

¿Dónde practicarlo?

Si usted tiene un centro del método Pilates cerca de su casa, puede serle de gran ayuda asistir a él, pero no es imprescindible. Cualquiera puede practicar el método Pilates cómodamente en su casa. No necesita aparatos especiales para hacer los ejercicios propuestos, pero, eso sí, debe asegurarse de que su zona de trabajo sea a la vez confortable y segura. Para los ejercicios de suelo, es importante que disponga de una alfombra o pequeña manta de viaje que le ayude a proteger la columna.

A medida que progrese en la realización de ejercicios cada vez más avanzados, puede ser que decida invertir en una gruesa colchoneta de deporte, aunque este aspecto no es esencial.

La zona de trabajo debe estar lo bastante caldeada como para que usted pueda mantener los músculos relajados. Sin embargo, evite trabajar en espacios muy soleados o cerca de calefactores, porque su cuerpo podría calentarse demasiado. Asegúrese de que el suministro de aire sea el adecuado y de que no haya desorden ni obstáculos a su alrededor.

La colchoneta protege su columna y le ayuda a no enfriarse cuando practique en el suelo; una toalla doblada le puede servir para alinear el cuerpo correctamente.

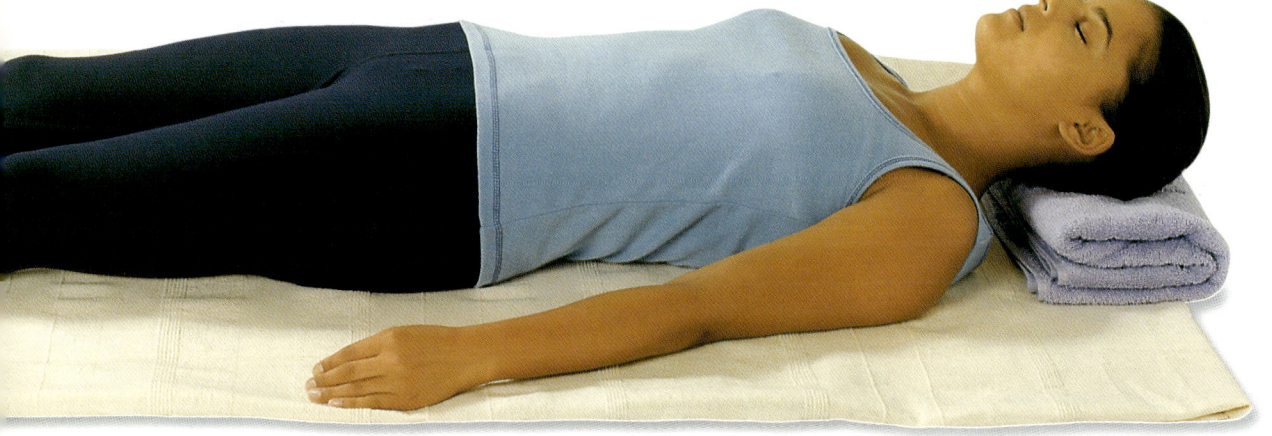

¿Qué ponerse?

Lo ideal serían unos leotardos o unos pantalones cortos u otra ropa de deporte, ya que así podrá observar sus músculos mientras los ejercita. Con todo, tampoco es necesaria una vestimenta especial, basta con que utilice cualquier prenda cómoda y amplia que ya tenga. Evite las prendas que le aprieten la cintura. Es preferible que escoja ropa de algodón, puesto que es más fresca. Con respecto al calzado, se puede practicar descalzo o con zapatillas deportivas. Recuerde quitarse el reloj y cualquier joya que lleve puesta antes de empezar los ejercicios.

Duración de la sesión

Usted puede practicar el método Pilates siempre que lo desee y a cualquier hora del día. Algunas personas prefieren practicar durante la mañana, otras por la tarde. La elección es suya. No obstante, debe evitar realizar los ejercicios justo después de alguna comida o si se sintiera indispuesto. La duración de las sesiones puede oscilar entre apenas cinco minutos y una hora. Algunas personas prefieren hacer sólo una sesión diaria de 15 a 30 minutos, mientras que otras se decantan por hacer varias sesiones cortas en el transcurso del día. Sea como sea, lo más importante es que lo haga de forma regular y que no se precipite. Si sólo dispone de cinco o diez minutos de tiempo libre, es mejor que insista en la calidad de los ejercicios más que en su cantidad; en este caso, planifique ejercicios cortos para así poderlos realizar despacio y bien. No intente acelerar los movimientos para poder incluir más ejercicios en su sesión. Si desea obtener resultados estables en un espacio de tiempo razonablemente corto, debería plantearse realizar sesiones de 15 minutos al menos cuatro veces por semana. No obstante, cualquier ratito que le dedique al método Pilates no será en vano. Las sesiones cortas que pueda llevar a cabo durante los descansos del trabajo pueden ser particularmente beneficiosas para reducir el estrés y aumentar la relajación.

Una de las características más positivas del método Pilates es su adaptabilidad: usted puede practicarlo cuando y donde más le convenga.

Seguridad

Con independencia de que usted haya optado por una sesión de cinco minutos o por otra de una hora, siempre debe incluir en ellas un precalentamiento, para evitar así posibles lesiones. Si sus músculos están fríos, lo natural es que se tensen y en tales condiciones es cuando suelen producirse las lesiones. Caminar a paso ligero durante unos minutos allí donde vaya a realizar la sesión o bien en el exterior le ayudará a calentar el cuerpo. También hay ejercicios específicos para calentar que usted puede hacer al principio de cada sesión; una selección de éstos se incluye más adelante.

Si padece alguna lesión o dolencia, está usted embarazada o tiene alguna duda sobre si su condición física le permite practicar los ejercicios del método Pilates, busque asesoramiento médico cualificado antes de empezar cualquiera de los ejercicios de este libro. El método Pilates se puede practicar durante el embarazo, pero sólo después de haber consultado con su médico y bajo la dirección de un instructor cualificado.

En ocasiones, algunos ejercicios del método Pilates pueden agravar ciertos síntomas de la menstruación, por lo que, si tiene alguna duda, es mejor que los evite hasta pasado el período. De la misma manera, si ha sufrido recientemente alguna enfermedad leve, como un resfriado o infección de garganta, evite realizar ejercicios hasta pasadas dos semanas del cese de los síntomas.

Es necesario realizar un precalentamiento antes de una sesión del método Pilates para evitar lesiones; si sus músculos están fríos y tensos, corre el riesgo de hacerse daño.

Otros consejos de seguridad

Debe beber mucha agua durante todo el día. La cantidad diaria recomendada oscila entre un litro y medio y dos litros. Y ponga especial atención en no deshidratarse durante la sesión de ejercicios. Si su cuerpo se deshidrata, puede sufrir multitud de síntomas, tales como náuseas, dolor de cabeza y agotamiento. Una ingestión adecuada de agua le ayudará a eliminar las toxinas y otros residuos de su cuerpo y le hará sentirse fresco y enérgico para su sesión de ejercicios.

El agua ayuda a eliminar las toxinas del organismo; un déficit de agua puede provocarle dolores de cabeza, náuseas y cansancio.

Al principio, ciertos ejercicios pueden sentirse de forma muy tenue y esto puede resultarle algo decepcionante, pero tenga en cuenta que los efectos se manifestarán al día siguiente. Por consiguiente, es mejor que se lo tome con calma y no fuerce hasta el punto de sentirse incómodo. Nunca se ponga tenso y, si siente algún dolor agudo o repentino –señal de que se ha excedido–, deténgase al instante. No hay prisa ni presión; tómese el tiempo que necesite para realizar los ejercicios y no trate de hacer mucho en poco tiempo.

Finalmente, al terminar los ejercicios trate de no quedarse quieto enseguida. Manténgase activo durante unos minutos, aunque sólo sea dando una vuelta por su casa o yendo de una habitación a otra. Esto le permitirá a su cuerpo recuperar su ritmo normal.

Es preciso beber mucha agua para gozar de buena salud; además el agua estimula su energía.

Mente y cuerpo

Una de las diferencias clave del método Pilates respecto a otras muchas formas de hacer ejercicio es que éste utiliza el poder mental como ayuda para realizar los ejercicios físicos. Este acercamiento entre el cuerpo y la mente ha abierto todo un mundo de nuevas posibilidades en el ámbito del ejercicio físico. El trabajo conjunto de cuerpo y mente permite crear las condiciones ideales para que el ejercicio sea armonioso, equilibrado y concentrado.

Defina sus objetivos

Antes de comenzar un nuevo programa de ejercicios, le ayudará tener una idea preconcebida, o simplemente un planteamiento aproximado, de cuáles son sus metas. Si lo que usted quiere es modelar su cuerpo y sacar el mayor partido a su constitución natural, sepa que puede obtenerlo con el método Pilates. También puede conseguir parecer más alto, esbelto y estilizado. Pero quizás prefiera mejorar su postura, fortalecer su musculatura o conseguir una mayor flexibilidad. Y, si lo que ha decidido es adelgazar, el método Pilates le ayudará a tonificar y modelar su cuerpo, pero no le hará perder peso por sí solo. Para alcanzar los mejores resultados en este terreno, necesitará además reajustar su dieta, así como realizar ciertos ejercicios específicos para quemar grasas. Así pues, antes de empezar, tómese el tiempo preciso para decidir qué es lo que pretende obtener con el método Pilates y mantenga este objetivo en su mente mientras practica. Estar atento a sus objetivos puede ayudarle a conseguirlos de forma más rápida.

Tómese su tiempo para concentrar la mente y plantearse qué pretende conseguir con el método Pilates.

Con el método Pilates usted puede conseguir una figura más esbelta y estilizada, pero, si además quiere perder peso, debería ajustar también su dieta.

El poder de la visualización

La mente tiene un extraordinario poder para provocar cambios en el cuerpo. Esto es debido a que nuestro organismo no distingue entre las cosas que visualiza y la realidad propiamente dicha. Por este motivo, si por ejemplo visualizamos una situación de mucho estrés, nuestro cuerpo pondrá en marcha el mecanismo de respuesta conocido como "luchar o huir" (véase pág. 16), lo que provocará a su vez una descarga de adrenalina y de sustancias antiinflamatorias en el organismo e interrumpirá ciertos procesos corporales como la digestión. En cambio, si nos visualizamos en una situación verdaderamente gozosa, el cuerpo responderá con la liberación al organismo de sustancias químicas "felices", tales como las endorfinas.

Usted puede aprender a usar el poder de la visualización como ayuda en sus ejercicios. Para empezar, el simple hecho de visualizarse a sí mismo tal y como desearía ser le ayudará a que este deseo se manifieste a nivel físico. Y esto, a su vez, le ayudará a mantener una motivación elevada. Igualmente, practicar la visualización puede serle de utilidad para obtener una buena postura y realizar los ejercicios de forma correcta. Por ejemplo, imaginar que la parte inferior de su espalda está anclada al suelo y que empuja su ombligo en dirección a la columna le ayudará a ejercitar los músculos adecuados y favorecerá que realice el movimiento requerido correctamente.

Así pues, la visualización puede ser un poderoso aliado en cualquier entrenamiento físico, y no cuesta nada incorporarla. Debería usarla con la mayor frecuencia posible, si quiere conseguir los mejores y más rápidos resultados.

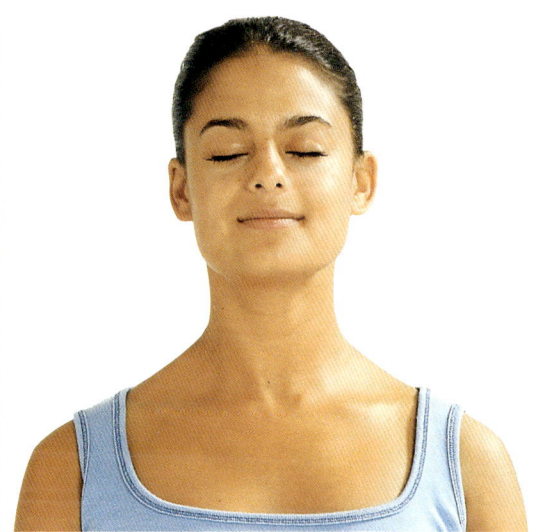

Visualizar una situación positiva puede ayudarle a que ésta se convierta en realidad. Así pues, no olvide concentrar sus pensamientos antes, durante y después de los ejercicios.

Imaginar que empuja su ombligo en dirección a la columna vertebral le ayudará a trabajar los músculos adecuados.

Aprender a respirar de forma correcta

Una respiración correcta es un factor de vital importancia para conseguir un buen suministro de oxígeno en los pulmones: el oxígeno vivificador purifica la sangre y da energía al cuerpo. A pesar de que de niños lo natural es que respiremos correctamente, mucha gente, a lo largo de su vida, desarrolla hábitos de respiración incorrectos o deficientes. La técnica correcta de respirar puede dominarse con un poco de paciencia.

Beneficios de una respiración correcta

La respiración es un asunto de vital importancia. Respirar de forma correcta le aporta muchos beneficios, como por ejemplo:

- Purificación de la sangre.
- Aumento de los niveles de energía.
- Transporte de nutrientes esenciales a tejidos vitales del organismo.
- Aporte de energía a órganos y músculos del cuerpo.
- Realización de los ejercicios de manera más eficiente.
- Suavidad de movimientos.
- Claridad mental.
- Control muscular.

La importancia de una respiración rítmica

Al inspirar usted introduce oxígeno en los pulmones. La acción de respirar también hace circular la sangre por el cuerpo. Al espirar, expulsa de los pulmones aire viciado y gases como el dióxido de carbono. Si contiene la respiración durante un esfuerzo físico, el dióxido de carbono se queda en los pulmones, se acumula en el cuerpo y debilita los músculos. Contener la respiración también puede provocarle un aumento de la presión sanguínea, ponerle tenso y hacerle derrochar energía. De todo esto se deduce que respirar de forma rítmica y continuada durante los ejercicios es de vital importancia.

Una respiración regular puede estimularle y refrescarle.

Respiración leve

Mucha gente no respira con la profundidad necesaria. Sólo lo hacen con la parte superior del tórax, lo que comporta que la cantidad de oxígeno vivificador que llega al fondo de sus pulmones sea insuficiente. Es importante respirar profundamente para llenar los pulmones y asegurarse un aporte suficiente de oxígeno que dé energía y purifique el cuerpo.

Respiración abdominal

A mucha gente le han enseñado a respirar con el abdomen, el cual sube y baja durante la respiración. Esto asegura un buen suministro y expulsión de aire, pero no es aconsejable para el método Pilates.

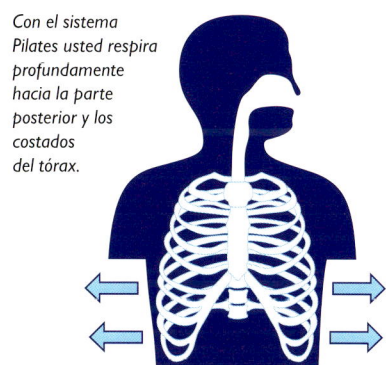

Con el sistema Pilates usted respira profundamente hacia la parte posterior y los costados del tórax.

La respiración torácica le permite utilizar toda la capacidad pulmonar, mientras mantiene los músculos del abdomen apretados.

Respiración correcta a la manera de Pilates

Joseph Pilates pensaba que un abdomen fuerte y prieto era primordial en su sistema de ejercicios, ya que de este modo se proporciona a todo el cuerpo la sólida estabilidad que requiere el método. Y, dado que para fortalecer el abdomen es preciso contraer y apretar los músculos abdominales, Pilates concluyó que la respiración abdominal no era apropiada para sus ejercicios. En su lugar, decidió utilizar el método denominado "respiración torácica", a la que a veces también se conoce con el nombre de "respiración costal". Este método implica respirar hacia la parte posterior e inferior del tórax: a medida que el aire entra en los pulmones, la parte trasera y los costados de la caja torácica se expanden, para después, al espirar, contraerse de nuevo. De esta manera, durante la respiración, el abdomen puede permanecer contraído y apretado y no interfiere para nada en el llenado completo de los pulmones.

Respiración torácica

He aquí un excelente ejercicio que le ayudará a respirar a la manera de Pilates. No es difícil hacerlo, aunque si se ha acostumbrado a otro tipo de respiración le tomará un tiempo habituarse a ella. Al principio necesitará un trozo largo de tela o un pañuelo o bufanda, para rodear la parte inferior del tórax y así realizar el movimiento respiratorio de forma correcta. Cuando vea que domina la técnica de forma natural, puede prescindir de esta ayuda.

1

Arrodíllese en el suelo. Mantenga los pies juntos a la altura de los dedos, pero deje que sus talones caigan hacia los lados de forma natural; luego siéntese sobre ellos, de modo que sus nalgas descansen sobre los talones. Como alternativa a esta postura, siéntese en una silla con la espalda erguida. Mantenga su cuerpo recto.

2

Rodee la parte inferior del tórax con la tela y traiga sus extremos hacia delante. La tela debe estar colocada sobre la parte central del tronco, rodeando la parte inferior de la caja torácica. Mantenga los hombros bajados y deje que los codos se aparten ligeramente de los costados del cuerpo.

APRENDER A RESPIRAR DE FORMA CORRECTA

Consejo

Recuerde que debe espirar todo lo posible, pero sin forzar. Si no está seguro de cómo hacerlo, simplemente respire de forma rítmica y no contenga la respiración.

Precaución

Si se siente indispuesto o mareado mientras realiza este ejercicio, pare de inmediato, aflójese la tela y respire con normalidad.

3

Tire de ambos extremos de la tela a la vez y ajústesela bien en la parte inferior del tórax. Si lo cree oportuno, entrecruce las manos delante para poder asir la tela con firmeza. Sin embargo, no debe estirar demasiado de la tela, para evitar sentirse incómodo.

4

Inspire lenta y profundamente y sienta cómo la parte posterior y los costados de su caja torácica empujan contra la tela. Afloje ésta un poco. A medida que espire, sienta cómo se contraen la parte posterior y los costados de su caja torácica. Ajústese la tela para ayudar a vaciar los pulmones. Repita todo el ciclo de 8 a 10 veces. Luego, relájese.

Centrar el cuerpo

Según Joseph Pilates, el centro de nuestro cuerpo se sitúa en la zona comprendida entre los músculos abdominales y las nalgas. Imagínese esa zona como una banda que aprieta el cuerpo por detrás y por delante. Pilates la llamó la "central eléctrica" y diseñó sus ejercicios para que la energía y fuerza generadas en este centro se transmitieran al resto del cuerpo.

Pilates no fue el único en creer que la zona abdominal es la fuente de la fuerza física. Así, por ejemplo, muchas disciplinas orientales también consideran que la fuente de salud, energía y fuerza está localizada en el vientre. En efecto, ciertos sistemas chinos, como la Medicina Tradicional China, el tai chi chuan o el kung fu sostienen que el almacén del *chi* (la energía vital) está situado en el *tantien*, o zona abdominal. En algunos movimientos, como los puñetazos, la energía que se genera en el abdomen se transmite a los brazos, dándoles la potencia necesaria para realizar el movimiento. De la misma manera, las potentes patadas, características del kung fu, han sido previamente generadas en el abdomen y las caderas.

Lo que la "central eléctrica" de su cuerpo es capaz de hacer

Piense en la "central eléctrica" como en el centro de su cuerpo desde donde fluye toda la energía y el movimiento. Cuando la "central eléctrica" se refuerza, los efectos pueden ser muy provechosos. La "central eléctrica" es capaz de:

- Sostener la columna vertebral.
- Conferir estabilidad al centro del cuerpo.
- Mejorar el equilibrio.
- Colaborar en la coordinación de movimientos y hacer que usted se mueva con soltura y fluidez.
- Proteger la parte inferior de la espalda.
- Tonificar los músculos abdominales y los del suelo pélvico.
- Aumentar la fuerza física.

Al igual que Pilates, los practicantes de tai chi chuan consideran que la zona abdominal es el centro energético y del movimiento.

Fortaleciendo la "central eléctrica"

Para fortalecer su propia "central eléctrica" intente los siguientes ejercicios, que puede realizar tanto de pie, como sentado o tumbado.

Nota

Una vez que domine este ejercicio, podrá realizar la respiración torácica (véase pág. 28) a la vez que fortalece su "centro".

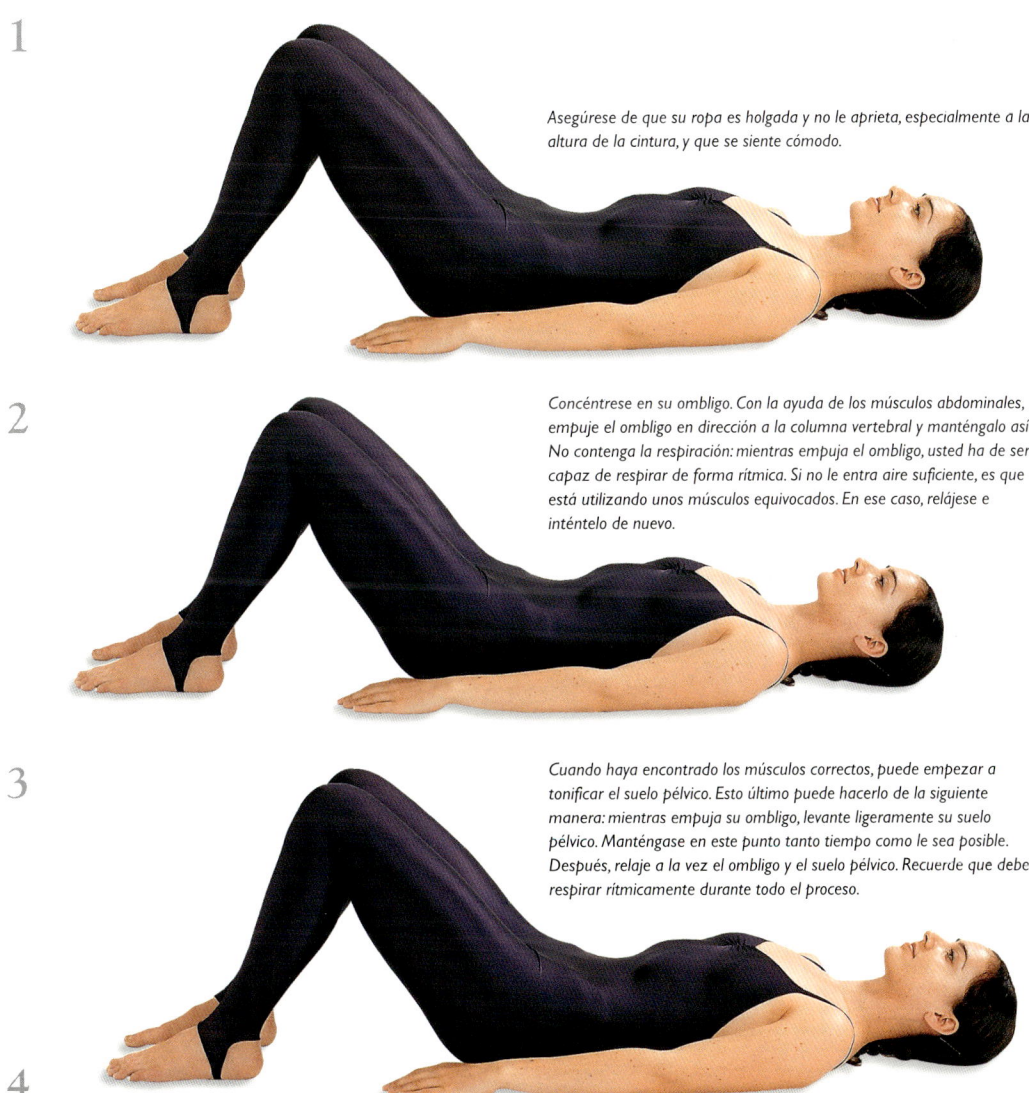

1

Asegúrese de que su ropa es holgada y no le aprieta, especialmente a la altura de la cintura, y que se siente cómodo.

2

Concéntrese en su ombligo. Con la ayuda de los músculos abdominales, empuje el ombligo en dirección a la columna vertebral y manténgalo así. No contenga la respiración: mientras empuja el ombligo, usted ha de ser capaz de respirar de forma rítmica. Si no le entra aire suficiente, es que está utilizando unos músculos equivocados. En ese caso, relájese e inténtelo de nuevo.

3

Cuando haya encontrado los músculos correctos, puede empezar a tonificar el suelo pélvico. Esto último puede hacerlo de la siguiente manera: mientras empuja su ombligo, levante ligeramente su suelo pélvico. Manténgase en este punto tanto tiempo como le sea posible. Después, relaje a la vez el ombligo y el suelo pélvico. Recuerde que debe respirar rítmicamente durante todo el proceso.

4

Cuando se familiarice con estos movimientos, debe mantenerlos tanto tiempo como le sea posible. Para poder respirar cómodamente durante períodos cada vez más largos, necesitará aflojar un poco la tensión de los músculos implicados, pero no del todo. A modo de guía, y con el objetivo de poder realizar estos movimientos por espacios de tiempo cada vez mayores, comience por empujar el ombligo sólo una cuarta parte de su recorrido potencial. La misma recomendación vale para el suelo pélvico.

La importancia de una buena postura

Una buena postura es un requisito esencial en nuestro día a día. La postura corporal puede afectar a nuestra salud y funcionamiento, así como a nuestro porte, equilibrio, la forma de movernos o la imagen que damos a los demás. También puede afectar a nuestro humor y a nuestras emociones.

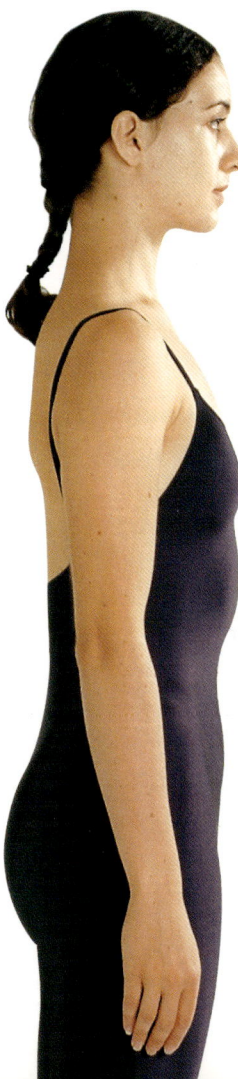

Mucha gente concede poca importancia a sus hábitos posturales hasta que empiezan a tener dolores de espalda u otros problemas de salud. No obstante, con un poco de perseverancia, la mayoría de los problemas posturales pueden evitarse.

A continuación, le damos algunos ejemplos de lo que una mala postura puede ocasionar:

- Circulación deficiente.
- Dolores cervicales y de espalda.
- Contracciones musculares.
- Tensión y estrés.
- Dolores de cabeza.
- Fatiga.
- Problemas digestivos.
- Movimientos musculares deficientes.
- Equilibrio y coordinación deficientes.
- Debilidad.
- Dolor en las articulaciones.

Nuestros hábitos posturales y el cuerpo

A lo largo de los años, nuestra actividad diaria nos condiciona a tomar ciertas posturas con preferencia a otras. Si desconocemos que una determinada postura es mala, continuaremos tomándola hasta que se convierta en un hábito. Con el tiempo, la forma de nuestro cuerpo va "amoldándose" a cualquiera de las posturas adoptadas. Si nos sentamos dejándonos caer como un "saco de patatas" o al estar de pie tenemos una mala postura, nuestro cuerpo incorporará tales posturas o bien intentará compensar el estrés que provocamos a ciertas partes del cuerpo incidiendo de forma exagerada en otras zonas del mismo. Así, por ejemplo, es posible que los hombros se vengan hacia delante o que nos salga barriga. Cuando esto sucede, cualquier intento de adquirir la postura correcta nos resultará incómodo, porque el cuerpo ya ha comenzado a amoldarse a la postura incorrecta.

Al llegar a la edad adulta muchos de nosotros ya hemos empezado a desarrollar problemas posturales, en particular, los relacionados con la columna vertebral. De seguir así, es posible que suframos mucho en los años venideros.

LA IMPORTANCIA DE UNA BUENA POSTURA

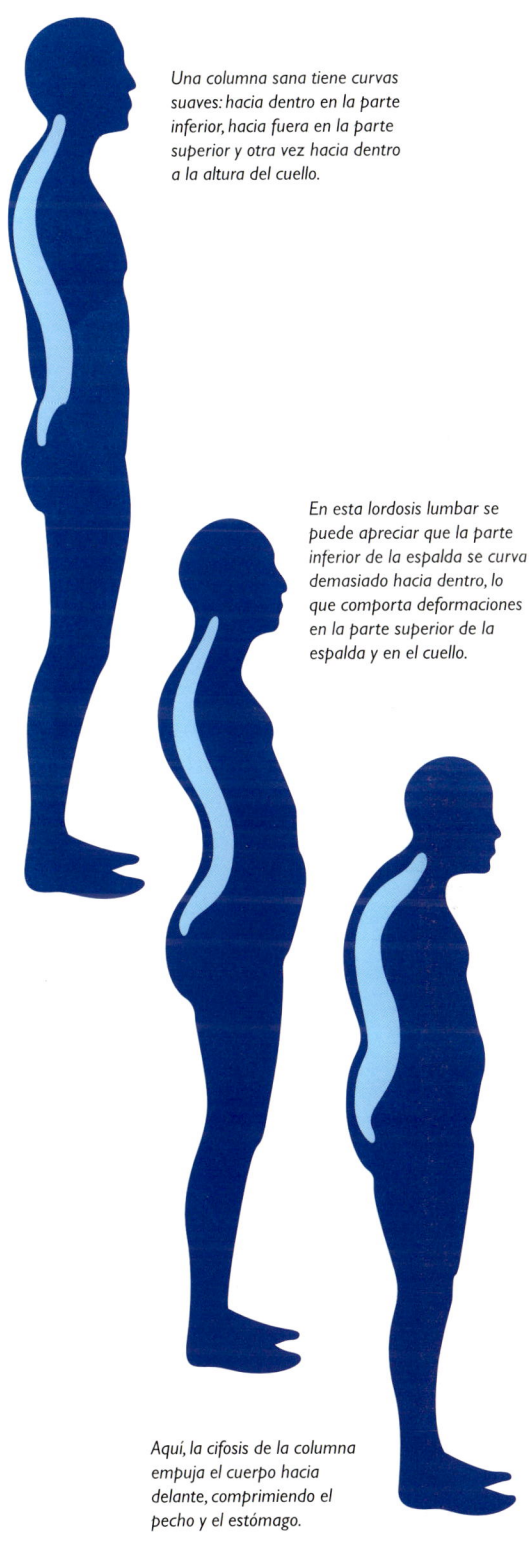

Una columna sana tiene curvas suaves: hacia dentro en la parte inferior, hacia fuera en la parte superior y otra vez hacia dentro a la altura del cuello.

En esta lordosis lumbar se puede apreciar que la parte inferior de la espalda se curva demasiado hacia dentro, lo que comporta deformaciones en la parte superior de la espalda y en el cuello.

Aquí, la cifosis de la columna empuja el cuerpo hacia delante, comprimiendo el pecho y el estómago.

Problemas posturales de columna

La lordosis es uno de los principales problemas de columna. Una postura deficiente debilita los músculos abdominales, empujando hacia fuera el vientre y creando en la parte inferior de la espalda una curvatura anormal hacia dentro. Esto provoca debilidad y dolor. La barriga y la cabeza se inclinan adelante y se producen contracturas en la parte alta de la espalda y en el cuello. También se resienten la circulación y la digestión.

En la lordosis cervical, los músculos de la parte posterior del cuello se contraen, los de delante se estiran y sobresale la barbilla. Con el paso del tiempo se puede producir una inflamación de la articulación e incluso artritis. Otro problema de columna es la cifosis torácica, que se caracteriza por una excesiva curvatura hacia delante de la espalda y la aparición de joroba en la parte superior de la misma. Todo ello puede afectar al corazón, obstaculizar la respiración y comporta una compresión del estómago y de los intestinos, con los consiguientes problemas de digestión.

A estos problemas, añadiremos la contractura de los trapecios; la basculación cifótica, que incluye problemas en la columna torácica y debilitamiento muscular; y la ptosis visceral, caracterizada por la inflamación y debilitamiento del abdomen y por malas digestiones.

Con el paso del tiempo, una postura deficiente y malos hábitos al sentarse pueden producir una deformación de la columna.

Corregir una mala postura

Sin embargo, no todo está perdido. Es perfectamente posible corregir una mala postura, pero se requiere tiempo y paciencia para convertirla en "natural" y cómoda. Algunos hábitos posturales incorrectos pueden ser eliminados de forma relativamente rápida, aunque a veces, claro está, arreglar un problema que lleve muchos años de evolución precisará más tiempo y perseverancia. Con todo, las recompensas de una buena postura compensan con creces el esfuerzo invertido. He aquí sólo algunos de los "premios" que usted puede ganar si corrige su postura:

- Músculos más fuertes.
- Mejor funcionamiento del corazón y del estómago.
- Mejor equilibrio y coordinación.
- Movimientos más suaves.
- Circulación más eficiente: el transporte de nutrientes por todo el organismo es más efectivo, con lo que mejora la salud, aumenta la energía y el aspecto físico es, por tanto, más atractivo.
- Fortalecimiento del sistema inmunológico para combatir enfermedades.

Cómo analizar su postura

Es bastante difícil que usted sepa si se sienta mal o si adopta una mala postura al estar de pie. Una de las maneras útiles de inspeccionar su postura es pedirle a alguien que le tome dos fotografías: una de perfil, de pie, y otra, también de perfil, sentado. Intente no modificar su postura para la foto, tan sólo adopte la postura que acostumbra a utilizar, una que le sea natural y cómoda.

Cuando tenga las fotografías, analícelas con detalle para descubrir cualquier signo de malos hábitos posturales. En el recuadro siguiente se incluyen algunos ejemplos de los signos más frecuentes que debería tener en cuenta.

De pie
Parte superior de la espalda encorvada
Vientre prominente
Cabeza o barbilla salientes
Aspecto desplomado

Sentado
Desplomado
Hombros caídos
Pecho comprimido
Parte inferior de la espalda curvada hacia fuera y abdomen comprimido

LA IMPORTANCIA DE UNA BUENA POSTURA

También es una buena idea explorar mentalmente su cuerpo en posición sentada o de pie. Escoja situaciones habituales de su vida cotidiana: quizás sentado en el despacho o de pie frente al fregadero de la cocina. Comience desde la cabeza y descienda hasta la planta de los pies y trate de sentir todos sus músculos y articulaciones durante el recorrido ¿Siente que alguna parte de su cuerpo se halla comprimida o tensa? ¿Siente dolor, rigidez o incomodidad en algún sitio? Éstos son los síntomas que revelan una postura incorrecta. Si piensa que de alguna forma éste es su caso (y posiblemente así sea), debería consultar lo antes posible a un instructor cualificado del método Pilates o a un fisioterapeuta, antes de que esto le cause mayores complicaciones.

Una fotografía suya puede darle las claves sobre su postura.

Lo que puede hacer el método Pilates

El método Pilates le puede ayudar a encontrar las posturas que le resulten a usted más eficientes y cómodas para estar sentado, de pie o tumbado. Corregir las posturas también le permitirá realizar los ejercicios de forma más eficiente y se sentirá menos cansado, porque habrá menos tensión en los músculos y en el resto de su cuerpo. Asimismo, respirará con mayor facilidad y se sentirá más vigoroso y renovado. Los ejercicios que presentamos seguidamente incluyen posturas de pie, sentado y tumbado. Antes de comenzar cada serie de ejercicios, le daremos unas directrices que le ayudarán a encontrar la postura correcta.

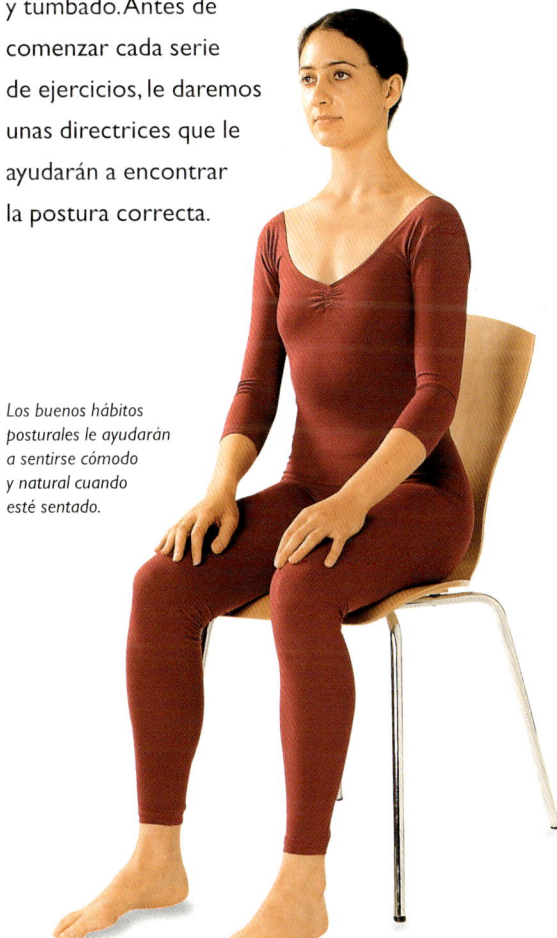

Los buenos hábitos posturales le ayudarán a sentirse cómodo y natural cuando esté sentado.

Cuerpo y movimiento

Aprender a moverse de forma correcta y caminar a paso adecuado son aspectos importantes de cualquier programa del método Pilates. Corregir el movimiento y la coordinación le ayudará a sacar el mayor partido de los ejercicios, así como a reducir el riesgo de lesiones.

El descanso necesario

Los humanos suelen realizar movimientos cortos y bruscos que resultan grotescos al compararlos con los de otros mamíferos más gráciles, como los gatos. Esto es debido a que el hombre tiende a tensarse cuando se mueve, mientras que el gato está siempre relajado.

Una tensión excesiva limita el movimiento y expone al cuerpo a sufrir una lesión. Cuando estamos tensos, necesitamos más energía para ponernos en movimiento. Y gastar demasiada energía puede, con el tiempo, fatigarnos y forzar nuestro organismo de forma innecesaria. Deberíamos economizar nuestra energía y no derrocharla sin sentido. Así pues, trate de cultivar el hábito de relajarse mientras se mueve. Explore su cuerpo con frecuencia, tanto antes como durante y después del movimiento, de forma que pueda evitar la tensión.

Los movimientos del método Pilates

A diferencia de otras muchas formas de ejercicio físico, con el método Pilates no es necesario que descanse entre repeticiones sucesivas. El movimiento debe ser continuo y cada nueva repetición ha de fluir de forma continuada y natural en el siguiente ejercicio. El único momento en el que debe detenerse es al acabar la sesión de ejercicios.

Reducir la velocidad del movimiento hace que los ejercicios sean más profundos y efectivos. Para demostrar este particular, intente el siguiente ejercicio.

Los ejercicios del método Pilates le ayudan a desarrollar una buena coordinación corporal y a coger el hábito de realizar los movimientos de forma suave y fluida.

Alzamiento de cabeza

Asegúrese de que está lo más relajado posible mientras realiza este ejercicio. Utilice una alfombra o manta gruesas para proteger la columna y la cabeza. Evite practicar este ejercicio si tiene algún problema en el cuello. Si ha realizado este ejercicio de forma apropiada, debería sentir los músculos de su cuello más cansados al final del paso 3 que del 2, ya que levantar y bajar la cabeza de forma cada vez más lenta requiere un esfuerzo mayor. Y ésta es precisamente la manera de trabajar del método Pilates: movimientos cada vez más lentos para conseguir el mayor beneficio.

1

Túmbese en el suelo, con las piernas juntas y flexionadas y los brazos descansando a ambos lados del cuerpo. Asegúrese de que la cabeza y el cuello están rectos y alineados. Es posible que le resulte más cómodo si coloca una toalla plegada bajo la cabeza.

2

Levante la cabeza del suelo unos 5-6 cm, luego bájela lentamente. Repita cuatro veces, de forma que contabilice un total de cinco alzamientos en 5-8 segundos. No contenga la respiración o realice movimientos bruscos. Y ahora ¿cómo siente los músculos del cuello? Descanse un minuto.

3

Repita el ejercicio cinco veces más, reduciendo progresivamente la velocidad del movimiento en cada repetición. Intente levantar la cabeza muy despacio, a la cuenta de cinco segundos, luego cuente otros cinco más mientras mantiene la cabeza levantada, y finalmente tómese otros cinco para bajarla. Espire cuando alce la cabeza e inspire cuando la baje. Y ahora, ¿cómo siente los músculos del cuello?

PARTE 3: EL MÉTODO PILATES EN ACCIÓN

Entrar en movimiento

Los ejercicios del método Pilates son muchos y variados –de hecho, demasiados para incluirlos todos aquí–, por lo que las siguientes páginas sólo contienen una selección de los más básicos para empezar. Si desea conocer este método con mayor detalle, debería buscar un profesor cualificado del método Pilates que pueda confeccionar un programa de ejercicios personalizado y ajustado a su cuerpo y flexibilidad.

Calentar el cuerpo

Antes de realizar cualquier ejercicio físico, debería hacer siempre un precalentamiento de su cuerpo. No importa si ha programado una sesión de cinco minutos o de un hora, es preciso que precaliente su cuerpo antes de empezar; cuando los músculos están fríos tienden a tensarse y esto podría comportar alguna lesión.

Cómo realizar el precalentamiento

Existen diferentes métodos apropiados para precalentar el cuerpo. Por ejemplo, andar a paso ligero unos minutos, ya sea donde se vaya a realizar la sesión o en el exterior. Moverse a paso ligero favorece la circulación y prepara el cuerpo para el ejercicio. Nunca se sienta tentado por precalentar el cuerpo de forma artificial, utilizando un fuego u otra fuente de calor, ya que se calentaría en exceso.

También puede realizar ciertos ejercicios específicos de precalentamiento y así activar la circulación. Para empezar, he aquí algunos ejemplos bien fáciles.

Balanceo de brazos

Realice este ejercicio con delicadeza y haga movimientos lentos y controlados.

1

Manténgase erguido, con los pies separados a la altura de los hombros; los brazos a los lados. No bloquee las rodillas.

Consejo

Recuerde que ha de beber mucha agua durante el día para evitar deshidratarse cuando haga ejercicio.

ENTRAR EN MOVIMIENTO

3

Con los abdominales hacia dentro, espire y balancee los brazos hasta que sobrepasen sus rodillas, doblando el cuerpo mientras lo hace. No deje caer los brazos de forma brusca: los movimientos deben ser lentos, controlados y fluidos.

2

Levante lentamente los brazos hasta colocarlos estirados por encima de la cabeza. De forma simultánea, apriete hacia dentro los músculos abdominales e inspire utilizando la respiración torácica (véase pág. 28).

4

Inspire y balancee los brazos hacia atrás, hasta colocarlos por encima de la cabeza, y vaya irguiendo el cuerpo mientras lo hace, hasta que éste y los brazos queden rectos. Mantenga los músculos abdominales apretados y hacia dentro durante todo el movimiento. No pare entre repeticiones sucesivas: recuerde que cada movimiento ha de fluir suavemente del siguiente. Repita este ejercicio 10 veces.

Círculos pequeños

Este ejercicio es bueno para aumentar el ritmo cardíaco y flujo sanguíneo. No deje caer los brazos al bajarlos; controle el movimiento.

Círculos grandes

Este ejercicio es bastante parecido al anterior, pero el movimiento es más amplio, aunque sigue siendo lento y suave.

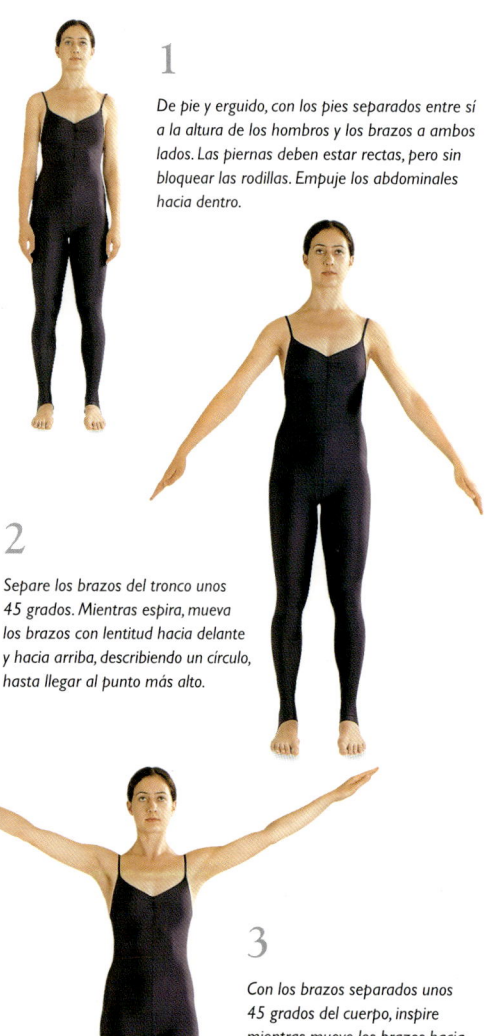

1
De pie y erguido, con los pies separados entre sí a la altura de los hombros y los brazos a ambos lados. Las piernas deben estar rectas, pero sin bloquear las rodillas. Empuje los abdominales hacia dentro.

2
Separe los brazos del tronco unos 45 grados. Mientras espira, mueva los brazos con lentitud hacia delante y hacia arriba, describiendo un círculo, hasta llegar al punto más alto.

3
Con los brazos separados unos 45 grados del cuerpo, inspire mientras mueve los brazos hacia atrás y hacia abajo para completar el círculo. Utilice movimientos suaves. Mantenga la cabeza y la columna alineadas y no se incline atrás o adelante. Durante todo el movimiento, los abdominales deben empujar hacia dentro y la respiración debe ser torácica (véase pág. 28). Repita 10 veces todo el movimiento sin variar el tamaño de los círculos.

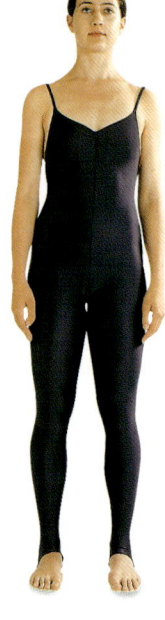

1
De pie y erguido, con los pies separados entre sí a la altura de los hombros y los brazos a ambos lados del cuerpo. Aquí también debe asegurarse de que sus piernas están rectas, pero sin bloquear las rodillas. Empuje los abdominales hacia dentro durante todo el ejercicio.

2
Espire y mueva los brazos hacia delante y hacia arriba, describiendo un gran círculo que pase por encima de la cabeza. Al inspirar, permita que las manos se toquen en lo alto, luego mueva los brazos hacia atrás y hacia abajo para completar el círculo. Controle sus movimientos y mantenga la cabeza y la columna alineadas. No se incline atrás o adelante. Debe utilizar la respiración torácica (véase pág. 28). Repita este ejercicio 10 veces sin variar el tamaño de los círculos.

Círculos progresivos

Este ejercicio es similar a los anteriores de círculos, pero el movimiento se realiza en dirección opuesta y además comienza con círculos muy pequeños que van haciéndose más grandes de forma progresiva. Una vez más, realice los movimientos lenta y suavemente.

1
De pie y erguido, con los pies separados entre sí a la altura de los hombros y los brazos a ambos lados del cuerpo. Asegúrese de que sus piernas estén rectas pero sin bloquear las rodillas. Empuje sus abdominales hacia dentro durante todo el ejercicio.

2
Separe los brazos del tronco unos 45 grados. Mientras espira mueva sus brazos con lentitud hacia atrás y hacia arriba, describiendo un círculo, hasta llegar al punto de mayor altura. A continuación, inspire y mueva los brazos hacia delante y hacia abajo para completar el círculo. Mantenga la cabeza y la columna alineadas y no se incline atrás o adelante. Utilice la respiración torácica (véase pág. 28).

3
Siga haciendo círculos con los brazos, pero cada vez que éstos alcancen el punto más bajo deje que se vayan aproximando al cuerpo. Continúe haciendo círculos hasta que los brazos, llegados al punto más bajo, casi toquen su cuerpo.

4
Notará que a medida que progresa en este movimiento sus círculos son cada vez más amplios. Recuerde que el movimiento ha de ser suave y controlado: no deje caer los brazos bruscamente al bajarlos. Asimismo, mantenga la cabeza y la columna alineadas e intente que su cuerpo no se incline atrás o adelante. Sus músculos abdominales han de empujar hacia dentro durante todo el ejercicio y debe utilizar la respiración torácica (véase pág. 28). Repita este ejercicio hasta que haya realizado 20 círculos, sin variar el tamaño de los mismos.

Ejercicios de pie

Las siguientes páginas se centran en ejercicios que usted puede realizar mientras está de pie. Para llevarlos a cabo de manera apropiada, debe aprender primero cómo estar de pie de forma correcta. Una buena postura erguida le ayudará a realizar los ejercicios con más eficiencia, a la vez que mejorará su aspecto. Así, podrá parecer más alto y delgado con sólo hacer unos pequeños reajustes a su modo de estar de pie.

Incorporar buenos hábitos

El modo más efectivo y rápido para que una buena postura se convierta en "natural" es practicarla siempre que pueda. Tanto si está de pie, como si está caminando, adopte la postura correcta hasta que llegue a "naturalizarla". Y practíquela, no importa dónde se encuentre: limpiando la casa, de camino o de vuelta del trabajo, de compras o incluso esperando el autobús o el tren. Si al principio se olvida de hacerlo, póngase recordatorios por toda la casa o en su lugar de trabajo. Puede poner una pegatina cerca del espejo del cuarto de baño o en la cocina, al lado del fregadero o de la nevera; también podría colocar un letrero a la altura de sus ojos en la puerta de entrada de su casa y acordarse así de adoptar la postura correcta siempre que salga a la calle.

De pie correctamente a la manera de Pilates

Encontrar la postura correcta al estar de pie es una tarea bastante sencilla, pero le tomará tiempo y práctica deshacerse de los malos hábitos posturales que se hayan podido instalar en su cuerpo con el tiempo.

1
Póngase de pie y erguido, y ajuste los hombros separándolos. Su peso ha de estar repartido de forma uniforme sobre las plantas de los pies: no desplace el peso del cuerpo hacia los dedos o hacia los talones, ni tampoco hacia la parte lateral de los pies.

EJERCICIOS DE PIE   43

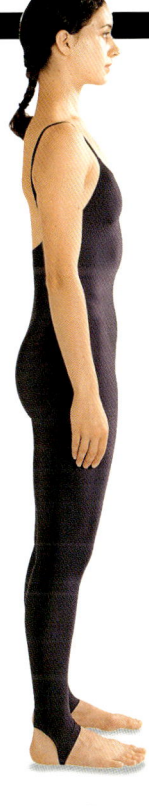

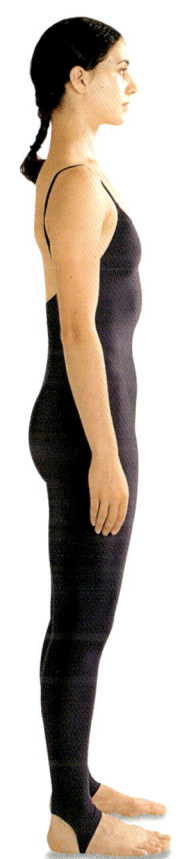

2
Asegúrese de que las piernas están rectas y de que las rodillas no están bloqueadas. Concéntrese en aflojar los músculos de las pantorrillas y de los muslos.

3
Asegúrese de que su "central eléctrica" está fuerte; empuje el ombligo hacia dentro y levante el suelo pélvico, aplicando sólo un 25 por ciento de la tensión potencial (véase pág. 31). Mantenga esta tensión para todos los ejercicios de esta sección.

4
Deje que la base de la columna se oriente hacia el suelo, pero no bascule la pelvis hacia delante. Siga realizando la respiración torácica (véase pág. 28).

5
Contraiga y relaje los músculos de la parte superior de la espalda para eliminar la tensión. Deje que hombros y brazos cuelguen de forma natural.

6
Deje que la cabeza y el cuello descansen de forma natural en el centro. Para sentir "el centro", le puede ayudar mover un poco la cabeza de un lado a otro.

7
Concéntrese en la parte posterior de las orejas. Imagine que allí tiene dos imanes que tiran de usted hacia arriba. Continúe con la respiración torácica (véase pág. 28) y mantenga la posición tanto tiempo como le sea posible.

Elevación de brazos

Este ejercicio le permitirá mejorar su postura de pie, ya que le ayudará a encontrar la posición correcta de los omoplatos. Aquí también se ejercitan los músculos superiores del brazo.

Al principio, puede parecer un ejercicio muy sencillo, pero, al igual que el resto de ejercicios del método Pilates, resulta muy efectivo. Realice los movimientos siempre de forma suave y controlada.

Precaución

Evite este ejercicio si tiene los hombros delicados o lesionados. Si tiene alguna duda, busque antes asesoramiento médico profesional.

1
De pie y erguido, con los pies separados entre sí a la altura de los hombros. El peso de su cuerpo debe estar repartido de forma uniforme sobre los pies y las rodillas desbloqueadas. Empuje el ombligo hacia la columna y levante el suelo pélvico, usando para ello un 25 por ciento de la tensión potencial. Deje que la base de la columna se oriente hacia el suelo, pero no bascule la pelvis hacia delante. El cuello y la columna vertebral deben estar alineados y los brazos caídos a los lados.

2
Espire y levante el brazo derecho hacia arriba, cruzándolo por delante del tronco hasta que la palma de la mano derecha descanse sobre el hombro izquierdo. Llegados a este punto, la palma izquierda debería estar aún junto al muslo izquierdo. Asegúrese de que está respirando de forma rítmica y que aplica la respiración torácica (véase pág. 28). Asimismo, debe mantener su "central eléctrica" fuerte empujando el ombligo hacia dentro y elevando el suelo pélvico (véase pág. 31).

EJERCICIOS DE PIE 45

Consejo
Espire siempre al realizar el esfuerzo e inspire cuando se relaje.

3
Inspire. Luego, a medida que espira, levante el brazo izquierdo por el costado del cuerpo, con la palma de la mano hacia arriba, hasta que quede alineado con el hombro. Mantenga el brazo recto pero relajado y no bloquee el codo. Asegúrese de que los omoplatos no se levantan.

5
Cuando haya acabado, cambie de brazo de tal forma que la palma de la mano izquierda descanse ahora sobre el hombro derecho. Levante y baje el brazo izquierdo con mucha lentitud unas 10 veces.

4
Cuando el brazo izquierdo esté alineado con el hombro izquierdo, no se detenga, inspire y baje el brazo lentamente hasta que la palma de la mano toque otra vez la parte exterior del muslo izquierdo. El movimiento debe ser lento, delicado y controlado durante todo el ejercicio. Repita este ejercicio, levantando y bajando el brazo izquierdo unas 10 veces y asegúrese de no detenerse entre repeticiones sucesivas. La totalidad del ejercicio debe formar un movimiento continuo.

Piernas flexionadas y brazos levantados

Este ejercicio es a la vez relajante y estimulante, ya que le ayuda a activar la circulación. Asimismo, ayuda a mejorar el equilibrio y la estabilidad generales, a la vez que fortalece su coordinación.

Precaución

No realice este ejercicio si tiene las rodillas o los hombros delicados o lesionados. Si tiene alguna duda sobre la idoneidad de practicarlo, busque antes asesoramiento médico profesional.

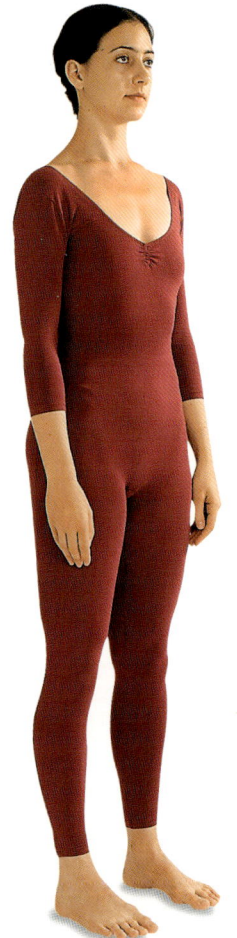

1

De pie y erguido, con los pies separados entre sí a la altura de los hombros. El peso de su cuerpo debe estar repartido de forma uniforme sobre los pies. Mantenga las piernas rectas, pero no bloquee las rodillas. Empuje el ombligo hacia la columna y levante los músculos del suelo pélvico, aplicando sólo un 25 por ciento de la tensión potencial. Deje que la base de la columna se oriente hacia el suelo, pero impida que la pelvis bascule hacia delante. Mantenga cuello y columna alineados.

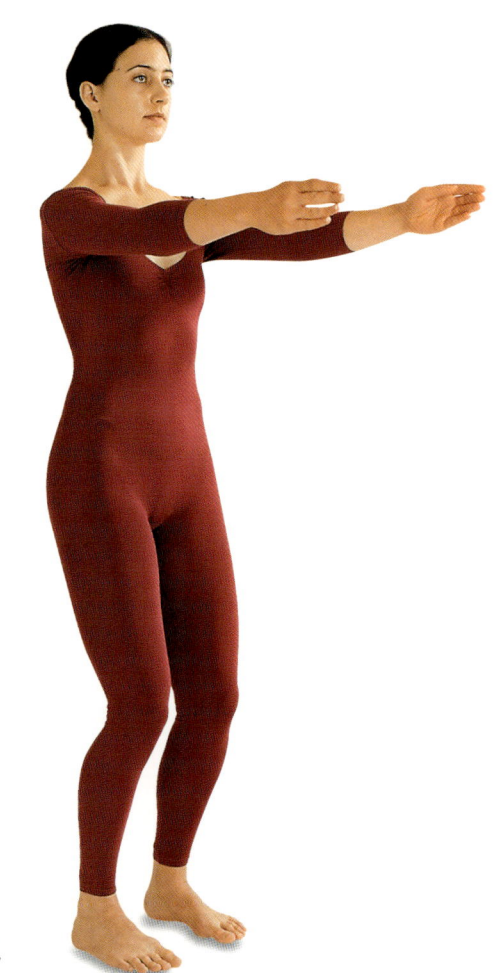

2

Inspire. Después, al espirar, levante los brazos lentamente por delante del cuerpo hasta alcanzar la altura de los hombros. Las palmas de las manos deben estar encaradas. Mantenga los brazos rectos, pero no bloquee los codos. Al mismo tiempo, flexione las piernas poco a poco hasta formar un ángulo de 45 grados. Mantenga el peso del su cuerpo repartido de forma uniforme sobre los pies; no se incline hacia atrás o adelante. Aplique la técnica de la respiración torácica (véase pág. 28).

EJERCICIOS DE PIE 47

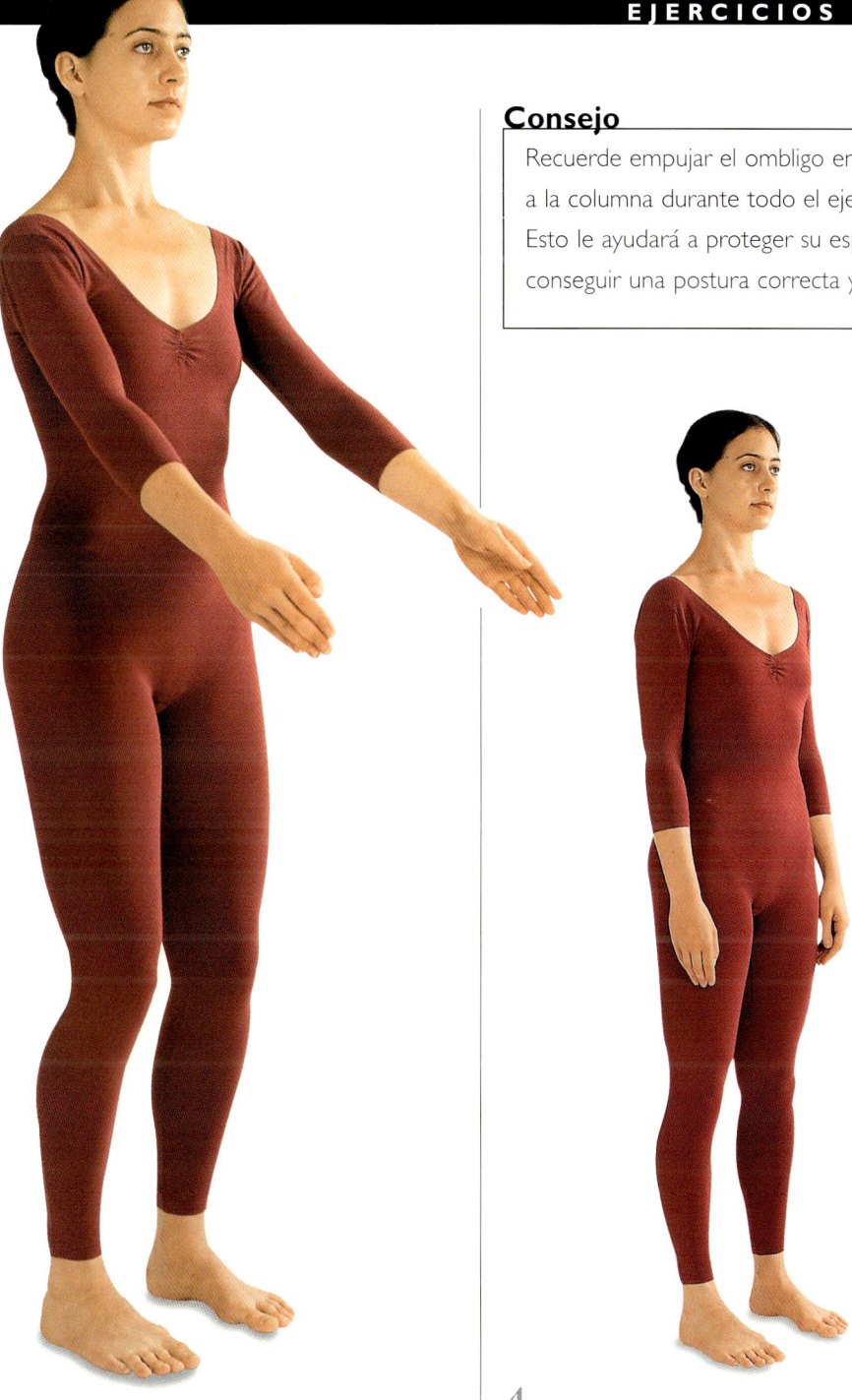

Consejo

Recuerde empujar el ombligo en dirección a la columna durante todo el ejercicio. Esto le ayudará a proteger su espalda y a conseguir una postura correcta y fuerte.

3

Cuando los brazos estén rectos y alineados con los hombros, inspire y baje los brazos lentamente hasta que las palmas toquen la parte exterior de los muslos. Al mismo tiempo, enderece sus piernas hasta que queden bien estiradas, pero no bloquee las rodillas. El movimiento debe ser lento, delicado y controlado durante todo el ejercicio.

4

Repita este ejercicio unas 10 veces, levantando y bajando los brazos y flexionando y estirando las piernas, pero no se detenga entre las sucesivas repeticiones. El ejercicio completo debe conformar un movimiento continuo. Al finalizar, relájese durante aproximadamente un minuto.

Estiramiento de la parte superior del tronco

El estiramiento de la parte superior del tronco ayuda a desarrollar una buena estabilidad y postura, a la vez que favorece los movimientos suaves y la coordinación. Asimismo, tonifica y estira el pecho, los hombros y los brazos. Necesitará una cuerda o un trozo de tela, como por ejemplo un pañuelo. Como alternativa, puede utilizar el palo de una escoba o cualquier otro palo de peso ligero. Aplique la respiración torácica en todo el ejercicio (véase pág. 28).

Precaución

Evite este ejercicio si tiene los músculos de los hombros o del cuello delicados o lesionados. Si tiene alguna duda sobre si este ejercicio es apropiado para usted, pida asesoramiento médico profesional.

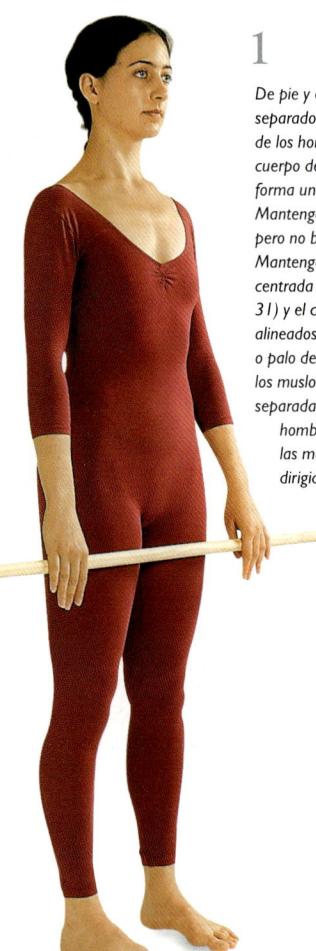

1

De pie y erguido, con los pies separados entre sí a la altura de los hombros. El peso del cuerpo debe estar repartido de forma uniforme sobre los pies. Mantenga las piernas rectas, pero no bloquee las rodillas. Mantenga su "central eléctrica" centrada y fuerte (véase pág. 31) y el cuello y la columna alineados. Sostenga la tela o palo delante suyo sobre los muslos, con las manos separadas a la altura de los hombros. Las palmas de las manos deben estar dirigidas hacia los muslos.

2

Inspire. Luego, mientras espira, levante el palo lentamente hasta que quede encima de la cabeza. Mantenga los brazos estirados, pero no bloquee los codos. Los hombros deben estar bajados pero no tensos. Tampoco deje que la espalda se arquee mientras levanta el palo. Aquí también debe empujar y levantar los músculos pélvicos, así protegerá la parte inferior de la espalda al levantar los brazos.

3

Cuando los brazos estén por encima de su cabeza y tan estirados como pueda, pero sin llegar a sentir incomodidad, inspire y bájelos lentamente hasta tocar sus muslos de nuevo. No deje caer los brazos bruscamente: realice el movimiento con lentitud, suavidad y control. Repita este ejercicio 10 veces sin detenerse entre las repeticiones.

Liberación de la columna

Este ejercicio es muy efectivo para liberar la tensión, mejorar la circulación y aumentar la flexibilidad de la columna. Debería repetirlo también al final de la sesión, porque es muy relajante y le ayudará a eliminar los restos de tensión de su cuerpo.

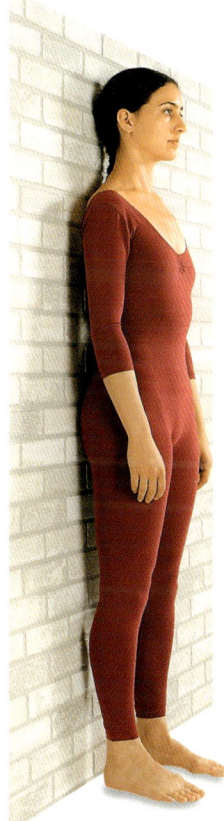

1

De pie, espalda contra la pared y pies separados entre sí a la altura de los hombros. El peso del cuerpo debe quedar repartido de forma uniforme sobre los pies. Mantenga las piernas rectas, pero no bloquee las rodillas. Empuje el ombligo en dirección a la columna y levante los músculos del suelo pélvico, imprimiendo tan sólo un 25 por ciento de la tensión potencial. Deje que la base de la columna se oriente hacia el suelo, pero vigile que la pelvis no bascule hacia delante. El cuello y la columna deben estar alineados. Si puede, mantenga los hombros en contacto con la pared, o lo más cerca posible de ella, pero no fuerce. Los talones deben estar cerca de la pared, pero sin tocarla. Su cuerpo debe mantenerse erguido; si las rodillas están demasiado separadas o demasiado juntas, el cuerpo se curvará. Deje que los brazos cuelguen y que las manos descansen sobre los muslos. Utilice la técnica de la respiración torácica (véase pág. 28).

Precaución

Evite este ejercicio si tiene la presión alta o baja. Si siente dolor, hormigueo o mareo, pare y busque asesoramiento médico profesional.

2

Espire y deje caer el mentón muy lentamente hacia la clavícula. El movimiento debe ser controlado y delicado, por lo que la barbilla no debe caer bruscamente. Continúe el movimiento lento hacia abajo, como si rodara, y permita que el tronco vaya separándose progresivamente de la pared: primero los hombros, al final la cintura. "Ruede" todo lo que le sea posible mientras mantiene las nalgas en contacto con la pared. Deje que el cuello y los brazos cuelguen.

3

Cuando se haya doblado todo lo posible, sin llegar a sentir nunca incomodidad, inspire y vaya enderezándose muy despacio, rodando en sentido opuesto. Todo el movimiento debe ser lento y suave. Cuando haya recuperado la posición de partida, tómese un par de segundos para analizar su postura (véase paso 1). Repita seis veces.

Ejercicios sentado

En esta sección veremos varios ejercicios que usted puede realizar mientras está sentado. Una vez más, una buena postura es de vital importancia. Practicados correctamente, estos ejercicios le ayudarán a que todo el organismo funcione de forma más eficiente, con lo que también mejorará su salud y se sentirá mejor.

Aprenda a sentarse correctamente

Usted puede practicar cómo sentarse de forma correcta mientras viaja o trabaja en su despacho, por ejemplo. Si su actividad laboral comporta muchas horas de estar sentado delante de un ordenador, tómese tiempo para desarrollar buenos hábitos. También puede practicar mientras está sentado viendo la televisión, comiendo en un restaurante o en el teatro. Al final, sentarse correctamente se convertirá en algo natural.

Sentarse de forma correcta a la manera de Pilates

Adoptar una buena postura no es difícil, pero puede tomarle un tiempo de práctica si anteriormente ha desarrollado malos hábitos, como el de desplomarse cuando se sienta. Para este ejercicio necesitará una silla.

Consejo

La parte inferior de la espalda no debe arquearse demasiado, ni hacia atrás ni hacia delante. Siéntese de perfil delante de un espejo para inspeccionar su postura.

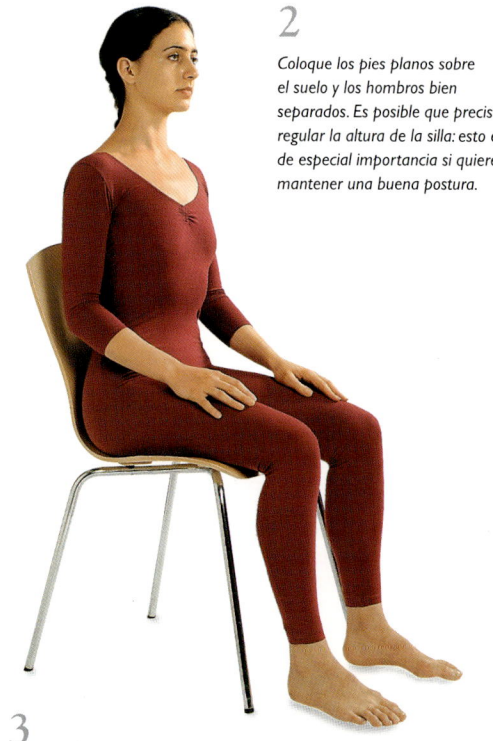

1
Siéntese con el tronco erguido y la parte inferior de la espalda apoyada en el respaldo de la silla. No incline la parte superior de la espalda y trate de no desplomarse o inclinarse hacia delante. Debe sentarse erguido pero no rígido, de otra forma no será capaz de aguantar sentado con comodidad largos períodos de tiempo.

2
Coloque los pies planos sobre el suelo y los hombros bien separados. Es posible que precise regular la altura de la silla: esto es de especial importancia si quiere mantener una buena postura.

3
Baje los omoplatos, pero no los tense. Coloque las palmas de las manos sobre los muslos y no apoye el tronco en el respaldo. La cabeza, el cuello y la columna deben quedar alineados y la cabeza centrada. Mantenga su "central eléctrica" fuerte, empujando el ombligo en dirección a la columna y levantando los músculos del suelo pélvico, pero sólo aplicando el 25 por ciento de la tensión potencial.

EJERCICIOS SENTADO   51

Estiramientos laterales

Estos estiramientos son buenos para mover la parte inferior de la espalda y tonificar la cintura. Necesita una silla con el respaldo recto.

Precaución

No realice este ejercicio si tiene la parte inferior de la espalda o los hombros delicados o lesionados.

1

Siéntese a horcajadas en un silla y de cara al respaldo. Asegúrese de que está sentado con el tronco erguido: el cuerpo no debe estar inclinado. Coloque las palmas de las manos encima de la parte superior del respaldo de la silla, mantenga los brazos relajados y compruebe que los pies están planos sobre el suelo. Durante todo el ejercicio, empuje el ombligo en dirección a la columna vertebral y levante los músculos del suelo pélvico, aplicando sólo un 25 por ciento de la tensión potencial. Respire de forma rítmica utilizando la respiración torácica (véase pág. 28).

3

Sienta como su costado izquierdo se ha estirado. Cuando se haya inclinado todo lo posible, pero sin forzar ni llegar a sentir molestias, inspire y enderece su tronco poco a poco hasta reposar la mano otra vez sobre el respaldo de la silla. Repita lo mismo con el otro lado. Después, repita este ejercicio 10 veces.

2

Espire mientras estira el brazo izquierdo hacia la izquierda y lo levanta hasta la altura del hombro, con la palma de la mano hacia arriba. Siga levantando el brazo hasta que pase sobre la cabeza. Al mismo tiempo, baje el hombro derecho de forma que permita al tronco inclinarse hacia la derecha.

Consejo

Recuerde que no debe detenerse entre repeticiones sucesivas y que el movimiento ha de ser lo más lento, continuo y suave posible.

Torsión de columna

Este suave ejercicio le ayudará a aumentar la flexibilidad de la columna vertebral, en particular, la de la parte inferior. Necesitará un taburete o silla sin brazos para realizar este ejercicio.

Precaución

No realice este ejercicio si tiene la zona lumbar o el cuello delicados o lesionados.

1

Siéntese erguido. Coloque los pies planos sobre el suelo, separe bien los hombros y repose las palmas de las manos sobre los muslos. Empuje el ombligo en dirección a la columna y levante los músculos del suelo pélvico. Durante todo el ejercicio debe aplicar tan sólo un 25 por ciento de la tensión potencial.

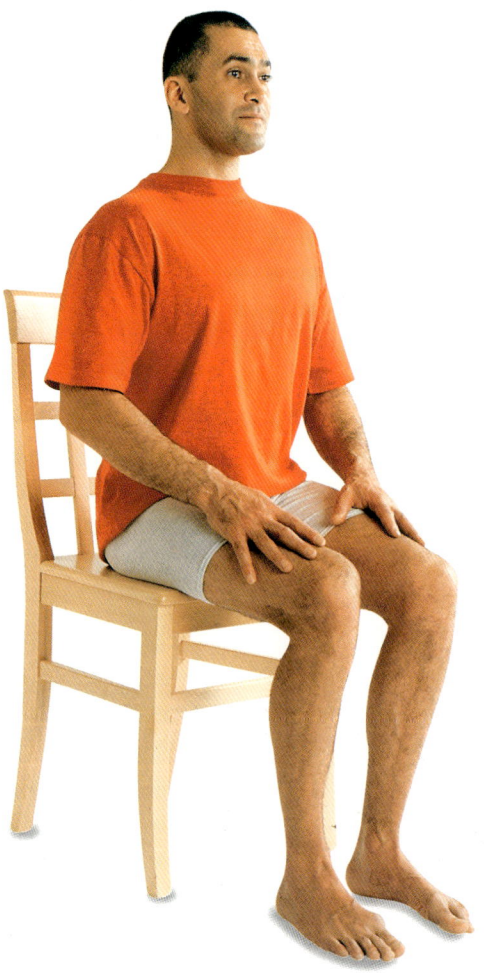

2

Espire y, a medida que lo hace, gire la cabeza muy lentamente hacia la izquierda hasta quedar mirando por encima del hombro izquierdo. Mientras gira la cabeza, deje que la columna siga el movimiento reforzando así la torsión. Desplace la mano derecha hasta colocarla encima del muslo izquierdo y cerca de la mano izquierda.

3

Cuando haya girado todo lo posible, siempre sin forzar ni sentir molestia alguna, inspire y comience a deshacer la torsión poco a poco, empezando por la cabeza y dejando que la columna la siga. Al mismo tiempo, lleve la mano derecha a su posición inicial. En este punto, debería quedar mirando al frente.

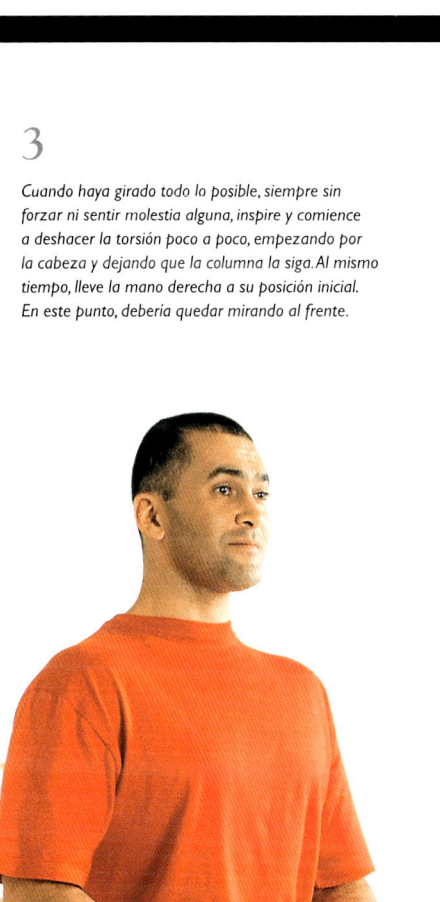

4

Ahora espire y repita lo mismo con el otro lado, girando lentamente la cabeza hacia la derecha y dejando que la columna la acompañe en el movimiento. Desplace la mano izquierda hasta colocarla encima de su muslo derecho y cerca de la mano derecha. Cuando haya girado todo lo posible, siempre sin forzar ni sentir ninguna molestia, inspire y comience poco a poco a deshacer la torsión, hasta quedar mirando de nuevo al frente y con la mano izquierda en su posición de partida, es decir, sobre el muslo izquierdo. Repita este ejercicio 10 veces con cada lado.

Ejercicios de suelo

Muchos de los ejercicios del método Pilates están diseñados para ser realizados en el suelo. En esta sección veremos algunos de los que usted puede practicar. Existen muchos más, por lo que, si quiere profundizar en el método, le recomendamos que busque un instructor cualificado o un centro cerca de su casa (en la página 67 se incluyen algunas direcciones útiles y páginas web). Cuando finalice estos ejercicios, practique de nuevo la torsión de columna para eliminar cualquier posible tensión residual (véase págs. 52-53).

Equipo

Para realizar estos ejercicios no necesita un equipo especial, pero debe practicarlos sobre una alfombra o manta gruesa con el fin de proteger la columna vertebral. La adquisición de una colchoneta de deporte gruesa puede ser interesante a medida que se adentre en programas más avanzados del método Pilates, aunque no es imprescindible. Para este ejercicio también necesitará un par de cojines o almohadas o dos pequeñas toallas que pueda doblar con facilidad.

Postura correcta

Adoptar y mantener la postura correcta en los ejercicios de suelo es tan importante como lo es para los ejercicios de pie y sentado. Los ejercicios de suelo actúan sobre todo el organismo para que éste funcione con una eficiencia óptima y obtener de este modo el máximo provecho de su programa de ejercicios. Para todos los ejercicios de suelo, debe asegurarse de que la columna vertebral y la pelvis están en una posición "neutra"; el ejercicio de la página 55 le indica cómo conseguirlo.

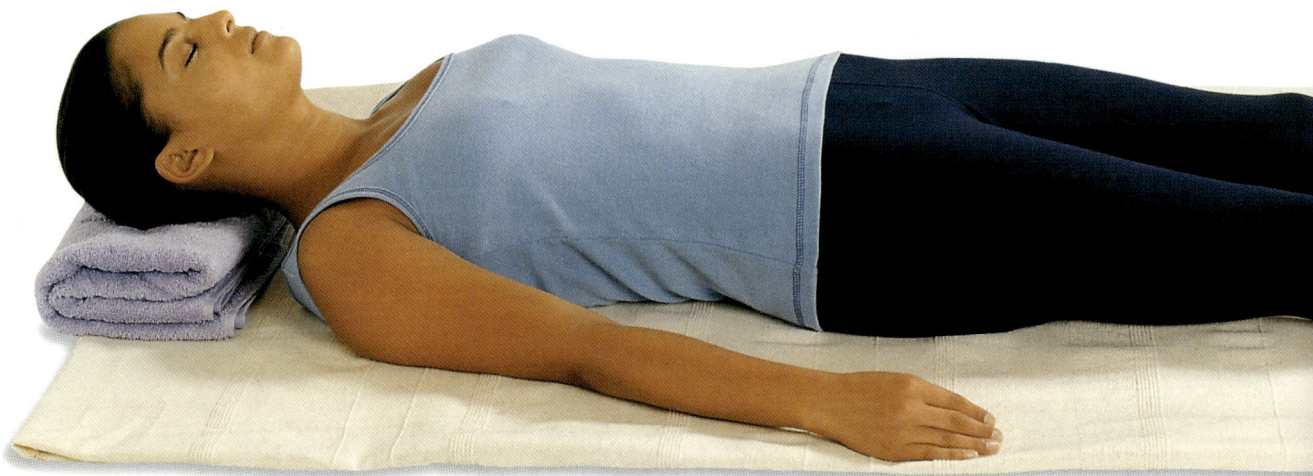

Columna y pelvis en posición "neutra"

Este método le ayudará a encontrar la posición más relajada para la columna y la pelvis cuando realice los ejercicios de suelo. Necesitará una pequeña almohada, cojín o toalla doblada para colocar bajo la cabeza.

Precaución

Si siente alguna molestia o dolor en la parte inferior de la espalda mientras realiza este ejercicio, pare de inmediato y consulte a su médico u otro profesional sanitario lo antes posible.

1

Túmbese de espaldas en el suelo con la cabeza apoyada sobre un cojín o una toalla doblada. Flexione las piernas y coloque los pies en el suelo, separados unos 25 cm uno del otro. Las palmas de las manos deben quedar planas sobre el suelo y los brazos recostados a ambos lados del cuerpo.

Empuje el ombligo y levante los músculos del suelo pélvico, imprimiendo a tales músculos sólo un 25 por ciento de la tensión potencial. Respire de forma rítmica utilizando la respiración torácica (véase pág. 28). Empuje la parte lumbar delicadamente hacia el suelo tanto como le sea posible, pero sin forzar ni sentir molestias. Luego, relájese y deje que esta parte suba hasta alcanzar una posición cómoda.

3

Arquee ahora la parte inferior de la espalda empujándola hacia arriba, pero no levante del suelo ni las nalgas ni la parte superior de la espalda. Cuando haya conseguido arquear la zona lumbar todo lo posible, sin forzar ni sentir molestia alguna, deje que ésta vaya cayendo delicadamente hacia el suelo. La posición "neutra" de columna y pelvis se encuentra entre estos dos puntos, con la zona lumbar ni muy arqueada ni muy plana. Lo natural es una curvatura suave hacia arriba que deje un espacio suficiente, entre la zona lumbar y el suelo, por el que poder deslizar la mano. Mantenga los músculos abdominales empujando hacia dentro. Debería conservar la posición "neutra" de columna y pelvis en todos los ejercicios de suelo.

Torsión lumbar

La torsión lumbar es un ejercicio excelente para mejorar la movilidad de la columna vertebral, a la vez que fortalece y centra su "central eléctrica". En este ejercicio necesitará una almohada pequeña, cojín o toalla doblada para colocar bajo la cabeza.

Precaución

No deje que la espalda se curve demasiado y recuerde mantener los músculos abdominales empujando en dirección a la columna.

1

Túmbese de espaldas y coloque una almohada o toalla bajo la cabeza. Flexione las piernas y ponga los pies planos sobre el suelo, separados unos 25 cm uno del otro. Estire los brazos a ambos lados, formando un ángulo recto respecto al cuerpo, con las palmas de las manos hacia arriba. No bloquee los codos.

2

Empuje el ombligo en dirección a la columna y levante los músculos del suelo pélvico todo lo que pueda. Manténgalos en esta posición y luego aflójelos ligeramente hasta llegar a un 25 por ciento de la tensión de partida. Recuerde respirar de forma rítmica mediante la respiración torácica (véase pág. 28), y compruebe que su columna y pelvis están en posición "neutra" (véase pág. 55).

3

Espire y gire lentamente la cabeza hacia la derecha, hasta que la mejilla derecha repose sobre la almohada o toalla. Al mismo tiempo, mueva muy despacio las rodillas hacia la izquierda y deje que desciendan lentamente hacia el suelo. No se preocupe si las rodillas no llegan a tocar el suelo, deje que bajen tan sólo hasta donde pueda y no le resulte incómodo.

EJERCICIOS DE SUELO

4

Inspire y suba las rodillas a la posición de partida, a la vez que la cabeza recupera su posición inicial mirando al techo.

5

Ahora, espire y poco a poco gire la cabeza hacia la izquierda, hasta que la mejilla izquierda toque la almohada o toalla. Al mismo tiempo, mueva las rodillas muy despacio hacia la derecha y deje que desciendan lentamente hacia el suelo, sólo hasta donde le resulte cómodo.

6

Inspire y suba las rodillas a la posición de partida, mientras permite que la cabeza recupere su posición inicial mirando al techo. Repita este ejercicio 10 veces.

Consejo

Recuerde que sus movimientos deben ser controlados, por ello no deje que sus rodillas caigan de forma pesada al suelo. Bájelas lo más lentamente posible.

Estiramientos torácicos

Este ejercicio le ayuda a estirar los músculos del pecho y del cuello, y tonifica la parte superior de la espalda y la columna. Necesitará dos pequeñas almohadas, cojines o toallas dobladas.

Precaución

Evite este ejercicio si tiene el cuello o la espalda delicados o presenta alguna lesión en esas zonas.

1
Túmbese de espaldas con la cabeza apoyada sobre una almohada o toalla. Flexione las piernas y mantenga los pies planos en el suelo, separados entre sí unos 25 cm. Sujete la otra almohada o toalla entre las rodillas. Estire los brazos a ambos lados del cuerpo y dirija las palmas de las manos hacia arriba.

2
Empuje el ombligo en dirección a la columna y levante los músculos del suelo pélvico todo lo que pueda. Manténgalos en esta posición y luego aflójelos ligeramente hasta llegar a un 25 por ciento de la tensión de partida. Recuerde respirar de forma rítmica utilizando la respiración torácica (véase pág. 28). Compruebe que la columna y la pelvis están en posición "neutra" (véase pág. 55).

3
Espire y gire el cuerpo lentamente hacia la derecha, hasta dejar reposar la mejilla sobre la almohada o toalla y hasta que las rodillas lleguen al suelo. Levante poco a poco el brazo izquierdo y muévalo hacia la derecha, hasta que quede reposado sobre el brazo derecho y alineado con el hombro de ese mismo lado. Los brazos deben estar estirados, pero no bloquee los codos. Debe quedar recostado sobre su lado derecho y con las piernas flexionadas.

EJERCICIOS DE SUELO

4

Inspire mientras levanta lentamente el brazo izquierdo, permitiendo que se estire hacia fuera y quede alineado con el hombro izquierdo. Deje que la cabeza gire hacia la izquierda para intensificar al máximo el estiramiento, pero no mueva las rodillas de sitio. Ahora debería sentir el estiramiento de la parte superior del tronco, de la cintura para arriba. A continuación, espire y levante el brazo izquierdo moviéndolo de nuevo hacia la derecha hasta dejarlo reposar sobre el brazo derecho. Ahora debería estar recostado otra vez sobre su lado derecho con las piernas flexionadas. Repita este ejercicio 10 veces en total.

Consejo

No deje que los brazos y las rodillas caigan bruscamente sobre el suelo. Bájelos despacio para obtener el mayor provecho de este ejercicio.

5

Repita este ejercicio, pero esta vez gire el cuerpo hacia la izquierda y levante el brazo derecho hasta dejarlo reposar sobre el izquierdo. Debería quedar recostado sobre su lado izquierdo, con las piernas flexionadas y los brazos estirados, alineados con el hombro izquierdo.

6

Inspire mientras levanta el brazo derecho lentamente, permitiendo que éste se estire hacia fuera hasta quedar alineado con el hombro derecho. Deje que la cabeza gire hacia la derecha para intensificar al máximo el estiramiento, pero no mueva las rodillas de sitio. Luego, espire y levante el brazo derecho, moviéndolo de nuevo hacia la izquierda hasta dejarlo reposar sobre el brazo de ese mismo lado. De forma simultánea, gire la cabeza de nuevo a la izquierda. Ahora debería estar recostado otra vez sobre su lado izquierdo y con las piernas flexionadas. Repita este ejercicio 10 veces en total.

Nadando estilo espalda

Este ejercicio le ayuda a mejorar la coordinación muscular y produce un saludable estiramiento de piernas, brazos y vientre. Necesitará una pequeña almohada, cojín o toalla doblada.

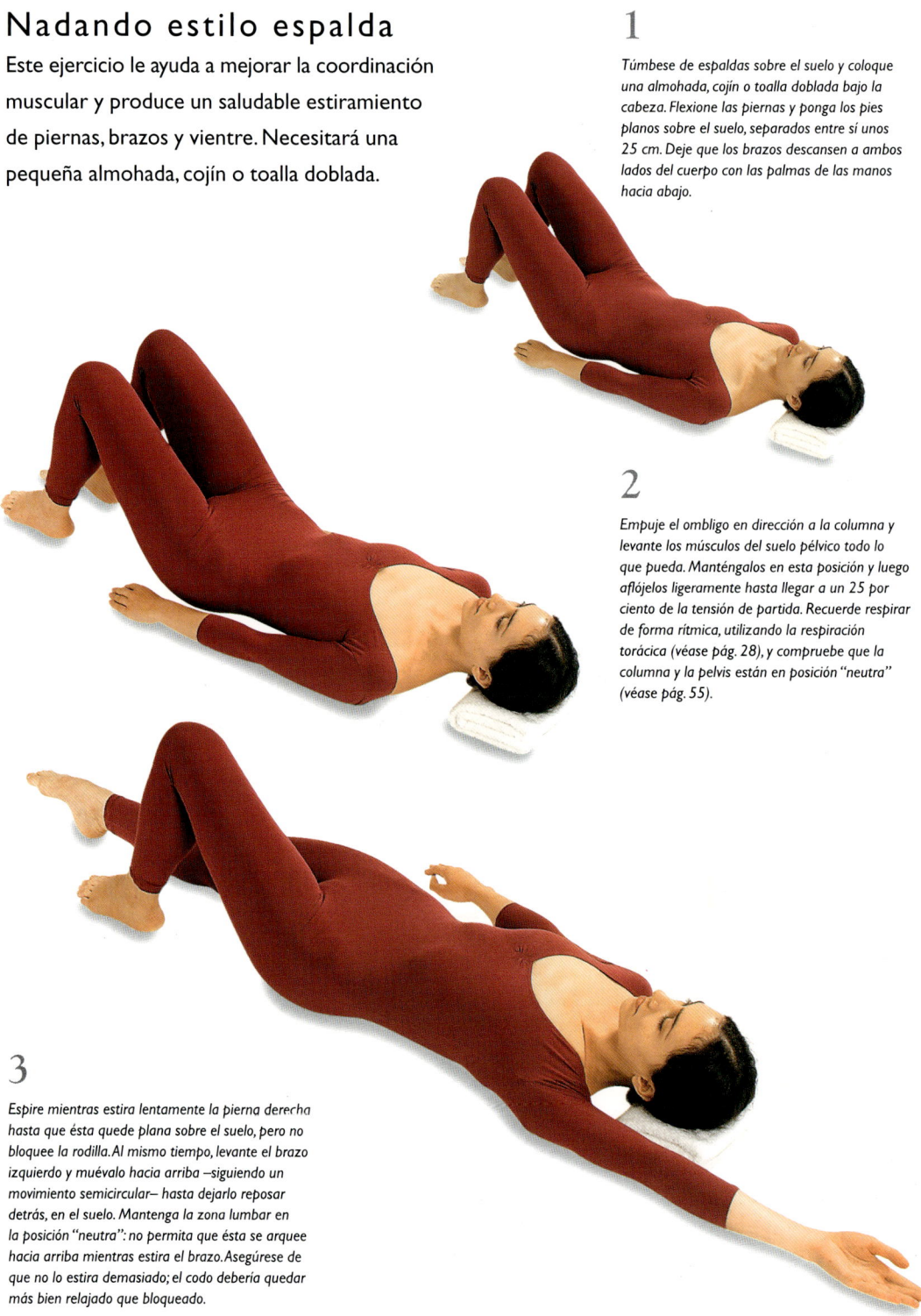

1
Túmbese de espaldas sobre el suelo y coloque una almohada, cojín o toalla doblada bajo la cabeza. Flexione las piernas y ponga los pies planos sobre el suelo, separados entre sí unos 25 cm. Deje que los brazos descansen a ambos lados del cuerpo con las palmas de las manos hacia abajo.

2
Empuje el ombligo en dirección a la columna y levante los músculos del suelo pélvico todo lo que pueda. Manténgalos en esta posición y luego aflójelos ligeramente hasta llegar a un 25 por ciento de la tensión de partida. Recuerde respirar de forma rítmica, utilizando la respiración torácica (véase pág. 28), y compruebe que la columna y la pelvis están en posición "neutra" (véase pág. 55).

3
Espire mientras estira lentamente la pierna derecha hasta que ésta quede plana sobre el suelo, pero no bloquee la rodilla. Al mismo tiempo, levante el brazo izquierdo y muévalo hacia arriba –siguiendo un movimiento semicircular– hasta dejarlo reposar detrás, en el suelo. Mantenga la zona lumbar en la posición "neutra": no permita que ésta se arquee hacia arriba mientras estira el brazo. Asegúrese de que no lo estira demasiado; el codo debería quedar más bien relajado que bloqueado.

EJERCICIOS DE SUELO 61

4

Cuando haya extendido el brazo todo lo posible, pero sin forzar ni sentirse incómodo, inspire y levante lentamente el brazo izquierdo otra vez, hasta que repose de nuevo al lado del cuerpo con la palma de la mano hacia abajo. De forma simultánea, haga que su pierna vuelva a la posición de partida: flexionada y con el pie plano sobre el suelo.

Consejo

Mantenga la cabeza en el centro y no deje que se ladee durante este ejercicio. Permanezca mirando al techo mientras realiza los movimientos.

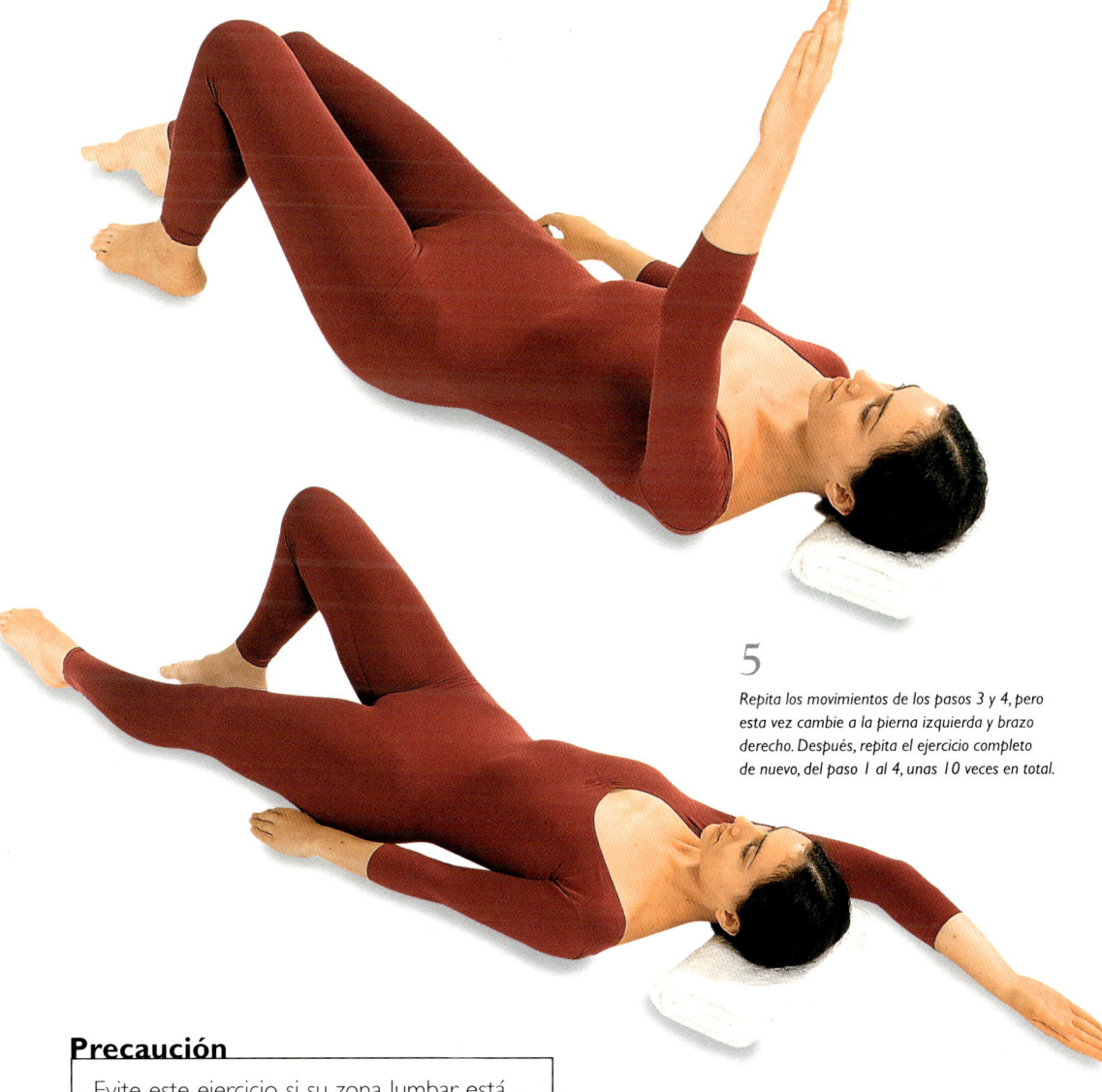

5

Repita los movimientos de los pasos 3 y 4, pero esta vez cambie a la pierna izquierda y brazo derecho. Después, repita el ejercicio completo de nuevo, del paso 1 al 4, unas 10 veces en total.

Precaución

Evite este ejercicio si su zona lumbar está delicada o tiene algún tipo de lesión.

Tonificación de cadera y muslos

Este excelente ejercicio le ayuda a estirar y tonificar el cuádriceps, o músculo del muslo. Asimismo, mejora la flexibilidad y aumenta la fuerza de la parte delantera de la pelvis y de las rodillas. Necesitará una pequeña almohada, cojín o toalla doblada.

1

Túmbese en el suelo recostado sobre su lado izquierdo y extienda el brazo izquierdo por encima de su cabeza; mantenga la palma de la mano plana sobre el suelo. Coloque la almohada, cojín o toalla doblada en la parte superior del brazo izquierdo y repose sobre ella el lado izquierdo de la cabeza. Deje que el brazo derecho descanse delante del cuerpo, alineado con el hombro respectivo, y que la palma de la mano quede plana sobre el suelo. Flexione las piernas unos 45 grados, aproximadamente.

2

Empuje el ombligo en dirección a la columna y levante los músculos del suelo pélvico todo lo que pueda. Manténgalos en esta posición y luego aflójelos ligeramente hasta llegar a un 25 por ciento de la tensión de partida. Recuerde respirar de forma rítmica utilizando la respiración torácica (véase pág. 28).

3

Espire y mueva despacio el brazo derecho en busca del pie derecho. Inspire cuando alcance el pie y lo coja. Luego, a medida que espira, empuje lenta y suavemente el pie en dirección a las nalgas, tanto como pueda, pero sin forzar ni sentirse incómodo. Debería sentir un estiramiento en la parte delantera del muslo. Realice los movimientos de forma lenta y delicada: no haga movimientos bruscos cuando se coja el pie y lo empuje hacia las nalgas.

EJERCICIOS DE SUELO

Precaución

Si siente algún dolor en las caderas, muslos o rodillas mientras realiza este ejercicio, deténgase de inmediato y busque asesoramiento médico cualificado.

4

Ahora, inspire y, con delicadeza, afloje el estiramiento de la pierna, devolviéndola a la posición de partida. Repita este estiramiento 10 veces en total, espirando en cada estiramiento.

5

Repita este ejercicio otras 10 veces, pero esta vez recostado sobre el lado derecho y utilizando el brazo izquierdo para estirar la pierna izquierda.

Consejo

Mantenga el empuje de los músculos abdominales durante todo el ejercicio. No permita que la espalda se arquee o que la cabeza se salga de la almohada.

GLOSARIO

Adrenalina
Hormona segregada por las glándulas suprarrenales y que prepara el cuerpo para la respuesta: "luchar o huir". Tiene un amplio efecto sobre los músculos, la circulación y el metabolismo de los azúcares.

Alineamiento
Posicionamiento en línea recta.

Basculación cifótica
Problema postural en el que la columna dorsal se deforma y los ligamentos y músculos se debilitan.

Bíceps
Este término suele utilizarse con mayor frecuencia para los músculos de la parte anterior del brazo, pero también hay bíceps en la parte posterior de los muslos.

Centrado
Este término se refiere a la técnica de centrar el cuerpo mediante el refuerzo y la estabilización de la "central eléctrica" (zona situada entre los músculos abdominales y las nalgas a modo de banda que rodea el cuerpo a esta altura).

Central eléctrica
Zona comprendida entre los músculos abdominales y las nalgas. Según el método Pilates, es la zona donde se genera la energía y la fuerza que luego es transmitida a las otras partes del cuerpo.

Chi
Según la tradición china, esta energía, o "fuerza vital", lo impregna todo. Está en todas y por todas las cosas, vivas o no.

Cifosis torácica
Problema postural que causa una excesiva curvatura hacia fuera de la columna y, finalmente, posible joroba.

Contractura de trapecios
Problema postural que pone rígida la columna como consecuencia de la contracción muscular. Provoca dolor en los brazos y tensión en la zona del pecho.

Cortisol
Hormona esteroide producida por el cuerpo. Es importante para las respuestas normales frente al estrés, así como para el metabolismo de los carbohidratos.

Cuádriceps
Músculo situado en los muslos.

Deltoides
Músculos gruesos de forma triangular que cubren las articulaciones de los hombros. Son los responsables de la elevación lateral de los brazos.

Dióxido de carbono
Gas incoloro que se forma en los tejidos durante el metabolismo y que la sangre transporta a los pulmones, de donde es luego expulsado.

Ectomorfo
Uno de los tres biotipos básicos. Los otros dos son: endomorfo y ectomorfo. Las personas ectomorfas tienden a ser delgadas, de estructura fina, estatura elevada y con extremidades largas. Este tipo de cuerpo suele ir asociado a una personalidad despierta, inhibida e intelectual.

Endomorfo
Uno de los tres biotipos básicos. Las personas de este tipo suelen ser de peso considerable y con curvas, con posible dificultad para no engordar. Se suele asociar a placidez, actitud relajada y hedonismo.

Endorfinas
Sustancias químicas de la "felicidad" que se producen de forma natural en el cerebro y tienen propiedades analgésicas. También son responsables de las sensaciones de placer.

GLOSARIO

Esternocleidomastoideo
Músculo a ambos lados y en la parte posterior del cuello.

Glúteos mayores
Pareja de músculos situados en la parte blanda de las nalgas.

Glúteos menores
Pareja de músculos situados por encima de la parte blanda de las nalgas.

"Huir o luchar", mecanismo de respuesta de
Un proceso que prepara al cuerpo para el esfuerzo físico. Cuando el organismo es sometido a un estrés extremo ante una amenaza inminente, la respuesta "huir o luchar" provoca una descarga de adrenalina y otras hormonas en el organismo. Se aceleran el ritmo cardíaco, la respiración y el metabolismo, y cualquier función corporal que no sea esencial para la supervivencia –incluidos los sistemas inmunológico y digestivo– se detiene de forma automática.

Leucocitos
Glóbulos blancos de la sangre, que ayudan a proteger al organismo de sustancias extrañas y de enfermedades.

Linfa
Nombre del fluido presente en el sistema linfático (una red de vasos). La linfa transporta los leucocitos, o glóbulos blancos de la sangre, que desempeñan un papel clave al ayudar al cuerpo a luchar contra las enfermedades.

Lordosis cervical
Problema postural de la columna que se localiza en la zona del cuello. Los músculos de la parte posterior del cuello se contraen, mientras que los de delante se estiran en exceso. La barbilla sobresale hacia delante y, con el tiempo, puede causar inflamación de las articulaciones, incluida la artritis.

Lordosis lumbar
Problema postural de la columna en el que los músculos abdominales se debilitan, empujando el vientre hacia fuera y creando en la parte inferior de la espalda una curvatura anormal hacia dentro.

Medicina Tradicional China
La MTC es un antiguo sistema chino de curación. Se fundamenta en una diagnosis que tiene en cuenta el conjunto de síntomas y características de una persona, en lugar de diagnosticar por el nombre de las enfermedades. Entre sus tratamientos se incluyen el herbalismo chino y la acupuntura.

Mesomorfo
Uno de los tres biotipos básicos. Las personas mesomorfas son atléticas o musculadas, y tienen el tórax, las extremidades y los músculos grandes. Este biotipo se asocia a una tendencia a la agresividad. Suelen ser atléticos y destacar en los deportes.

Ptosis visceral
Problema postural que causa debilidad e inflamación del abdomen, así como una circulación deficiente.

Raquitismo
Enfermedad infantil en la que los huesos no se acaban de solidificar, se vuelven frágiles y se deforman. Está causada por una deficiencia de vitamina D.

Respiración torácica
A veces también se conoce con la denominación "respiración costal". Esta técnica comporta respirar con la parte posterior e inferior de la caja torácica. Al inspirar, con la entrada de aire en los pulmones, los lados de la caja torácica se expanden; por contra, al espirar, se contraen. De esta forma, el abdomen puede permanecer contraído y firme sin interferir en la respiración.

Tai chi chuan
Una forma de movimiento fluido que trabaja con la mente, el cuerpo y el espíritu. Surgió en China hace más de 2.000 años.

Tantien
Término chino para designar el almacén de energía *chi* situado en la zona abdominal.

Trapecio
Músculo plano y de forma triangular que recubre la parte posterior del cuello y de los hombros.

Tríceps
Músculos de la parte posterior del brazo.

Yoga
Escuela de filosofía hindú que incluye técnicas físicas y mentales en su tratamiento de la salud del individuo. Existen muchas formas de yoga, de las cuales el hatha yoga es una de las más conocidas. El hatha yoga incide de modo especial en el bienestar del individuo mediante la realización de ejercicios físicos. La práctica del yoga surgió en la India y se remonta a más de 4.000 años atrás.

Direcciones y websites útiles

Centro de recuperación física Pilates
Menorca 36
28009 Madrid
Tel.: 34 91 4093921

Clínica fisiopilates
Fundadores 10, bajos
28009 Madrid
España
Tel.: 34 91 7130267
Website: www.fisiopilates.com

Estudio el arte del control
Castanyer 23
08022 Barcelona
Tel.: 34 93 4184212

Estudio Pilates
General Varela 33
28020 Madrid
Tel.: 34 91 5720109

Sanart
Fernán González 51, 1° dcha.
28009 Madrid
España
Tel.: 34 91 5045515
Website: www.asemeda.com/sanart/

Fuente de Referencias Global e Independiente del Método Pilates
Website: www.pilates.co.uk
Una website que incluye información abundante de 35 países acerca del método Pilates, con más de 580 centros reseñados y 600 instructores.

Yoga

Introducción

Si este capítulo consigue incitarle a adentrarse en el conocimiento del yoga, puede ser éste el primer paso de un largo y liberador viaje hacia la autorrealización. Muchas personas creen que el yoga es sólo un programa de ejercicios que les permitirá ponerse en forma al aumentar su flexibilidad y mejorar su tono muscular, pero la filosofía que esta práctica encierra le ayudará a conseguir muchas cosas más.

Los beneficios del yoga superan con creces los de un mero programa de ejercicios para mejorar la forma física. La mente y el cuerpo están unidos y, por consiguiente, si el cuerpo no está alineado no podremos controlar nuestra mente.

Estirar, purificar y curar el cuerpo proporcionan equilibrio y armonía a la mente, lo que comporta salud, felicidad y plenitud. Es importante aprender a deshacerse de los condicionamientos negativos del pasado, de este modo podremos tomar mayor conciencia de cómo el contenido emocional de los pensamientos que tengamos hoy pueden determinar nuestra realidad de mañana.

Así pues, lo que quizás haya empezado como una simple búsqueda de un método para mejorar la forma física, puede conducirle a conocerse mejor a sí mismo y a llevar un estilo de vida mucho más sano.

Llegar a descubrir el verdadero significado de la autorrealización puede ser una tarea de años, pero durante ese camino el yoga moldeará su presente y creará las condiciones para un futuro más positivo: se trata de un viaje fascinante.

A medida que giramos en la espiral de la "Nueva Era de Acuario" la energía que nos rodea vibra cada vez a una frecuencia más elevada. El tiempo corre y debemos encontrar la manera de sosegarnos y aminorar la marcha.

Hoy en día, reina el desasosiego y la confusión en todo el mundo, y nunca ha habido

El objetivo del yoga es proporcionar equilibrio y armonía al cuerpo y a la mente.

INTRODUCCIÓN 71

El yoga se practica en la India desde hace milenios. Este bellísimo paraje de Kerala, arriba, es el escenario natural perfecto para esta revitalizante práctica.

tanta necesidad de restablecer el equilibrio de la naturaleza y curarnos.

A un nivel más "de estar por casa", el yoga es una forma fácil, poco exigente y divertida de conseguir más salud y vitalidad.

En Occidente se considera el yoga como un modo de conseguir mayor bienestar físico y mental. Pero el yoga también tiene un efecto beneficioso en multitud de problemas de salud, como por ejemplo el de la hipertensión arterial.

Si invierte algo de su tiempo diario en realizar una serie de posturas de yoga, conseguirá renovar el cuerpo y la mente y alcanzar un estado de relajación profunda. De esta manera, al haber logrado su propósito, aumentará su autoestima y tendrá la calma interior necesaria para disipar las preocupaciones del día a día.

La respiración profunda y el ejercicio físico que requiere la práctica del yoga le ayudarán a superar multitud de dolencias, como dolores articulares y musculares, ansiedad, estrés, problemas posturales, problemas de evacuación y otros de tipo funcional.

Usted puede cambiar su vida positivamente, lo único que necesita es querer, y permitir que el poder benéfico del yoga surta efecto.

Cuando empiece un programa de yoga, descubrirá un sinnúmero de beneficios:

- mayor equilibrio emocional
- mejor forma física
- mayor claridad mental
- más calma interior
- una visión de la vida más positiva y saludable.

PARTE I: FUNDAMENTOS

¿Por qué el yoga?

Si quiere relajarse y disfrutar de un equilibrio, concentración y sosiego mayores, el yoga le ayudará a conseguirlo. Si quiere alcanzar una mayor serenidad mental y saber cuál es el potencial que usted esconde, el yoga es la respuesta. El yoga contribuirá a mejorar su salud física, tonificará sus músculos y órganos internos, aliviará posibles tensiones, le ayudará a perder peso y fortalecerá sus huesos.

El yoga es para todos

Olvídese de su nivel de forma física. Olvídese de su edad. Elimine sus prejuicios sobre qué es el yoga. El yoga es para todos. Se trata de una actividad no competitiva, personal y divertida que puede producir resultados sorprendentes. Empiece por el principio y continúe a su propio ritmo. Independientemente de si es usted un principiante o un practicante avanzado, el yoga puede beneficiarle en muchos aspectos. Con un cierto nivel de compromiso y un poco de tiempo y esfuerzo, el yoga puede hacerle cambiar tanto como desee.

El yoga es un arte, una ciencia y una filosofía de vida

Los orígenes del yoga se pierden en las tinieblas del tiempo. Parece ser que esta sabiduría ancestral, conocida como "la ciencia suprema de la vida", fue revelada a grandes sabios de la India hace unos 3.000 o 4.000 años. Esta inmensa fuente de conocimientos, llevada a la práctica con el yoga, puede conducir hacia una salud y control mental mayores y, finalmente, a la autorrealización.

La sociedad de hoy en día es un reflejo de la creencia de que las enfermedades, las luchas y los conflictos son propios de la naturaleza humana.

Practicar el yoga en grupo puede servirle de motivación, pero es importante que esté atento a su cuerpo y trabaje a su propio ritmo en lugar de compararse con los demás.

¿POR QUÉ EL YOGA?

"La unión de todas las cosas"

El término "yoga" significa "unión": unión de mente, cuerpo y espíritu. Es la unión entre el ser y el espíritu cósmico inteligente de la creación, "la unión de todas las cosas".

Los condicionantes negativos promueven la ignorancia y nos impiden desarrollar nuestro verdadero potencial. Estos pensamientos negativos se quedan almacenados en nuestro cuerpo y son causa de bloqueos y desequilibrios en nuestra salud. El envejecimiento del cuerpo es, sobre todo, un proceso artificial provocado por el estrés, una dieta deficiente, la ingestión de toxinas y la exposición a radiaciones solares nocivas. Al purificar nuestro cuerpo y mantenerlo ágil podemos ralentizar el proceso de degeneración celular.

El yoga en la actualidad

En este mundo tan cambiante, de ritmo frenético, avances tecnológicos y presiones financieras, cada vez son más las personas que optan por los principios del yoga. Estudios científicos recientes han demostrado que la práctica regular del yoga reduce los problemas respiratorios, digestivos y de presión arterial, así como elimina el estrés y la tensión, y ayuda a paliar los síntomas de la artritis y de la arteriosclerosis. Los resultados obtenidos en un estudio de seis meses indican un aumento espectacular de la capacidad pulmonar y de la capacidad para soportar el estrés, así como una reducción del peso, del colesterol y de los niveles de azúcar en sangre.

El yoga le permite contrarrestar de forma natural el estrés de la vida moderna y le ayuda a conseguir la calma interior.

Armonía y equilibrio con el hatha yoga

Existen muchas formas de yoga, pero el hatha yoga es la forma más habitual de las practicadas en Occidente. El hatha yoga se concentra en la parte física del cuerpo como medio para alcanzar la autorrealización. Nos enseña cómo el control del cuerpo es la clave para el control de la mente.

El yoga es un mágico programa para mantenerse en forma que le ayuda a alcanzar el equilibrio emocional, agudiza el intelecto y aporta serenidad. Dos de los aspectos que han hecho tan popular el yoga en nuestra cultura son: la atención al cuerpo físico y el énfasis en las posturas. Y no es preciso que usted sea una persona muy espiritual para poderlo practicar. Comience con los ejercicios físicos —las posturas— y observe adónde le conducen. Si opta por practicar yoga de forma regular, no sólo mejorará la flexibilidad de su cuerpo, sino también la de su mente. A medida que nos abrimos a la filosofía del yoga, nos abrimos también a las posibilidades que nos brinda la vida. Aprendemos a dejar a un lado el pasado y a deshacernos del "equipaje". Nuestras barreras se vienen abajo y una nueva energía irrumpe en los espacios que hemos liberado. Al final, con un poco de paciencia, disciplina y práctica, comprobará los cambios en su propio cuerpo.

La práctica de las posturas de yoga le ayudará a liberar su cuerpo. Poco a poco, también su mente irá haciéndose más flexible y abierta.

Ha (Sol) Tha (Luna)

El hatha yoga hace enfásis en equilibrar las fuerzas opuestas del cuerpo, como la energía masculina (el sol) y la energía femenina (la luna), izquierda y derecha, inspiración y espiración, alegría y tristeza, y así sucesivamente, devolviendo al cuerpo su equilibrio natural. Las flexiones hacia delante son seguidas por flexiones hacia atrás, las posturas erguidas por posturas invertidas, contracciones por estiramientos, y los movimientos a la izquierda por sus equivalentes hacia la derecha.

Los cinco principios del yoga

3 Control respiratorio: pranayama
Las técnicas respiratorias, o pranayama, aumentan la capacidad pulmonar, ayudándole a respirar de forma más completa. También le ayudan a fortalecer los órganos internos, mejoran el control mental y potencian la capacidad de relajación.

4 Una dieta nutritiva
Una dieta bien equilibrada y nutritiva estimula el sistema inmunológico, mejora la salud y ayuda apaciguar la mente. Como resultado, aumentará la resistencia de su cuerpo frente a las enfermedades y se sentirá mejor y más saludable.

5 Pensamiento positivo y meditación
El yoga considera el pensamiento positivo como uno de sus principios más importantes. Se trata de entrenar la mente para purificar los pensamientos y permitir que emerja un nuevo "yo" más seguro. Al final, la meditación le conduce a la autorrealización: el propósito real del yoga.

1 Relajación
Con la relajación descansa todo el organismo y se elimina la tensión muscular. La relajación después de los ejercicios deshace los bloqueos del organismo, restablece el flujo normal de energía en el cuerpo y ayuda a calmar la mente.

2 Ejercicios: asanas
Las posturas de yoga, denominadas asanas, ayudan a estirar y tonificar los músculos y fortalecen los huesos y los ligamentos. Los asanas mejoran la circulación y mantienen la columna, los músculos y las articulaciones más flexibles. Con los asanas, el cuerpo produce más endorfinas –"hormonas de la felicidad"–, por lo que es posible también aliviar los síntomas de la depresión.

El compromiso con un estilo de vida más saludable

La palabra "compromiso" implica disciplina y encontrar un hueco para practicar yoga de forma regular. "Otro quehacer más que añadir a la ya muy ajetreada vida cotidiana", podría alegar usted. El término "compromiso" puede sonar chocante, pero ¿no sería maravilloso dedicar algo de tiempo a aminorar la marcha, tomar aliento y dejar a un lado toda la tensión?

En cuanto comience a percatarse de los beneficios de un sistema que no sólo fomenta el bienestar, sino que también reduce el estrés acumulado durante el trabajo, el yoga dejará de ser una obligación. Muy pronto, la mente se acostumbrará a aceptar la práctica del yoga como una parte más de la vida cotidiana. Olvídese del problema del tiempo. Usted encontrará más tiempo para sus ocupaciones cuando su mente esté centrada, su pulso normalizado, su presión arterial regulada, sus músculos más relajados y su ritmo respiratorio estabilizado. Cuanto más a menudo ponga su conciencia en estar concentrado y equilibrado, más poderoso y próspero será. No se puede permitir el lujo de no encontrar tiempo para practicar yoga. Todo lo que necesita es paz, silencio y compromiso. Tampoco se preocupe si al comenzar su forma física y flexibilidad no son buenas, enseguida notará más vitalidad para realizar con más diligencia su programa de tareas diarias. Y no olvide que usted es el responsable de su salud y de su felicidad.

Un programa personalizado

La lectura es una excelente manera de adentrarse en el conocimiento del yoga. Cuanto más comprenda su filosofía, mejor sabrá cómo aplicársela a sí mismo y mayor provecho sacará de ella.

Usted puede incorporar todos sus conocimientos en un plan personalizado. A largo plazo, sin embargo, la forma más adecuada

En cuanto incorpore el yoga a su vida cotidiana, comprobará cómo enseguida se convierte en un hábito divertido y natural en lugar de una obligación.

EL COMPROMISO CON UN ESTILO DE VIDA MÁS SALUDABLE

de aprender yoga es con un profesor que le pueda guiar, resolver sus dudas y ayudarle a perfeccionar su posturas. Podría proponerse asistir a clase una vez por semana y luego, quizás, practicar una o dos sesiones de media hora en casa. El objetivo más importante es practicar yoga de forma regular. Siga un plan y pronto podrá comprobar sus beneficios.

Además, recuerde que el sentimiento de culpabilidad no tiene cabida en el yoga, practicar un poco es mejor que nada. Y como no hay dos cuerpos que sean idénticos, tampoco existe una práctica única ideal para todos. Así, es posible que durante un tiempo necesite experimentar con diferentes escuelas antes de encontrar la que más le convenza.

Recomendaciones para la práctica del yoga

- Comience por el nivel adecuado y siga a su propio ritmo. El yoga no es una competición.
- Una sesión de yoga precisa de un precalentamiento. Los músculos han de adquirir la fluidez necesaria antes de intentar estiramientos complejos.
- No fuerce el cuerpo cuando realice las posturas. Intente llegar sólo hasta el "limite" de la incomodidad, dirija la respiración hacia los músculos implicados y mantenga la postura durante varias respiraciones. Con la práctica, cada vez le será más fácil profundizar más y más en cada postura, hasta que un día descubrirá que ha alcanzado el objetivo.
- Practique descalzo y con ropa ligera y cómoda.
- No practique con el estómago lleno. Tras una comida copiosa deje pasar más de cuatro horas, o más de dos, si ha tomado un refrigerio.
- Quítese las lentes de contacto y recójase el pelo.
- Si hace frío, trabaje en una habitación caldeada. A medida que progrese en el yoga, será capaz de generar su propio calor.
- Una sesión ideal debe realizarse en un lugar tranquilo y apacible. Para evitar posibles interrupciones, desconecte el teléfono, el móvil y quítese el reloj.
- Trabaje sobre una colchoneta lo bastante larga como para permitir que su cuerpo descanse con comodidad.

PARTE 2: YOGA EN ACCIÓN

De lo desconocido a lo conocido

La Mente Universal dirige todo lo que pasa con la Inteligencia Suprema. Penetra en todas las fibras de la existencia; cualquier cosa animada es expresión de dicha inteligencia. Nuestros cuerpos y todo lo que percibimos representan la transformación de lo desconocido e invisible en lo conocido y visible.

El proceso de la creación es la manera de expresarse que tiene la Divinidad. El universo físico es pura conciencia (energía) en movimiento. Cuando percibimos que nuestra verdadera naturaleza es la expresión de la inteligencia universal, empezamos a darnos cuenta del ilimitado potencial de lo que somos.

¿Qué es el prana?

El prana es la fuerza sutil que da vida a todas las manifestaciones de la creación, es una "corriente vital" que extraemos del oxígeno que respiramos y que circula por todo nuestro cuerpo.

Al practicar yoga, podemos obtener y almacenar más prana y sentir de esta manera una mayor conexión con el "todo".

Los siete chakras constituyen almacenes de prana que unen los cuerpos físico y astral de la persona.

Los chakras y los nadis

Según los sabios yóguicos nuestro cuerpo físico está rodeado e interpenetrado por un cuerpo sutil: el cuerpo astral. De la misma forma que el cuerpo físico tiene nervios, el cuerpo astral tiene sus equivalentes: los nadis. Existen unos 72.000 nadis, tres de los cuales, los más importantes, son: sushumna, ida y pingala.

El nadi sushumna corresponde a la columna vertebral; el nadi ida sube desde la base de la columna por el tronco hasta acabar en el orificio izquierdo de la nariz; el nadi pingala también asciende desde la base de la columna, pero acaba en el orificio derecho de la nariz. Se dice que los nadis ida y pingala se entrecruzan en su camino de ascenso y que en los distintos puntos de cruce están situados los chakras.

Los siete chakras del cuerpo astral

Existen siete chakras (ruedas de energía) principales en el cuerpo astral, donde coinciden muchos de los nadis. Seis de estos chakras se hallan distribuidos a lo largo del nadi sushumna, que sigue el recorrido de la columna vertebral; el séptimo está situado en la coronilla. Los chakras almacenan energía, que es cada vez más sutil a medida que sube desde la base de los chakras hasta la coronilla.

Sahasrâra o chakra de la coronilla
El chakra de la coronilla absorbe los rayos violetas y es el centro espiritual en el que residen la sabiduría y la comprensión. Abrir este chakra a través de la práctica de la meditación puede, tras mucho tiempo y esfuerzo, conducir a las metas finales de la autorrealización y la iluminación.

Ajnâ o chakra del entrecejo
El sexto chakra está situado en el entrecejo, en el punto del "tercer ojo". Se asocia al color lila y es el chakra donde se encuentran el conocimiento consciente y el conocimiento inconsciente. Abrir el tercer ojo y dejar que la energía universal fluya libremente por él puede conectarle de forma directa con su intuición innata y su poder psíquico.

Anâhata o chakra del corazón
Es el cuarto chakra y está situado en el centro del pecho. Absorbe los rayos verdes y está relacionado con las emociones y los sentimientos. El chakra del corazón se bloquea por el "miedo a sentir".

Vishuddhi o chakra de la garganta
El quinto chakra, situado en la base del cráneo, está relacionado con el sistema glandular y con la expresión. La energía bloqueada en esta área comporta dificultades en la comunicación.

Manipûra o chakra del plexo solar
El tercer chakra, situado en la zona del plexo solar, absorbe los rayos amarillos y está relacionado con el modo en que nos equilibramos en nuestro interior. Dado que se le asocia con el sistema digestivo, se trata de un importante centro para la curación y es el principal almacén de prana.

Svâdhistâna o chakra sexual
Este chakra se encuentra justo detrás de los genitales. Absorbe los rayos naranjas y está relacionado con nuestras pasiones y nuestra sexualidad. Si dejamos que la energía fluya libremente por este chakra sexual, este aspecto de nuestra vida será positivo. En cambio, si la energía se bloquea a este nivel, se producen trastornos sexuales y reproductivos.

Mûlâdhâra o chakra raíz
Situado en la base de la columna vertebral, este chakra absorbe los rayos rojos. Está relacionado con nuestra capacidad de supervivencia y adaptación y nos confiere estabilidad. Un exceso o ausencia de energía en este chakra puede bloquearnos y hacer que sintamos miedo al cambio.

Respiración yóguica

La respiración yóguica, o pranayama, revitaliza todo el cuerpo, equilibra las emociones y favorece la claridad mental. Todos los ejercicios respiratorios que se describen aquí se realizan en posición sentada, manteniendo la columna, el cuello y la cabeza alineados. De este modo se facilita el flujo de prana y se crea espacio para que los pulmones puedan expandirse de forma más completa.

La gran respiración yóguica

1

Siéntese con las piernas cruzadas (sentarse sobre un cojín alivia la tensión de la parte inferior de la espalda y de las rodillas). Coloque una mano sobre la caja torácica y la otra sobre el abdomen. Mantenga la espalda recta, la barbilla paralela al suelo y los hombros relajados.

2

Asegúrese de respirar por la nariz y mantenga la boca cerrada. Inspire lentamente, sintiendo primero cómo se expande el abdomen, luego la caja torácica y, finalmente, toda la zona del pecho.

3

A medida que espire, el aire abandonará primero la parte inferior de los pulmones y por último el pecho. Sienta cómo el aire llena los pulmones y asegúrese de que su respiración es lenta, rítmica y profunda.

Respirar para vivir

Según la creencia yóguica, la esperanza de vida está relacionada con la frecuencia respiratoria. Así, la tortuga, que es un reptil, respira muy despacio y tiene una vida larga. En cambio, un pequeño mamífero, como la rata, respira más rápido y vive menos tiempo. Los yoguis creen que, si aprendemos a respirar con mayor lentitud, podemos añadir algunos años a nuestras vidas.

RESPIRACIÓN YÓGUICA

Respiración ujjayi: la clave para la respiración consciente

Uno de los ejercicios de pranayama más practicados es la respiración ujjayi. En sánscrito, *uj* significa "expandir" y *jayi* "éxito"; así pues, practicamos la respiración ujjayi para "fluir hacia el éxito". Este tipo de respiración se caracteriza básicamente por un sonido suave, profundo, y casi ronco procedente de la garganta.

    La respiración ujjayi no es difícil de aprender. Todo lo que necesita es contraer ligeramente las cuerdas vocales mientras inspira por la nariz y mantiene la boca cerrada. A medida que el aire pasa por la epiglotis, ahora ligeramente contraída, la respiración vibra en la parte posterior de la garganta. Vaya profundizando la respiración. Al espirar, debería producirse un sonido gutural. Cuando domine esta técnica, el estrechamiento de la válvula de la garganta le ayudará a regular el suministro de oxígeno mientras se concentra en el sonido gutural producido por la garganta.

Beneficios de la respiración ujjayi

La respiración ujjayi refresca la mente, calma los nervios y fortalece el abdomen. Constituye una herramienta muy útil que puede ser usada en todas las situaciones de nuestra vida cotidiana. Le ayuda a reducir el estrés, desarrolla la atención y le permite apreciar la belleza de la vida en todo su esplendor.

Respiración alterna: Anuloma Viloma

La práctica de este ejercicio fortalece todo el sistema respiratorio y libera las toxinas acumuladas por el estrés y la contaminación. Intente practicar la respiración alterna cada día.

1

Siéntese en el suelo con las piernas cruzadas y los ojos cerrados.

2

Cierre el orificio nasal derecho con el pulgar derecho y espire lenta y suavemente por el orificio nasal izquierdo mientras cuenta hasta cuatro.

3

Continúe con el orificio nasal derecho cerrado e inspire por el orificio nasal izquierdo, siempre despacio y suavemente, mientras cuenta hasta cuatro. Permanezca centrado y respire despacio y hondo.

6

Libere el orificio nasal derecho y espire, de forma lenta y controlada, mientras cuenta hasta cuatro.

4

Cierre el orificio nasal izquierdo con el dedo anular de su mano derecha. Doble hacia abajo sus dedos índice y corazón hasta que toquen la base del pulgar.

5

Continúe con ambos orificios nasales cerrados y contenga la respiración tanto como le sea posible.

7

Inspire por el orificio nasal derecho, luego utilice el pulgar para cerrarlo, y manténgase así mientras cuenta hasta cuatro, después espire por su orificio nasal izquierdo. Con esto queda completado un ciclo de respiración alterna. Repita el ejercicio 10 veces.

Kapalabhati

Kapalabhati significa "cráneo brillante", y el efecto de este tipo de respiración es despejar la mente. La espiración forzada elimina el aire residual de la parte inferior de los pulmones, dejando espacio para que entre oxígeno nuevo y purificando así el sistema respiratorio. El movimiento del diafragma tonifica los músculos del vientre, corazón e hígado.

1
Siéntese erguido con las piernas cruzadas o en posición de medio loto (véase pág. 108). Si usted es flexible por naturaleza, puede intentarlo en posición de loto completo (véase pág. 109).

2
Inspire despacio y de forma suave, luego espire, contrayendo fuertemente los músculos abdominales y elevando el diafragma para forzar la expulsión de aire.

3
Inspire y relaje los músculos, dejando que sus pulmones vayan llenándose de aire. Luego espire otra vez intensamente.

4
Repita el paso 2 unas 20 veces, despacio y de forma rítmica.

5
A continuación, inspire y espire de la misma manera, pero esta vez contenga la respiración entre la inspiración y la espiración tanto tiempo como le sea posible. De nuevo, repita 20 veces. La espiración debe ser corta y activa; la inspiración, larga y pasiva. Para que le sirva de orientación, inspire mientras cuenta hasta ocho y espire mientras cuenta hasta uno.

Asanas

En yoga, el término asana significa "postura". Los movimientos son suaves y tienen en cuenta todo el ser. Las posturas forman parte de un sistema psicofísico que pretende despertar al individuo para que desarrolle todo su potencial. Practicadas de forma regular, las posturas pueden liberar a la persona de sus miedos y condicionamientos.

Los asanas se realizan despacio y de forma meditativa, utilizando la respiración profunda abdominal. Están diseñados para fortalecer el cuerpo lo suficiente como para que éste sea capaz de permanecer en la posición durante un cierto tiempo sin sentir molestias. El verdadero trabajo tiene lugar precisamente durante este tiempo de "permanencia en la posición". La idea es que la persona esté tranquila durante esta fase, que respire conscientemente y que centre su atención en el sonido rítmico de su respiración. Entonces, de forma natural, cuerpo y mente se irán sosegando y equilibrando. Cuando se encuentre cómodo en una posición, puede intentar ir un poco más allá y estirar un poco más.

Se dice que hay tantas posturas de yoga como criaturas sobre la Tierra, por lo que sólo nos va a ser posible concentrarnos en unas cuantas. El yoga no sólo exige que su cuerpo adopte cierta postura (muchas de ellas copian las posturas de ciertos animales), sino también que usted se identifique con las cualidades de tales posturas.

Así, por ejemplo, cuando realiza la postura del gato, debería sentir que su

Poner la atención en su respiración de manera consciente le ayudará a estirarse de forma más completa mientras realiza la postura de yoga.

cuerpo se identifica con las cualidades de este animal. Trate de sentir lo que usted imagina que siente un gato; sienta cómo se arquea su espalda y cómo se estira su columna.

Beneficios de los asanas

Las diferentes posturas de una sesión básica de yoga le permitirán estirar, fortalecer y tonificar cada músculo de su cuerpo. Pero aún hay muchas cosas más que usted puede conseguir con la práctica de los asanas. Ciertas posturas trabajan sobre órganos determinados del cuerpo, mientras que otras le ayudarán a regular su sistema endocrino. Las torsiones, flexiones y estiramientos aumentan la flexibilidad de los músculos y articulaciones, a la vez que masajean los órganos y glándulas internas. Asimismo, los asanas mejoran la circulación, permitiendo así que todas las células reciban un aporte elevado de oxígeno y nutrientes. No obstante, el trabajo más importante de los asanas es el fortalecimiento y la purificación del sistema nervioso y, en particular, el de los nervios espinales, porque es allí donde se ubican los canales del prana en el cuerpo astral. Por su parte, el aumento de la energía pránica le ayudará a despertar su potencial espiritual.

La pérdida de vitalidad y las enfermedades que sufrimos son el resultado de la disfunción de nuestro organismo; las causas: negligencia, escasa estimulación, pereza y hábitos no saludables de nuestro estilo de vida.

La práctica regular de los asanas favorece un estado mental de bienestar y una buena salud física. Las técnicas han sido diseñadas para elevar al máximo la vitalidad y el rejuvenecimiento, así como reducir el estrés, la depresión, la hipertensión y mejorar la concentración y el equilibrio emocional.

Cuando empiece a practicar yoga, las primeros efectos que experimentará serán de carácter físico. A medida que practique y progrese, empezará a sentir cómo la energía pránica fluye más libremente a través de sus canales.

El poder de la mente

Antes de comenzar con la postura, visualícese a sí mismo haciendo el ejercicio con toda perfección. Después, adéntrese en la postura con control y concentración.

Comience por el principio: respire despacio y vaya progresando poco a poco. Si persevera en su programa de yoga, irá notando los cambios graduales que se producen en su organismo.

Mudras y mantras mágicos

Técnicamente, los mudras son posturas concebidas para evitar la fuga de energía del cuerpo. También se refieren a ciertos gestos que se realizan durante el pranayama (véase pág. 80) y la meditación. La palabra "mudra" significa "sello".

Yoga mudra

Este mudra es excelente para mejorar el funcionamiento del hígado, bazo, riñones, vejiga urinaria y útero. El yoga mudra también ayuda a aliviar el estreñimiento.

Precaución

Es muy importante que no realice este ejercicio si está embarazada o padece problemas abdominales.

1 *Arrodíllese en el suelo y siéntese sobre los talones. Coloque las manos o las puntas de los dedos sobre los talones y mantenga el tronco erguido pero relajado. Espire.*

2 *Durante la inspiración, suba las manos por delante, luego cierre los puños, con los pulgares en el interior. Coloque las manos a ambos lados del ombligo.*

3 *Espire y luego, manteniendo las nalgas sobre los talones, estire la columna desde las caderas flexionando el tronco hacia delante hasta tocar con la cabeza en el suelo. Mantenga la frente sobre el suelo y respire durante un minuto con el abdomen relajado. Luego, levante el tronco y descanse sobre los talones; repose las palmas de las manos sobre los muslos.*

Alcanzar la sabiduría: Jnana mudra

Siéntese con las manos reposando sobre las rodillas y las palmas hacia arriba. Haga que el dedo índice de la mano izquierda toque la parte media del pulgar de la misma mano y haga lo mismo con la mano derecha. Este mudra abre a las personas a la belleza de la vida e induce a la armonía.

Aswini mudra

Practicar este mudra diariamente fortalece los músculos pélvicos que controlan la vejiga urinaria y el recto. Es un ejercicio especialmente indicado para las mujeres. Comience con 30 segundos y, a medida que progrese, aumente hasta llegar a cinco minutos. Puede estar de pie, arrodillado o sentado.

1

Tiéndase de espaldas con las piernas flexionadas. Respire de forma rítmica durante unos 20 segundos. Ahora, contraiga los músculos del esfínter (en la entrada del recto), mantenga la tensión hasta que cuente hasta cinco, respirando rítmicamente mientras lo hace; luego, relájese. Repita seis veces. Las mujeres deben contraer y relajar los músculos vaginales simultáneamente.

2

Empuje el esfínter y los músculos de su suelo pélvico hacia dentro y hacia arriba. Mantenga la tensión hasta que cuente hasta tres, respirando de forma rítmica mientras lo hace, luego, relájese. Invierta más de medio minuto, como mínimo, en la realización de este ejercicio.

El divino Om mudra

Siéntese con las manos sobre las rodillas y las palmas hacia arriba. Junte la punta del pulgar derecho con la punta del índice derecho y haga los mismo con la mano izquierda. Los dos círculos que describen este gesto representan el ciclo de la Divinidad.

Mantras

Los mantras son sonidos que resuenan en el cuerpo e invocan su energía. El canto de los mantras apacigua la mente, despierta los sentidos y estimula los chakras. Con la repetición, los mantras pueden ayudar a la mente en la búsqueda de la sabiduría.

Mantras yóguicos

- El mantra más importante de todos es el "OM". Los yoguis creen que éste es el sonido con el que fue creado el universo. Significa "todo", es decir, lo infinito y eterno.

- El sonido natural de la respiración "SOHAM" también es un mantra. Quiere decir "soy el que soy" y significa que el Divino no tiene límites.

- "OM NAMAH SIVAYA" es un mantra que ayuda a conquistar el ego, que bloquea el camino hacia la autorrealización.

Déjese ir: la relajación

Con independencia de donde vivamos, la vida de hoy en día es estresante. Sufrimos un bombardeo de estímulos continuo, así como presiones de todo tipo: problemas económicos, inseguridad laboral, trabajo excesivo, sueldos bajos, control por parte del sistema y angustia por el futuro. Se podría decir que nos exigimos demasiado al intentar seguir el ritmo que impone el siglo XXI.

Como resultado de todas estas presiones, la mayor parte de nuestro tiempo lo pasamos en un estado mental y físico tenso. Apretamos las mandíbulas, fruncimos el ceño, contenemos la respiración y tensamos los músculos. La contracción constante de nuestros músculos mina nuestra energía y nos agota. Padecemos dolores de espalda y de cabeza, malas digestiones, problemas cardíacos y un sinnúmero de enfermedades asociadas al estrés.

La relajación es una parte esencial de la práctica del yoga. A la mayoría de la gente le resulta difícil relajarse, porque nunca han aprendido a hacerlo. Para relajar el cuerpo y concentrar la mente, debe estar tendido en el suelo o sentado con la espalda y el cuello adecuadamente alineados. De esta manera, se consigue que el circuito neuroeléctrico y la circulación sanguínea funcionen con eficiencia.

La tensión provoca la contracción de los músculos. Y dado que la contracción causa estrangulamiento, la energía del cuerpo se bloquea. En cuanto usted comience a liberar la tensión –la tirantez, la contención para autoprotegerse– de forma consciente, empezará a experimentar una expansión, tanto mental como física. La relajación es nuestro estado natural, por eso cuanto más se familiarice con ella más incorporada estará en su vida cotidiana. Cada vez será más consciente de las situaciones y circunstancias que le crean tensión y le bloquean, y ya no querrá estar nunca más a su merced.

Hemos de aprender a dejarnos ir, respirar correctamente y relajarnos. El arte de la relajación total es un regalo con el que usted se puede obsequiar a sí mismo.

DÉJESE IR: LA RELAJACIÓN

Una vez que haya relajado el cuerpo, necesita relajar la mente. Ponga su atención en la respiración y libere todas sus preocupaciones, miedos y ansiedades. Una respiración pausada y profunda le conducirá a la calma y a un estado de concentración. Déjese ir, relájese y disfrute de la sensación de abandonarse.

A medida que el cuerpo comienza a relajarse, se produce una serie de cambios físicos: el pulso se reduce y se libera la tensión. La relajación le aportará equilibrio mental y físico, reducirá su fatiga, liberará y expulsará toxinas y todo su organismo se revitalizará. Cuando empiece a experimentar por sí mismo la quietud, se sentirá mucho más calmado y apaciguado y comenzará a tomar conciencia de quién es realmente. Unos pocos minutos de relajación reducen de forma más eficaz el cansancio que toda una noche de descanso durmiendo.

Una sesión de yoga debería empezar siempre con una relajación. También es necesario descansar entre posturas, de esta forma nos recuperamos del esfuerzo y preparamos nuestra mente para el siguiente ejercicio.

Incluso cuando estamos tendidos en el suelo, podemos tensar nuestro cuerpo. Póngase lo más cómodo posible –una toalla doblada bajo la cabeza alivia la tensión del cuello– y simplemente deje que el suelo lo sostenga.

Shavasana: la postura del cadáver

Esta postura es la más importante de todas, ya que sólo cuando sepamos relajarnos bien dejaremos que nuestra energía fluya libremente por nuestro cuerpo. La relajación puede ser uno de los asanas más difíciles de dominar. Simplemente, tiéndase en el suelo y relájese. La esencia de la calma viene de nuestro interior. El objetivo de Shavasana es relajar el cuerpo de forma tan completa que permita liberar la mente y dejar que la energía fluya libremente.

El propósito que subyace en el yoga es unir el "yo" con el "Absoluto", tomar conciencia del "SOY" en el infinito y eterno "AHORA", y conseguir al fin la iluminación. La postura del cadáver nos enseña a relajarnos completamente, de forma que nuestros cuerpos pasen a ser irrelevantes, como los cadáveres. Y es que sólo cuando comprendemos la muerte somos capaces de entender la vida. Necesitamos volver nuestra atención hacia adentro, porque es allí donde comienza el viaje de la autorrealización. Si consigue dominar la postura de Shavasana, logrará dominar también su mente.

1
Asegúrese de no coger frío. Tiéndase cómodamente sobre su espalda y cierre los ojos.

2
Mueva las piernas a un lado y a otro y luego déjelas caer con naturalidad a ambos lados. Los pies deberían quedar separados por una distancia de unos 60 cm. Los muslos, las rodillas y los dedos de los pies, dirigidos hacia fuera. Repose los brazos a ambos lados del cuerpo, formando un ángulo de unos 45 grados con respecto al cuerpo. Las palmas de las manos hacia arriba.

3
Gire suavemente la cabeza a uno y otro lado y luego vuélvala al centro. Asegúrese de estar estirado en el suelo de forma simétrica.

Encuentre su calma interior

Déjese ir, suelte toda la ansiedad del día y húndase en el apacible estanque de la tranquilidad de su mente. De aprender a relajar su cuerpo y su mente depende que pueda disfrutar de los beneficiosos efectos de los asanas.

SHAVASANA: LA POSTURA DEL CADÁVER

4

Relaje los pies. Ahora, dirija su atención hacia las pantorrillas y siéntalas relajadas. A continuación, relaje los muslos, luego las caderas. Siga con las nalgas, luego con la parte inferior de la espalda, el abdomen, la parte media y superior de la espalda y el pecho. Relaje los hombros y sienta cómo la tensión se va desprendiendo y cae al suelo. Después, relaje brazos, manos y cuello. Deje que los ojos se relajen dentro de sus órbitas y sienta cómo se aflojan y relajan los músculos de la cara y del cuero cabelludo.

5

Explore mentalmente todo su cuerpo para comprobar si queda alguna zona tensa y, si la encuentra, contráigala primero y relájela después. Tome conciencia de todo su cuerpo y entorno, y esté atento a cualquier molestia. Deje que su cuerpo se "funda" con el suelo.

6

Respire a nivel del abdomen y sienta cómo, con cada espiración, el peso de su cuerpo hace que se vaya hundiendo cada vez más profundamente en el suelo. Centre su atención en el sonido de su respiración. Disfrute de la sensación de que todo el peso del cuerpo está sostenido por el suelo.

7

Si su mente comienza a divagar, concéntrese en el lento ritmo de su respiración y recondúzcala delicadamente hacia la quietud. La duración de la inspiración, la espiración, así como la pausa entre ambas, deben ser iguales. La pausa debe seguir a la espiración.

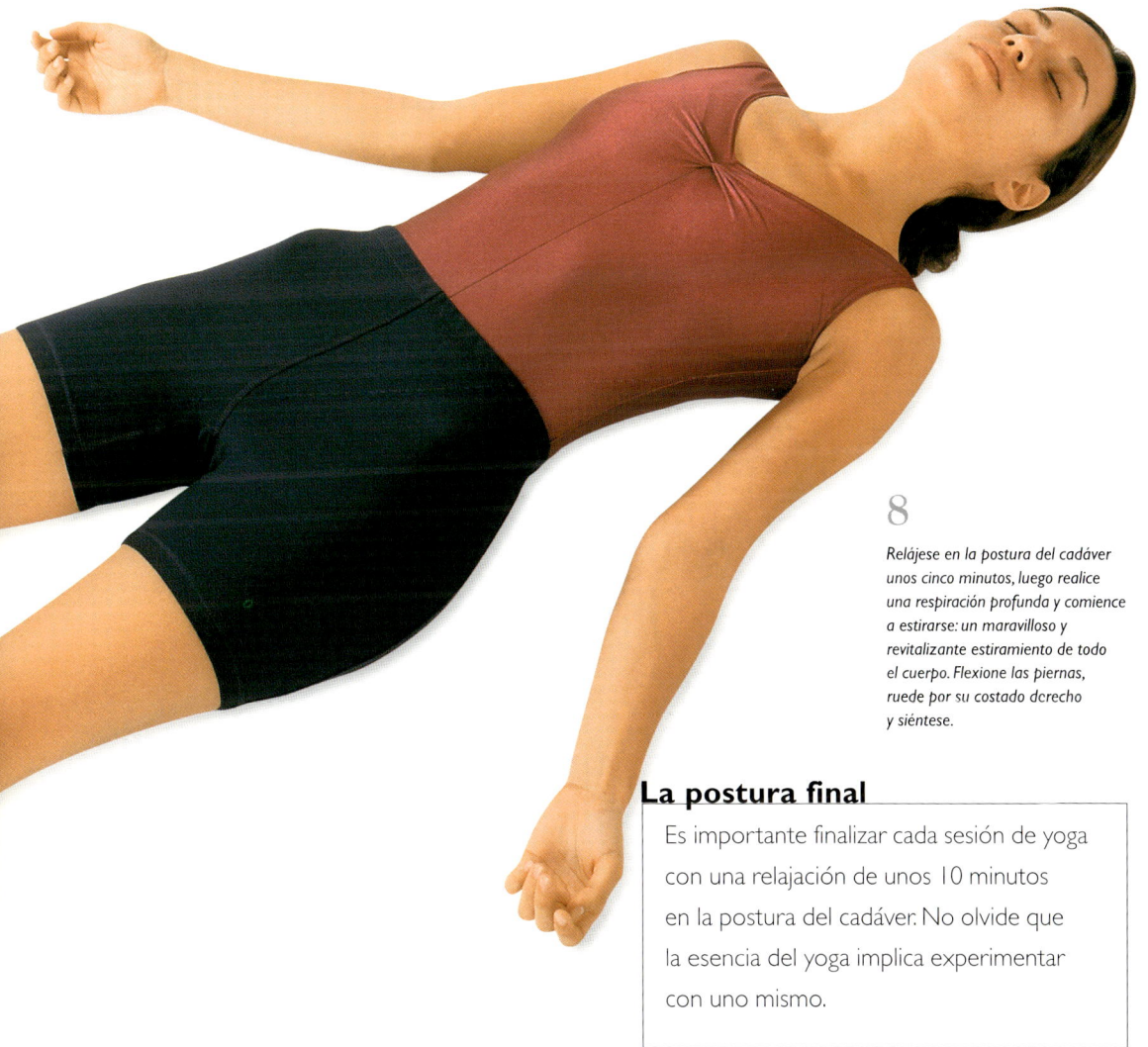

8

Relájese en la postura del cadáver unos cinco minutos, luego realice una respiración profunda y comience a estirarse: un maravilloso y revitalizante estiramiento de todo el cuerpo. Flexione las piernas, ruede por su costado derecho y siéntese.

La postura final

Es importante finalizar cada sesión de yoga con una relajación de unos 10 minutos en la postura del cadáver. No olvide que la esencia del yoga implica experimentar con uno mismo.

Calentamiento

Para cualquier sesión de yoga, y antes de comenzar los asanas, es importante que se prepare calentando los músculos y liberando las articulaciones.

Movimientos de cuello

Para este ejercicio debería sentarse con las piernas cruzadas y la espalda recta pero relajada. Rotar el cuello lentamente le ayudará a liberar la energía bloqueada en el mismo, así como la de los hombros y parte superior de la espalda. Asegúrese de realizar los movimientos despacio y con delicadeza, y deténgase si sintiera alguna molestia.

1
Deje caer la cabeza hacia delante, de forma que la barbilla toque la clavícula durantes unos segundos. Luego, deje caer la cabeza lentamente hacia atrás, tanto como le sea posible y cómodo, y sienta el estiramiento. Repita el movimiento 5 o 6 veces.

3
Gire lentamente la cabeza hacia la derecha hasta quedar mirando por encima del hombro. Dirija la mirada hacia atrás tanto como le sea posible. Vuelva la cabeza al centro y gírela ahora hacia la izquierda, hasta quedarse mirando por encima del hombro izquierdo. Repita estos estiramientos 5 o 6 veces.

2
Lleve la oreja derecha hacia el hombro derecho. Manténgase así durante unos segundos. Vuelva a colocar la cabeza en el centro y lleve la oreja izquierda al hombro izquierdo. Vuelva al centro. Repita a ambos lados.

4
Lleve la barbilla hacia la clavícula y realice una rotación de cabeza en sentido de las agujas del reloj, hasta un total de 2 o 3 vueltas. Vuelva la cabeza al centro y realice suavemente 2 o 3 vueltas en sentido contrario.

Rotación de hombros

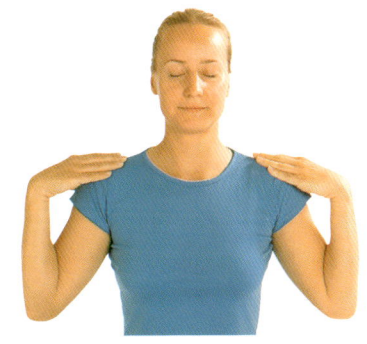

1

Siéntese con las piernas cruzadas. Coloque suavemente ambas manos sobre los hombros y dirija los codos hacia abajo.

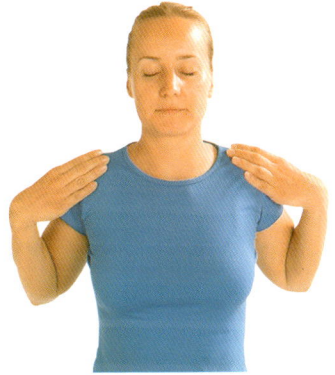

2

Inspire y lentamente gire los brazos hacia atrás, intentando juntar los omoplatos. No fuerce.

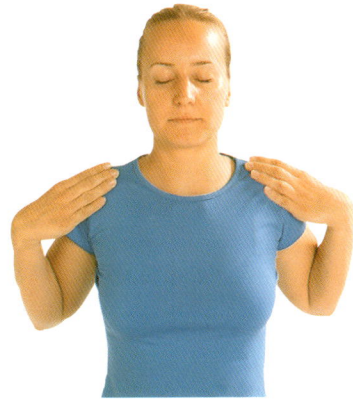

3

Espire y lleve los brazos hacia delante, imprimiendo grandes giros con los codos. Repita el movimiento ocho veces.

Estiramientos de piernas

1

Siéntese en el suelo con las piernas estiradas delante suyo y los talones juntos.

2

Suavemente, flexione la pierna derecha y estire los brazos hacia delante (sin tensar los hombros). Sujétese los dedos de los pies con ambas manos.

3

Estire la pierna y levántela tanto como le sea posible. Luego, vuélvala a flexionar, relájese y repita. Cambie de pierna y repita dos veces.

Bilikasana: la postura del gato

Para esta postura, visualícese así mismo como si fuera un gato que arquea y estira su lomo.

1

Posición a cuatro patas, apoyándose sobre manos y rodillas; las manos separadas a la altura de los hombros.

2

Espire y arquee su espalda tanto como le sea posible. Mantenga la cabeza entre los brazos, mirando hacia el ombligo. Permanezca en esta postura mientras cuenta hasta dos.

3

Inspire y lentamente curve la espalda hacia dentro (posición cóncava). Levante la cabeza y mire hacia arriba. Mantenga esta posición y cuente hasta dos. Repita esta secuencia 5-10 veces. Los dos movimientos deben sucederse de forma fluida.

Uttanasana: flexión hacia delante

Ésta es una excelente postura para liberar los hombros y estirar los tendones de la parte posterior de las piernas, a la altura de las rodillas.

1

Posición erguida y pies separados unos 30 cm. Inspire y cójase los codos, de forma que la mano derecha tome el codo izquierdo y viceversa.

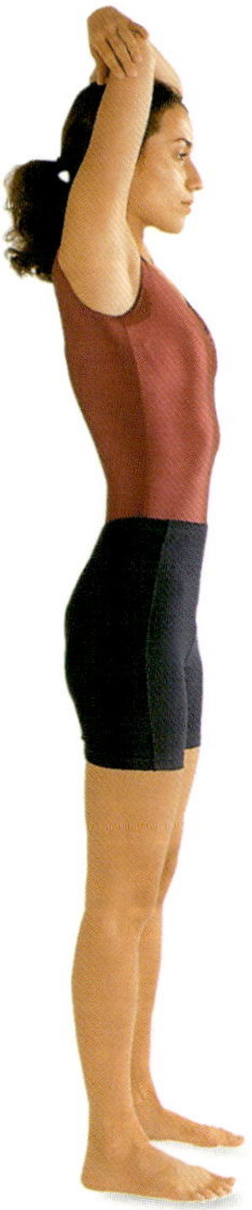

2

Con los codos aún sujetos, inspire y levante los brazos hasta por encima de la cabeza. Lleve la cintura ligeramente hacia atrás. Sienta el fuerte estiramiento de la parte trasera de las piernas.

CALENTAMIENTO   95

Tadasana: postura de la palmera o de la montaña

Ésta es la postura básica en posición erguida. Fomenta la serenidad, así como el equilibrio de las energías del cuerpo y de la mente.

1
En posición erguida, pies juntos, dedos gordos y talones de ambos pies en contacto. Deje colgar relajadamente los brazos a ambos lados del cuerpo, las palmas de las manos dirigidas hacia adentro.

2
Eleve el cuerpo, estirando hacia arriba desde la base de la columna vertebral. Los hombros deben estar relajados y el pecho abierto. Mire al frente.

3
Empuje hacia arriba los músculos de las rodillas. Asegúrese de que está equilibrado y que los pies no se levantan del suelo.

4
Utilizando el método ujjayi de respiración (véase pág. 81), realice unas cuantas respiraciones lentas y rítmicas. Permanezca concentrado y equilibrado.

3
Espire y flexione el torso lentamente hacia delante, llevando los brazos lo más cerca posible del pecho. Flexione el tronco tanto como le sea posible, empujando los codos en dirección al cuerpo y hacia abajo. Ahora, lleve las caderas lo más hacia delante que pueda, manteniendo las piernas rectas.

4
Mantenga las piernas rectas (sin bloquear las rodillas) y los músculos de las mismas contraídos. Relaje la cabeza. Ahora, la sangre le bajará a la cabeza y nutrirá su cerebro. Permanezca en esta posición unos 30 segundos. Recuerde respirar de forma lenta y suave.

Namaste mudra: postura del orador

Junte las palmas de las manos con los dedos extendidos y dirigidos hacia arriba. Acérquese las manos al corazón como gesto de paz y respeto y para honrar a la luz interior.

Suryanamascar: la salutación al sol

Esta elegante secuencia se realiza, al ritmo de la respiración, como un solo movimiento continuo. Es un excelente ejercicio para calentar.

1
Posición en Tadasana (postura de la palmera, véase pág. 95). Realice unas cuantas respiraciones en ujjayi (véase pág. 81). Espire y junte las manos en Namaste mudra (véase pág. 95).

2
Inspire y estire los brazos hacia arriba con las manos abiertas. Dóblese hacia atrás, a la altura de la cintura; las caderas hacia delante.

3
Espire y flexione el cuerpo hacia delante. Coloque las manos a ambos lados de los pies. Doble las rodillas si es necesario.

4
Inspire. Lleve la pierna izquierda hacia atrás; la rodilla tocando al suelo. Las manos y la pierna derecha están delante. Curve la espalda, levante la barbilla y mire hacia arriba.

5
Contenga la respiración y lleve la pierna derecha hacia atrás. Sostenga el peso de su cuerpo con las manos y los dedos de sus pies. Cabeza, espalda y piernas, alineados.

6
A medida que espira, baje las rodillas hasta el suelo: primero el pecho, luego la frente. Las manos deben estar planas sobre el suelo.

7
Inspire, baje las caderas al suelo y curve la columna hacia atrás. Mire hacia arriba, inclinando la cabeza hacia atrás. (Ésta es la postura de la cobra, véase págs. 114-115.)

CALENTAMIENTO

8
Espire, desplace el peso de su cuerpo hacia los pies y levante las caderas. Empuje los talones hacia abajo y deje colgar la cabeza (Shvanasana, véase pág. 100).

9
Inspire, dé un paso atrás con la pierna derecha y apoye la rodilla en el suelo. La pierna izquierda está delante con el pie plano sobre el suelo. Mire hacia arriba y hacia atrás (esta posición es el "espejo" del paso 4).

10
Espire y, sin mover las manos, traiga la pierna de atrás hacia delante; luego, flexione el tronco por la cintura como en el paso 3.

11
Inspire, estire y levante los brazos. Estire la espalda desde la cintura, como en el paso 2.

12
Espire y vuelva a la posición de Tadasana (véase paso 1).

Beneficios de la "salutación al sol"

- Concentra y calma la mente.
- Fortalece los órganos y músculos principales.
- Estimula la digestión.
- Aumenta la flexibilidad de la columna y de las articulaciones.

Las posturas en posición erguida

Las posturas de pie están concebidas para desarrollar la fuerza, la potencia y el equilibrio. Nos enseñan a estar de pie con un buen porte, seguridad en uno mismo y centrados. Podrá comprobar que los momentos en que pierde el equilibrio en estas posturas se corresponden con vacilaciones de su concentración y atención.

Padahastasana: la pinza de pie

"Su juventud es la de su columna." Éste es un asana excelente para mejorar la postura corporal y despertar una vitalidad juvenil.

2

Espire y flexione el tronco hacia delante y cójase las pantorrillas con las manos. Mantenga el peso del cuerpo centrado y las piernas rectas. No deje caer las caderas. Lleve la frente hacia las piernas. Puede estirar un poco más si se coge los dedos gordos de los pies con los pulgares respectivos. Permanezca en esta posición y realice cinco respiraciones en ujjayi (véase pág. 81), luego inspire y recupere lentamente la posición erguida.

1

De pie con las piernas juntas y el peso del cuerpo sobre la parte anterior de las plantas de sus pies. Inspire y estire sus brazos por encima de la cabeza. Estire el cuerpo desde la base de la columna hasta la punta de los dedos de las manos. Eleve los músculos de los muslos desde las rótulas. Las caderas han de dirigirse hacia delante y las piernas deben mantenerse rectas.

Beneficios del Padahastasana

- Refuerza el sistema nervioso.
- Estira los músculos de la parte posterior de las piernas.
- Riega el cerebro con sangre nutritiva.
- Alarga la columna y mejora su flexibilidad y elasticidad.
- Tonifica los músculos de la parte posterior del cuerpo.

LAS POSTURAS EN POSICIÓN ERGUIDA

Trikonasana: la postura del triángulo

Esta postura tiene muchas variantes que usted puede probar en cuanto se familiarice con la práctica básica. La postura del triángulo comporta un estiramiento intenso de los costados del cuerpo, desde los pies hasta las puntas de los dedos de las manos.

Beneficios del Trikonasana

- Estiramiento lateral completo.
- Tonifica los nervios espinales y los órganos abdominales.
- Mejora la digestión y estimula la circulación.
- Alivia el dolor de la parte inferior de la espalda.

1 Posición de Tadasana (véase pág. 95). Espire y relájese. Los pies deben estar separados a una distancia algo mayor que la anchura de los hombros.

2 Inspire y estire el brazo izquierdo hacia arriba, pegado a la oreja izquierda.

3 Espire e incline el cuerpo hacia la derecha desde la cintura. Deslice la mano derecha hacia abajo por su pierna derecha, tanto como le sea posible. Respire y permanezca en esta posición unos 30 segundos. Mantenga las piernas y los brazos rectos. Presione la pierna izquierda sobre el suelo; mantenga firmes ambas piernas.

4 Vuelva al centro y repita lo mismo con el otro lado. Trabaje con el objetivo de mantener la postura 1-2 minutos en cada lado.

Adho Mukha Shvanasana: la postura del perro que se estira

No es necesario tener mucha imaginación para visualizar cómo estira un perro su columna cuando se levanta después de haber estado tendido un buen rato. Este asana es el que mucha gente reconocería como una postura típica de yoga. El truco del Shvanasana es concentrarse en alargar y estirar la parte inferior de la espalda y no curvarla hacia fuera. Recuerde que ha de sentirse como un perro que se despereza. Además de estirar la columna y la parte posterior de las piernas a la altura de las rodillas, este asana da calor al cuerpo y tranquiliza el corazón.

2

Eleve los talones y levante las rodillas del suelo, de forma que su cuerpo forme una "V" invertida. Las manos separadas a la altura de los hombros, los dedos de las manos separados y el peso del cuerpo distribuido de forma uniforme sobre las palmas y los dedos de ambas manos. Mantenga los brazos rectos.

1

Posición de rodillas y con las manos en el suelo.

3

Ahora, coloque la cabeza entre los brazos y mire en dirección al ombligo. Dirija las caderas hacia arriba. Lentamente, baje los talones al suelo y estire las piernas. Mantenga esta posición, realizando cinco respiraciones en ujjayi (véase pág. 81).

4

Si tiene problemas para bajar los talones al suelo, trate de practicar a menudo la pinza sentada (véase págs. 102-105). Esto le ayudará a aflojar la parte posterior de las piernas. Mantenga la posición, realizando cinco respiraciones en ujjayi (véase pág. 81).

Parsvottanasana: el gran estiramiento lateral

Éste es un excelente ejercicio para tonificar el abdomen, corregir los hombros cargados y dar mayor flexibilidad a caderas, columna y muñecas.

Namaste: la posición del orador

Junte las palmas de las manos detrás de la espalda, con los dedos dirigidos hacia arriba. Coloque las manos entre los omoplatos, las palmas juntas y los codos y hombros bajados.

1

Posición de partida en Tadasana (véase pág. 95). Junte las palmas de las manos entre los omoplatos en posición del orador o Namaste mudra.

2

Inspire. Coloque los pies separados 1 m entre sí. Gire el pie izquierdo unos 45 grados y el pie derecho 90 grados a la derecha. Gire tronco y caderas hacia la derecha; flexione el tronco desde el coxis.

Virabhadrasana: la postura del guerrero

Piense en la fuerza, equilibrio y nobleza de un guerrero; sienta el poder mientras sus manos se estiran hacia el sol y sus pies se enraízan en la tierra.

1

Espire y coloque los pies separados una distancia de 1-1,2 m. Gire el pie derecho hacia dentro unos 45 grados y el izquierdo hacia fuera unos 90 grados a la derecha. Flexione la pierna izquierda y gire el cuerpo hacia la derecha. La pierna derecha debería quedar estirada a su espalda.

3

Espire y flexione el tronco hacia delante sobre la pierna derecha. Asegúrese de que ambas piernas están rectas y que las caderas están equilibradas. Intente que la barbilla se acerque todo lo posible a la espinilla. Mantenga la posición, realizando cinco respiraciones en ujjayi (véase pág. 81).

2

Inspire y eleve los brazos por encima de la cabeza, las palmas de las manos encaradas. Mire al frente. Relaje los hombros y la cara. Mantenga los brazos rectos y junte las manos. Empuje con el pie de detrás hacia abajo, manteniendo la pierna fuerte. Realice cuatro respiraciones en ujjayi. Empuje con la pierna delantera, gire y repita con el otro lado.

4

Inspire y recupere la posición erguida. Sin separar las manos, gire hacia el frente, junte los pies y repita con el otro lado.

Concentración e interiorización con las flexiones hacia delante

Las flexiones hacia delante son excelentes para dirigir la concentración de la mente hacia el interior: usted se dobla hacia delante y su corazón se mueve hacia adentro. Estas posturas son ideales para estirar y aflojar los músculos de la parte inferior de la espalda y para alargar los tendones de la parte posterior de la pierna, a la altura de la rodilla.

Paschimothanasana: la pinza sentada

Esta postura estira toda la parte posterior del cuerpo, de las pantorrillas a los muslos, y toda la columna hasta la cabeza. Tiene un efecto rejuvenecedor en el organismo.

1 Siéntese en el suelo con la cabeza, el cuello y la espalda alineados. Las piernas deberían estar juntas y planas sobre el suelo y los dedos de los pies dirigidos hacia arriba.

2 Inspire y estire ambos brazos por encima de la cabeza. Estire hacia arriba desde la base de la columna vertebral.

CONCENTRACIÓN E INTERIORIZACIÓN

3

Espire y flexione el tronco hacia delante, desde las caderas, hasta cogerse los pies, tobillos o espinillas, lo que más cómodo le resulte. Inspire y mire hacia arriba, moviendo el mentón hacia delante y hacia arriba. Con los pies cogidos, levante la espalda y estire la columna; mantenga firme el abdomen para evitar doblar la espalda.

Beneficios del Paschimothanasana

- Estimula y tonifica el sistema digestivo, ayudando a combatir la obesidad, aliviar el estreñimiento y regular la función del páncreas.
- Fortalece los tendones de la parte posterior de las piernas, a la altura de las rodillas.
- Aumenta la elasticidad de la parte inferior de la espalda.
- Aporta energía al sistema nervioso.
- Mejora enormemente la capacidad de concentración y de atención.

4

Espire y dóblese hacia delante, llevando el pecho a tocar las piernas. Mantenga esta posición realizando cinco respiraciones en ujjayi (véase pág. 81) y, luego, enderece despacio el tronco.

Janushirshasana: postura de cabeza a la rodilla

Los beneficios de esta postura son muy parecidos a los de la anterior (la pinza sentada). Sin embargo, este asana también actúa abriendo las caderas.

Consejos

- Asegúrese de que realiza la flexión desde las caderas y no desde la cintura. Esto puede aplicarse a todas las flexiones hacia delante.
- Sea paciente consigo mismo, al principio sentirá su cuerpo rígido y poco flexible. Con la práctica regular, verá cómo el cuerpo irá estirándose y abriéndose de forma gradual.
- Recuerde, el yoga no tiene que ver con el ego. Olvídese de la competitividad.

1

Doble la pierna derecha y coloque la planta del pie contra la cara interna del muslo izquierdo. En este punto la rodilla derecha debería formar un ángulo de casi 90 grados con respecto a la pierna izquierda. Siéntese en el suelo con la pierna estirada delante suyo y los dedos de los pies dirigidos hacia arriba.

2

Inspire y levante los brazos por encima de la cabeza y dóblese lentamente hacia delante sobre la pierna izquierda. Coja el tobillo con ambas manos. Si le resulta cómodo, coja el pie con ambas manos.

3

Inspire y enderece la espalda desde la base de la columna, tal y como se indica para la pinza sentada (véase paso 3 de la pág. 103). Mire hacia arriba.

CONCENTRACIÓN E INTERIORIZACIÓN

4
Espire y dóblese hacia delante. Aquí también debe asegurarse de no curvar la espalda. Realice cinco respiraciones. Repita la secuencia con la pierna derecha delante.

Mudhasana: la postura del feto

Ésta es una maravillosa postura para relajarse. Le hará sentirse seguro y nutrido, como si volviera al útero. Estimula la respiración, alivia los dolores de la parte inferior de la espalda y libera la tensión de los hombros. Es una excelente posición para contrarrestar las flexiones hacia atrás y para relajar el cuerpo entre posturas.

1
Arrodíllese en el suelo y siéntese sobre los talones. Las nalgas deberían tocar los talones. Si le resulta más cómodo, coloque un cojín entre las nalgas y la parte posterior de las piernas.

2
Dóblese hacia delante, hasta que la frente toque el suelo. Las nalgas deberían estar todavía sobre los talones. Coloque los brazos en reposo a ambos lados del cuerpo y las palmas de las manos dirigidas hacia arriba.

3
Relájese y respire a través del abdomen. Sienta cómo la tensión se desprende de sus hombros y va cayendo al suelo.

Esta sencilla postura le puede ayudar a conectar con los sentimientos de su infancia: seguridad, confianza y deseo de abrazar la experiencia de la vida.

Mientras está sentado

Hoy en día, mucha gente pasa demasiado tiempo sentada en una silla y desarrolla así malas posturas. Los ejercicios siguientes, en posición sentada, tienen el efecto de abrir las caderas y dar flexibilidad a la columna y, por ello, pueden ayudar a contrarrestar malos hábitos posturales. Al igual que con las otras posturas de yoga, es importante moverse despacio mientras se realizan los asanas, trabajando con la capacidad física de su cuerpo y utilizando la respiración y la concentración para profundizar y aumentar la duración de las posturas.

Bhadrasana: la postura de la mariposa

Mientras realice este ejercicio, imagínese que es una mariposa que reposa delicadamente sobre un pétalo de una flor de loto. La postura de la mariposa abre las caderas, afloja los tobillos y las rodillas y fortalece la parte interior de los muslos.

1

Siéntese en el suelo con la cabeza y la espalda rectas pero relajadas. Utilizando ambas manos, junte las plantas de los pies y, manteniendo los dedos de ambos pies en contacto, acerque los talones al cuerpo.

2

Espire y suavemente empuje los muslos hacia el suelo. En este paso, intente no utilizar los codos como ayuda. Sienta el gran estiramiento de la parte interior de los muslos y caderas.

3

Inspire y levante los muslos. A medida que espira, llévelos otra vez hacia abajo. Repita unas 10 veces.

4

Espire y, esta vez, utilice los codos para empujar rodillas y muslos hacia el suelo. Lleve la cabeza a tocar los dedos de los pies. Respire en esta posición unos 10 segundos. Después, relájese.

Maricyasana: la torsión de columna

Esta torsión alinea la columna, masajea ciertos órganos internos y fuerza la expulsión de toxinas.

Beneficios del Maricyasana

- Tonifica el hígado, el bazo y los intestinos.
- Reduce los dolores de espalda y de caderas.
- Mejora el sistema nervioso.
- Libera las articulaciones y ayuda a estimular la energía kundalini.

1

Siéntese en el suelo con ambas piernas delante suyo. Flexione la pierna derecha y lleve el pie derecho al lado exterior de la pierna izquierda. Gire el tronco hacia la derecha. Coloque la mano izquierda cerca de la base de la columna.

2

Flexione el brazo izquierdo y coloque el codo en la parte exterior de la rodilla derecha. Mantenga los hombros nivelados.

4

Vuelva a la posición de partida y luego realice la torsión hacia el otro lado, invirtiendo brazos y piernas.

3

Enderece su columna y, mirando hacia atrás, aplique un movimiento de rotación a su torso hacia donde está encarado. Esta postura alarga la columna. No fuerce demasiado el cuello.

Padmasana: la postura de la flor de loto

La planta de loto, que tiene sus raíces en el fango, crece hacia arriba sumergida en el agua, pero es en la superficie donde florece con todo su esplendor: los pétalos de sus flores abiertos hacia el cielo inconmesurable. La postura de Padmasana representa la flor de loto con sus pétalos abiertos a la luz. La postura de la flor de loto abre el pecho y estimula el chakra del corazón. El Padmasana es venerado como postura para la meditación y el pranayama (véase págs. 80-83), porque favorece la concentración.

Precaución

Respete las limitaciones de su cuerpo y no fuerce en ésta ni en cualquier otra postura de yoga. Es fácil lesionarse las rodillas en la postura de la flor de loto, la cual requiere caderas flexibles. Las posturas de medio loto (paso 2) y de la mariposa le ayudarán a abrir las caderas; debería dominar estas posturas antes de intentar la de la flor de loto completa. Dominar la postura de la flor de loto puede requerir varios años de práctica.

1 Siéntese con el tronco bien recto y ambas piernas extendidas hacia delante.

2 Flexione la pierna izquierda y coloque el pie de dicha pierna sobre el muslo derecho, con el talón hacia arriba.

Consejo para las posturas sentadas

Recuerde mantener la cabeza, el cuello y la espalda alineados para favorecer una buena respiración y el libre flujo de energía.

MIENTRAS ESTÁ SENTADO

3

Flexione la pierna derecha. Coloque el pie derecho, con el talón hacia arriba, sobre el muslo izquierdo.

4

Relaje los brazos y coloque las manos sobre las rodillas en la postura del Om mudra (véase pág. 87).

5

Respire de forma rítmica, utilizando la respiración en ujjayi (véase pág. 81). Los principiantes pueden encontrar esta postura algo difícil. Si se siente incómodo, intente sentarse en posición de medio loto, con una sola pierna sobre el muslo opuesto y la otra, con el talón hacia arriba, lo más cerca posible del cuerpo. Repita con el otro lado.

Mejorar la concentración con las posturas de equilibrio

Una buena postura y un buen equilibrio son factores esenciales para una buena salud. Si su cuerpo no está correctamente alineado, tampoco estará equilibrado. La energía podría quedarse entonces bloqueada en ciertas zonas y causarle problemas físicos y emocionales. Además, un cuerpo no alineado tampoco es bonito. El yoga le enseñará a tener un porte correcto y le pondrá en contacto con su "guerrero interior".

Vrikshasana: la postura del árbol

Practicar este asana puede hacerle sentir una maravillosa calma interior. Las posturas de equilibrio favorecen la concentración mental y el equilibrio físico. Para este ejercicio, visualícese a sí mismo como si fuera un árbol arraigado firmemente en la tierra y con las ramas creciendo hacia arriba, en dirección al sol. Mantenga una respiración regular y estable que no perturbe su equilibrio.

1

En posición erguida, mantenga el equilibrio sobre la pierna izquierda. Flexione la pierna derecha y coloque el pie contra el muslo de la otra pierna; la rodilla debe estar dirigida hacia fuera. No se incline hacia delante. El pie derecho debe estar plano contra el muslo de la pierna izquierda; la pierna izquierda debe estar recta.

Consejo

Mirar a un punto fijo que tenga delante, como por ejemplo un detalle en la pared, le puede ayudar a concentrarse.

MEJORAR LA CONCENTRACIÓN

2

Concéntrese en un punto fijo que tenga delante. Luego junte las palmas de sus manos a la altura del pecho en Namaste mudra, la postura del orador (véase pág. 95). Mantenga el equilibrio y respire en ujjayi (véase pág. 81).

3

Con las palmas de las manos juntas, extienda los brazos por encima de la cabeza y estire las puntas de los dedos de las manos. Mantenga la posición durante unos 30 segundos, respirando con suavidad. Ahora vuelva al paso 1 y repita el ejercicio con la pierna derecha estirada y la izquierda flexionada. Puede ir aumentando el tiempo que mantiene esta postura hasta un máximo de tres minutos.

Natarajasana: la postura del dios de la danza

El dios Shiva, en su forma de Nataraja, el bailarín cósmico, destruye y crea el universo a cada paso que da. Destruye lo viejo para dejar sitio a lo nuevo y simboliza el flujo de energía. Esta postura desarrolla la concentración y el equilibrio y estira la parte superior del cuerpo.

Consejos

- Mantenga el peso firmemente sobre la pierna izquierda.
- Mantenga el brazo estirado alineado con la oreja.
- Recuerde respirar mientras permanece en la postura y mantenga la respiración estable.

1
De pie, con la cabeza y el cuerpo rectos. Flexione la pierna izquierda, lleve el brazo izquierdo hacia atrás y cójase el tobillo con la mano izquierda. Levante el pie y llévelo lo más cerca posible de las nalgas. Con la pierna derecha, empuje firmemente hacia abajo y busque su punto de equilibrio.

2
Inspire y estire el brazo derecho hacia arriba alineándolo con la oreja. Para mantener el equilibrio, mire a un punto fijo que tenga delante.

3
Respire normalmente y estire el pie izquierdo hacia atrás, en dirección opuesta a las nalgas, tanto como le sea posible, sin soltar el tobillo de la mano.

4
Concéntrese en un punto fijo sobre el suelo que tenga justo delante. Mientras mantiene el brazo derecho alineado con la oreja, lleve el peso del cuerpo hacia delante, hasta que el pecho y el brazo queden paralelos al suelo. Permanezca en esta posición durante 5 o 6 respiraciones, luego repita con el otro lado.

MEJORAR LA CONCENTRACIÓN

En cuclillas sobre los talones y las puntas de los dedos de ambos pies

A pesar de que no se trata de un verdadero asana, este ejercicio le ayudará a mejorar el equilibrio, y es un buen estiramiento para tobillos, talones y bóvedas de los pies.

1
Posición erguida, pies alineados y hombros bien abiertos. Estire los brazos hacia delante y mire al frente.

2
Con la espalda recta, póngase en cuclillas sobre las puntas de los dedos de ambos pies, alzando los talones. Permanezca así mientras cuenta hasta dos.

3
Bascule los talones hacia atrás hasta que los pies queden planos sobre el suelo; el tronco bien recto. Repita el movimiento 5-6 veces.

Consejos

- Asegúrese de que la espalda se mantiene recta mientras se pone en cuclillas sobre las puntas de los pies.
- Mantenga las rodillas juntas mientras se agacha.
- Los brazos y las manos deben mantenerse rectos hacia delante durante todo el ejercicio.

Abrir el corazón y fortalecer la espalda

Las posturas para el fortalecimiento de la espalda que incluimos en esta sección estiran la parte delantera del cuerpo, abren la zona torácica y fortalecen la parte posterior del cuerpo. En un sentido más sutil, la tensión en la parte anterior de los hombros y en el pecho indica un mecanismo psicológico de protección frente a las emociones. El "miedo a sentir" bloquea el chakra del corazón e impide que la energía pueda circular libremente. Con las flexiones hacia atrás empezamos a estirar la zona del pecho, respiramos a este nivel y, así, abrimos el corazón. Mientras que las flexiones hacia delante están relacionadas con la conquista del ego, las flexiones hacia atrás nos abren para afrontar nuestros miedos.

Bhujangasana: la postura de la cobra

La postura de la cobra ayuda a alinear los discos vertebrales. Fortalece la espalda y abre el chakra del corazón. También aporta energía al sistema nervioso. Para realizar este asana visualice el elegante movimiento de esta poderosa y flexible criatura. No utilice los brazos para sostenerse, las serpientes no tienen brazos.

1

Tiéndase boca abajo, los pies juntos con talones y pulgares de ambos pies en contacto. Coloque las manos sobre el suelo a ambos lados del pecho, los dedos dirigidos hacia delante y las puntas de los mismos alineadas con los hombros. La frente debe tocar el suelo.

ABRIR EL CORAZÓN Y FORTALECER LA ESPALDA

Beneficios del Bhujangasana

- Masajea y tonifica los músculos de la espalda.
- Expande los pulmones y la zona pectoral.
- Alivia los problemas menstruales.
- La presión sobre el estómago masajea todos los órganos internos.
- Aumenta la flexibilidad de la columna y rejuvenece los nervios espinales.
- Despierta la energía kundalini, la "serpiente enrollada" que reside en la base de la columna.

2

Mientras inspira, levante la frente del suelo, luego la barbilla, los hombros y finalmente el pecho. Mantenga las caderas empujando hacia el suelo. Los brazos ligeramente flexionados y los hombros relajados. Suba el cuerpo hacia arriba y hacia atrás. Respire y mantenga la posición durante unos 5-10 segundos, después, tiéndase y relájese.

Dhanurasana: la postura del arco

Para este ejercicio, imagine que su cuerpo es el arco de un arquero a punto de disparar la flecha. Se trata de una postura de energía elevada que masajea la espalda, tonifica el estómago, mejora la concentración y mantiene la columna ágil. La práctica regular de este asana aumenta la energía y la vitalidad.

El arco

Es importante que mantenga brazos y codos rectos en esta postura. Los hombros deben presionar hacia abajo y hacia atrás.

1

Tiéndase boca abajo, el cuerpo recto, brazos a ambos lados del cuerpo y frente ligeramente apoyada sobre el suelo.

2

Flexione las piernas y eleve los pies. Cójase los tobillos con las manos. Inspire y lleve los pies tan alto como le sea posible, separándolos del cuerpo.

3

Con los brazos rectos y estirados, levante la cabeza, el pecho y los muslos del suelo. Mantenga la cabeza hacia atrás y mire hacia arriba para elevar más el pecho. Permanezca en esta posición y realice cinco respiraciones en ujjayi (véase pág. 81).

ABRIR EL CORAZÓN Y FORTALECER LA ESPALDA

Salabhasana: la postura del saltamontes

Este ejercicio ayuda a desarrollar los músculos del corazón, a la vez que estira el extremo inferior de la columna. El Salabhasana favorece la digestión y también tonifica los músculos de la vejiga urinaria.

Consejos

- Los hombros y el mentón deben permanecer en contacto con el suelo.
- Evite la tendencia a torcer la cadera.

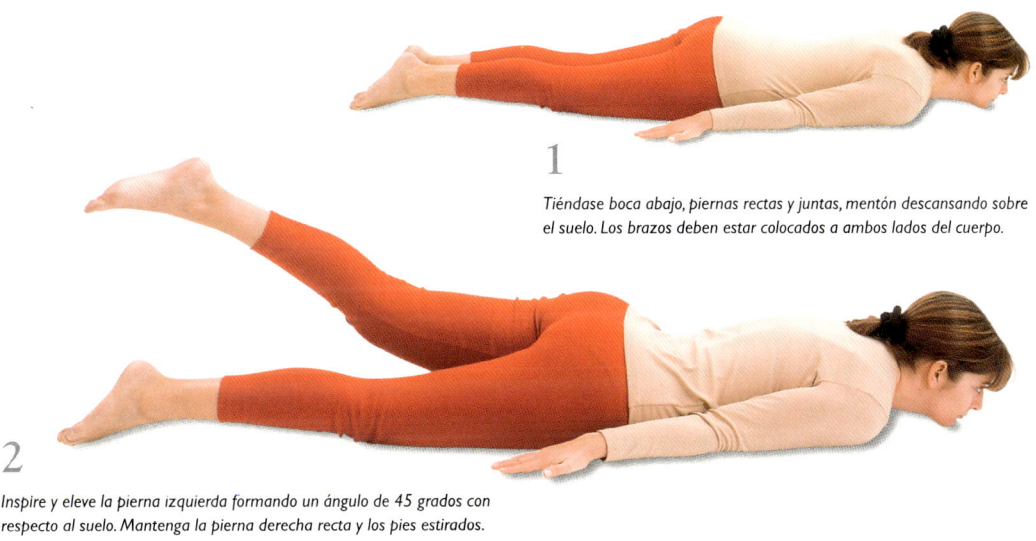

1
Tiéndase boca abajo, piernas rectas y juntas, mentón descansando sobre el suelo. Los brazos deben estar colocados a ambos lados del cuerpo.

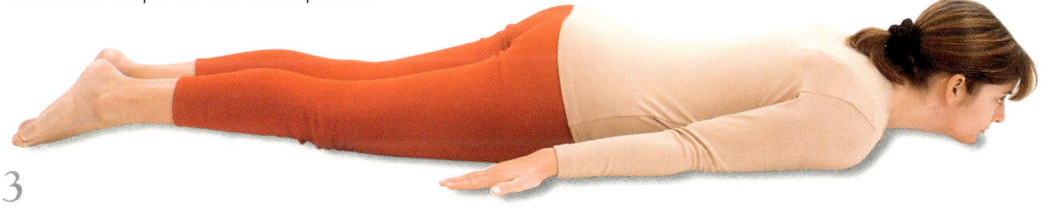

2
Inspire y eleve la pierna izquierda formando un ángulo de 45 grados con respecto al suelo. Mantenga la pierna derecha recta y los pies estirados. Permanezca en esta posición durante dos respiraciones.

3
Espire y baje la pierna suavemente. Inspire y repita con la pierna derecha; mantenga la posición durante dos respiraciones.

4
Inspire y, esta vez, eleve ambas piernas hasta formar un ángulo de 45 grados con respecto al suelo. Mantenga las piernas rectas y juntas y los pies estirados. Permanezca en esta posición mientras realiza cinco respiraciones en ujjayi (véase pág. 81). Espire y baje las piernas. Después, relájese.

Ustrasana: la postura del camello

La postura del camello abre el pecho y libera los hombros. Debe sentir un fuerte estiramiento en muslos, abdomen y músculos de las costillas. Este asana también puede ayudar a las personas que padecen ciática (inflamación del nervio ciático, que pasa por la cadera y baja por la parte posterior de la pierna).

1

Arrodíllese en el suelo con los pies ligeramente separados, y la espalda, el cuello y la cabeza formando una línea recta.

3

Mientras se dobla hacia atrás, intente cogerse los tobillos con las manos. Deje caer su cabeza hacia atrás y mire hacia arriba.

4

Mantenga la posición mientras realiza cinco respiraciones estables. Durante la espiración, vaya levantándose lentamente, evitando que la espalda se tuerza mientras lo hace.

2

Estire las caderas y los muslos hacia delante y los brazos hacia atrás en dirección a los tobillos. Visualice que los muslos están presionando una pared frontal. Su columna se estira mientras se inclina hacia atrás.

Consejo

Si al principio no puede cogerse los tobillos, mantenga las manos en las caderas al inclinarse hacia atrás. Al final podrá cogerse los tobillos, pero sea paciente consigo mismo. La fuerza llega con la práctica.

Matsyasana: la postura del pez

La postura del pez estira la columna y al mismo tiempo expande y abre el pecho. El beneficio más importante de esta postura es la regulación de la glándula paratiroides en el cuello. Esta glándula endocrina controla los niveles de calcio en la sangre. El calcio, como es sabido, fortalece los huesos y los dientes. El Matsyasana también actúa sobre la contracción muscular y la coagulación de la sangre.

Beneficios del Matsyasana

- Corrige los hombros cargados.
- Aumenta la capacidad pulmonar y alivia los problemas respiratorios.
- Alivia el estrés y regula el estado de ánimo.
- Aumenta el prana en cuello, hombros, pulmones, estómago y bazo.
- Aporta energía a las glándulas paratiroides y tonifica la pituitaria.

1

Tiéndase plano sobre el suelo, con las piernas juntas y rectas. Coloque los brazos bajo los muslos y las manos con las palmas hacia abajo.

2

Flexione los brazos y presione con ellos contra el suelo. Empuje su pecho hacia arriba, pero asegúrese de que las piernas y las nalgas no se levantan del suelo.

3

Lleve la cabeza hacia atrás y repose la parte superior de la misma sobre el suelo; el pecho bien abierto. Mantenga el peso sobre los codos. Respire a nivel del pecho y del abdomen. Permanezca en esta posición unos 10-20 segundos. A medida que vaya ganando fuerza, intente aguantar cada vez más tiempo en esta posición.

Consejos

- Compruebe que su peso recae sobre los codos y que éstos no se separan.
- Arquee el pecho hacia arriba tanto como le sea posible.

Las posturas invertidas

Es importante finalizar una sesión de yoga con posturas invertidas, ya que ayudan a apaciguar la mente y la preparan para la relajación; también refrescan el cuerpo. Con las posturas invertidas la sangre fluye más fácilmente por la parte superior del cuerpo, corazón y cerebro, ayudando a mejorar la circulación y a combatir la modorra. Estar cabeza abajo también le permite ver el mundo desde otro punto de vista.

Sarvangasana: postura sobre los hombros

Se trata de una postura invertida que revitalizará y rejuvenecerá todo su cuerpo. Sin embargo, su función más importante es la estimulación de las glándulas paratiroides, que resulta de presionar el mentón contra la base de la garganta. Además, dado que limita la utilización de la parte superior de los pulmones, favorece la respiración abdominal y puede de esta forma mejorar la paciencia, la relajación y la sensación de dejarse ir. Puede mantener el Sarvangasana durante varios minutos.

1 Tiéndase en el suelo boca arriba, los pies juntos y las palmas de las manos planas sobre el suelo a ambos lados del cuerpo. Inspire y empuje con las manos hacia abajo, levantando las piernas rectas por delante suyo.

2 Eleve las caderas unos 45 grados con respecto al suelo, sin mover la cabeza de su sitio.

LAS POSTURAS INVERTIDAS

Los beneficios del Sarvangasana

- Estira la columna, ayudándole a mantenerla fuerte y ágil.
- Regula las glándulas tiroides y paratiroides.
- Ayuda a que la sangre fluya al corazón, aliviando así las venas varicosas.

3
Espire y sostenga la espalda con las manos, manteniendo los brazos lo más cerca posible de los hombros; las manos con los pulgares hacia delante y el resto de dedos hacia atrás. Eleve las piernas hacia arriba.

Precaución

No realice la postura sobre los hombros si:
- Padece hipertensión.
- Tiene problemas oculares.
- Tiene sobrepeso.
- Está menstruando o está embarazada.

4
Estire la espalda y levante las piernas en posición vertical. Respire en esta posición y, empujando con las nalgas, manténgase lo más recto posible. Coloque los brazos cerca del cuerpo con las manos cerca de los hombros. Los pies deben estar relajados y dirigidos hacia el techo. Permanezca en esta posición mientras realiza cinco respiraciones en ujjayi (véase pág. 81).

Halasana: la postura del arado

Este asana parte de la postura sobre los hombros (véase pág. 120). La postura del arado constituye una gran flexión hacia delante que favorece la fuerza y la flexibilidad de la espalda y del cuello. Respire de forma rítmica y asegúrese de no torcer la cabeza o el cuello.

Beneficios del Halasana

- Fortalece el sistema nervioso.
- Mejora la circulación sanguínea.
- Estimula y masajea los órganos internos.
- Alivia cualquier tensión en los hombros y zona superior de la espalda.
- Reduce el insomnio.

1
Comience a partir de la postura sobre los hombros (véase pág. 120). Espire manteniendo las piernas juntas y rectas y, de forma controlada, llévelas por encima de la cabeza. Si las piernas están rectas y no siente tensión en el cuello, lleve los pies hacia atrás hasta tocar el suelo. No mueva la cabeza.

2
Si alcanza el suelo con los pies, coloque las palmas de las manos contra la espalda. Empuje hacia el suelo con los talones con los dedos de los pies dirigidos hacia el cuerpo. Presione con fuerza los dedos de los pies hacia abajo, elevando las caderas y estirando los tendones de la parte trasera de las piernas a la altura de las rodillas. Mantenga esta posición unos cinco minutos. A medida que vaya adquiriendo fuerza, puede aguantar la posición durante períodos más largos.

Setu Bandha Sarvangasana: la postura del pequeño puente

Esta postura contrarresta las dos anteriores, ayudándole a liberar la tensión que pudiera haberse acumulado. La postura del pequeño puente ayuda a fortalecer el cuello y la columna y también aumenta la capacidad pulmonar.

1
Tiéndase boca arriba, las piernas flexionadas, los hombros bien abiertos y los brazos a ambos lados del cuerpo.

2
Espire y levante las caderas, sosteniendo la parte inferior de la espalda con las manos, con los pulgares hacia delante y el resto de dedos hacia atrás. Mantenga hombros, cuello y cabeza en el suelo durante todo el ejercicio.

3
Eleve las caderas y el pecho todo lo que pueda y respire a nivel del pecho. Debería sentir un gran estiramiento en los muslos. Mantenga las rodillas paralelas y los dedos de los pies hacia delante. Trate de mantener cuello, cabeza y hombros sobre el suelo. Respire profundamente a nivel del pecho en lugar de hacerlo a nivel abdominal. Mantenga la posición mientras realiza cinco respiraciones en ujjayi (véase pág. 81).

Sirshasana: postura sobre la cabeza

Esta reina de las posturas estimula todo el organismo: favorece la circulación, nutre la columna vertebral, el sistema nervioso y el cerebro, aumenta la memoria y la atención, y refuerza la respiración. Para la postura sobre la cabeza necesitará cierta fuerza en brazos, abdomen, hombros y cuello, que puede adquirir mediante la práctica de asanas en posición erguida.

Precaución

Practique la postura sobre la cabeza con una pared detrás, por si pierde el equilibrio. No debe realizar esta postura si:
- Padece hipertensión.
- Tiene problemas oculares.
- Tiene sobrepeso.
- Está menstruando o está embarazada.

1
Empiece desde la postura del feto (véase pág. 105). Eleve las nalgas hacia arriba. Apoye los codos en el suelo y junte las manos entrelazando los dedos. Abra un poco las manos de modo que, junto con los codos, formen un triángulo.

2
Coloque la parte trasera de la cabeza entre las manos entrelazadas. Ahora, estire las piernas, elevando las caderas hacia arriba. Empuje con los codos hacia abajo. Su cuerpo debe tomar la forma de una "V" invertida.

3
Lleve los pies hacia los codos hasta que las caderas estén alineadas con la cabeza y sienta cómo se estira su espalda. Flexione las piernas y levante los pies del suelo, llevando los talones hacia las nalgas. Mantenga el peso sobre los codos, no sobre la cabeza.

4
Lentamente, empiece a estirar las piernas, dirigiendo los pies hacia el techo. Trate de mantener esta posición durante unos 30 segundos y respire con normalidad. Puede aumentar el tiempo de forma gradual hasta llegar a los tres minutos. Deshaga la postura comenzando por flexionar las piernas, luego baje las caderas y, de forma controlada, descienda los pies hasta tocar el suelo. Ahora, relájese en la postura del feto (véase pág. 105).

LAS POSTURAS INVERTIDAS

Kakasana: la postura del cuervo

Al igual que la postura del árbol (véase págs. 110-111), la postura del cuervo es un buen ejercicio para mejorar el equilibrio físico y mental. Es un asana divertido, pero requiere concentración. Puede parecer una postura para avanzados, pero en realidad, una vez se domina el equilibrio, es bastante fácil.

La postura del cuervo desarrolla la fuerza en la parte superior del cuerpo. El truco es mantener el equilibrio mientras el peso se desplaza hacia las manos. Asegúrese de que las caderas están levantadas, las rodillas apoyadas sobre los brazos y la cabeza hacia arriba. Los pies deben estar juntos y relajados.

Beneficios del Kakasana

- Estira brazos, muñecas y hombros, aumentando la flexibilidad de todos ellos.
- Fortalece brazos, hombros, muñecas y manos.
- Aumenta la capacidad pulmonar.
- Desarrolla la atención y la concentración.
- Favorece la toma de conciencia y la serenidad mental.
- Fomenta el equilibrio interior y aporta vitalidad y energía.

1
Posición de partida en cuclillas. Coloque las palmas de las manos firmemente sobre el suelo, justo debajo de los hombros, y los brazos entre las rodillas. Separe bien los dedos de las manos (como la garra de un cuervo).

2
Flexione los brazos, póngase de puntillas y apoye las rodillas en la parte posterior de los brazos, cerca de las axilas. Inspire, contenga la respiración y desplace de forma gradual su peso hacia delante, hacia las manos abiertas.

3
Lentamente, levante los pies del suelo y desplace gradualmente todo el peso de su cuerpo hacia las manos. Respire de forma estable. Mantenga esta posición tanto tiempo como le sea posible.

Sea cuidadoso con sus pensamientos

Nuestros pensamientos y creencias sirven para crear nuestra propia realidad. Por este motivo, cambiar los pensamientos puede modificar nuestras vidas. Se puede decir que pensar es una gran responsabilidad. Si concedemos atención a nuestros pensamientos, les ayudamos a crecer. Un pensamiento negativo crecerá igual que uno positivo, causando el efecto correspondiente en nuestra experiencia.

El componente básico de nuestro universo físico es la energía. La materia está compuesta por energía densa, los pensamientos por energía más sutil. Cualquier cosa que hayamos creado se ha generado primero en nuestros pensamientos. El pensamiento crea una imagen, una forma, que magnetiza la energía y la hace fluir a través de ella, pudiendo luego manifestarse en el plano físico.

Crearemos y, por tanto, atraeremos hacia nuestras vidas las creencias y los deseos en los que nos hayamos concentrado con mayor intensidad. Si somos negativos y miedosos, atraeremos experiencias que reflejan tales pensamientos y sentimientos. En cambio, si tenemos una actitud positiva, atraeremos mayor placer, salud y felicidad.

El yoga es una de las prácticas que considera el pensamiento positivo como uno de sus componentes principales. La práctica del yoga nos ayuda a deshacernos de los viejos pensamientos, creencias y actitudes que han dejado de servirnos. Asimismo, nos conecta con la inteligencia y sabiduría de nuestros cuerpos y nos ayuda a utilizar el poder de nuestras mentes de forma constructiva.

Nuestros éxitos y desgracias no están producidos por "el mundo exterior", sino por nuestro "mundo interior". Al explorar nuestro mundo interior y tomar conciencia del mismo podemos comprender las pautas escondidas con las que creamos nuestra realidad. No necesitamos años de psicoanálisis para "encontrarnos a nosotros mismos". A través del yoga, "la antigua ciencia de la vida", podremos relajarnos y disfrutar de esta búsqueda interior.

El yoga nos brinda la oportunidad de escuchar la sabiduría de nuestro propio cuerpo, serenar nuestra mente y crear las condiciones para disfrutar de una manera de ser y de estar más felices.

Trabajar de forma creativa con nuestros pensamientos

Para trabajar creativamente con sus pensamientos, es necesario aprender a controlarlos. Se trata de apaciguar la mente reactiva y liberarla de los condicionamientos negativos y de los viejos patrones de comportamiento que ya no le sirven. La meditación, los mantras, las afirmaciones, el control de la respiración y la visualización pueden ser herramientas de gran ayuda.

La meditación es una herramienta ideal para librar a nuestra mente de impedimentos y miedos. Con la meditación, lo personal se conecta a lo universal, permitiéndonos liberar energía creativa y hallar el sosiego. Para poder meditar es importante desarrollar el poder de concentración de la mente. Los mantras, las afirmaciones y el control de la respiración le ayudarán a desarrollar dicha concentración.

Las afirmaciones son declaraciones de palabras positivas que debemos repetir una y otra vez, y que tienen como objetivo reprogramar nuestro subconsciente. Es preciso que sea usted muy cuidadoso con las cualidades que desea adquirir, y realizar las afirmaciones en tiempo presente. La mente subconsciente le responderá en función de las afirmaciones que haya expresado. Así, por ejemplo, si usted dice: "Voy a ponerme en forma y a mejorar mi salud", lo está afirmando en tiempo futuro, por lo que la mente responderá consecuentemente como algo "que va a suceder en el futuro" y no "ahora". Para que el poder de la afirmación surta efecto en la actualidad, realice la afirmación en tiempo presente: "estoy en forma y sano".

Los mantras son sonidos que resuenan en nuestro cuerpo e invocan ciertas energías del mismo. Poco a poco, la repetición del canto de los mantras le llevará a un estado alterado de conciencia. Puede empezar por la repetición constante de un mantra, primero en voz alta, luego mentalmente. Como alternativa, puede meditar concentrándose en el sonido de su respiración y desligar su mente de los pensamientos que la atraviesan. Una vez sentado en una posición cómoda y con la espalda bien recta, puede empezar a relajarse respirando de forma rítmica. Déjese ir y disfrute de esta sensación. Ahora, escoja un mantra de afirmación y repítalo mentalmente una y otra vez, o bien, concéntrese en una imagen. Cuando su mente comience a divagar, recondúzcala al objeto de concentración. Desarrollar la concentración puede tomarle un tiempo considerable, pero no desfallezca, persevere y practique, aunque sólo sean cinco minutos al día. A medida que su concentración mejore, el tiempo de meditación irá aumentando de forma gradual. Si no halla un mantra adecuado, repita el siguiente: "Om Shanti Shanti Shanti" (paz, paz, paz). Y, ¡buen viaje!

Glosario

Adho Mukha Shvanasana
La postura del perro que se estira; un asana de flexión hacia delante.

Ajnâ, chakra
Es el sexto chakra y está situado en el entrecejo, en el punto del "tercer ojo".

Anâhata, chakra
Es el cuarto chakra y se halla en el centro del corazón.

Anuloma Viloma
Respiración alterna.

Asana
Ejercicio físico de yoga. "Asana" es un término sánscrito cuya traducción al castellano es "postura".

Aswini mudra
Un cierre que fortalece los músculos pélvicos.

Bhadrasana
La postura de la mariposa.

Bhujangasana
La postura de la cobra; un asana de flexión hacia atrás.

Bilikasana
La postura del gato.

Chakras
Centros de energía en el etérico cuerpo astral.

Cuerpo astral
El cuerpo sutil que contiene el prana, las emociones y la mente.

Dhanurasana
La postura del arco; un asana de flexión hacia atrás.

Gunas
Son las tres cualidades de la naturaleza: Sattva, Rajas y Tamas. Cualquier cosa del universo está hecha de estas gunas, lo que cambia es la proporción de cada una de ellas.

Halasana
El término sánscrito que designa la postura del arado; un asana invertido.

Hatha yoga
Un camino del yoga que incide principalmente sobre el cuerpo físico como medio para conseguir la iluminación.

Ida
Uno de los tres meridianos principales del cuerpo astral a través del que pasa la energía o el prana. Está situado a la izquierda de sushumna.

Janushirshasana
La postura de cabeza a la rodilla; un asana de flexión hacia delante.

Kakasana
Es el nombre sánscrito de la postura del cuervo; un asana de equilibrio.

Kapalabhati
Un ejercicio de purificación de los pulmones, senos y tracto respiratorio.

Kundalini
La energía cósmica que reside en el chakra basal.

Manipûra o chakra del plexo solar
El tercer chakra, situado en la zona del plexo solar. Es el principal almacén de prana.

Mantra
Una palabra o frase mágica repetida en voz alta o mentalmente. Se utiliza para concentrar la mente durante la meditación.

Maricyasana
La torsión de columna; un asana de torsión.

Matsyasana
La postura del pez; un asana de flexión hacia atrás.

Mudhasana
La postura del feto; un asana de flexión hacia delante.

Mudra
Un gesto de manos o "sello" de yoga que canaliza el prana.

Mûlâdhâra
Situado en la base de la columna vertebral. Es el primer chakra, de ahí su nombre de chakra raíz.

Nadis
Canales sutiles en el cuerpo astral, por donde fluye el prana.

Namaste mudra
Un mudra en el que las manos

están juntas en actitud de oración.

OM
Es el símbolo sagrado de Dios como el Absoluto. Es también un mudra que se utiliza durante la meditación, y el sonido de la vibración del universo.

Padmasana
La postura de la flor de loto. Una postura meditativa que imita a la flor de loto.

Parsvottanasana
El gran estiramiento lateral; un asana en posición erguida.

Pingala
Situado a la derecha del sushumna. Es uno de los tres nadis más importantes que canalizan el prana en el cuerpo astral.

Prana
La fuerza vital que fluye a través de los nadis del cuerpo astral.

Pranayama
Ejercicios de respiración para purificar y fortalecer la mente y el cuerpo.

Rajas
Una de las tres gunas. Las cualidades de la raja son la hiperactividad y la pasión.

Sahasrâra o chakra de la coronilla
Es el séptimo y más alto de los chakras, y está situado en la coronilla.

Sánscrito
El idioma literario más antiguo de la India. Se dice que fue la lengua de los dioses.

Sarvangasana
Postura sobre los hombros; un asana invertido.

Sattva
Una de las tres gunas. Las cualidades de la sattva son la pureza y la lucidez.

Setu Bandha Sarvangasana
La postura del pequeño puente; un asana de flexión hacia atrás.

Shatki
La energía primordial cósmica que se manifiesta en la personificación de la Gran Diosa o kundalini.

Shavasana
La postura del cadáver; un asana de relajación.

Shiva
Dios hindú y la inspiración divina del yoga.

Suryanamascar
La salutación al sol.

Sushumna
Un canal del cuerpo astral que corresponde a la columna y a través del cual puede viajar la energía kundalini.

Svâdhistâna
El segundo chakra situado en la zona genital.

Tadasana
La postura de la palmera; un asana en posición erguida.

Tamas
Una guna cuyas cualidades son la inercia, la somnolencia y la pereza.

Trikonasana
Término sánscrito de la postura del triángulo; un asana en posición erguida.

Ujjayi
Una técnica respiratoria que produce un sonido gutural.

Uttanasana
Flexión hacia delante; un asana de flexión.

Virabhadrasana
La postura del guerrero; un asana en posición erguida.

Yoga mudra
Una flexión hacia atrás.

Yogui
Un hombre que practica yoga.

Yoguini
Una mujer que practica yoga.

Meditación

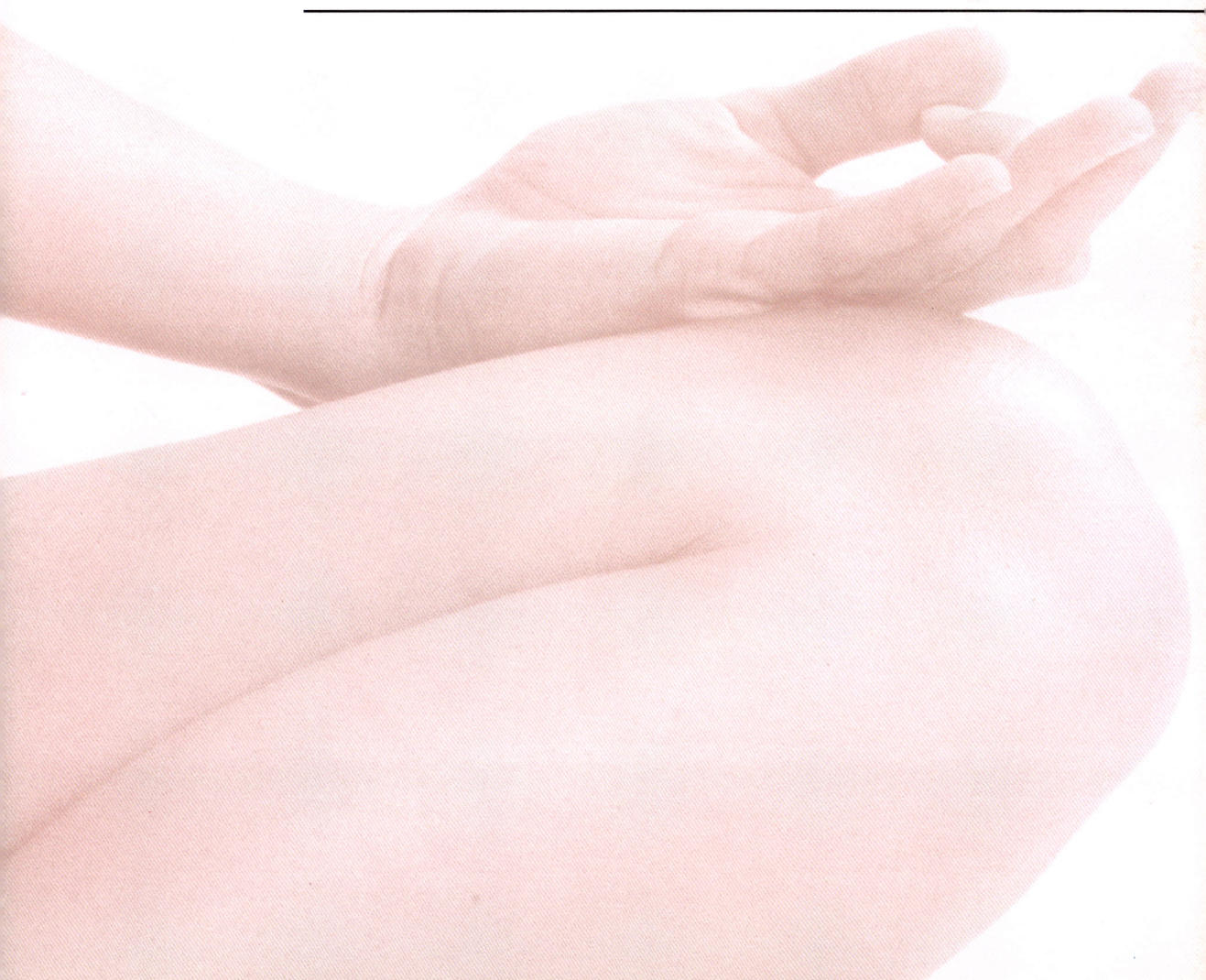

Introducción

Durante siglos, las personas han utilizado la meditación como una de las formas de conseguir la armonía interior. Las principales religiones del mundo, como el budismo, el islamismo, el hinduismo o el cristianismo, incluyen la práctica de la meditación como medio para alcanzar la iluminación espiritual. La meditación mejora la concentración, aumenta la autoconciencia, ayuda a combatir el estrés, relaja y da fuerzas para afrontar los problemas. La meditación también puede contribuir a que nos relacionemos mejor con los demás. Mucha gente que medita consigue incrementar su bienestar físico y mental, y algunos han logrado vencer la depresión y la adicción a las drogas, la cafeína o el alcohol.

Buda alcanzó la iluminación por medio de la meditación y dedicó el resto de su vida a enseñar a los demás lo que había aprendido.

Control mental

Es indudable que la capacidad mental del ser humano para analizar, discriminar, planificar y comunicarse lo ha llevado a donde está ahora. No obstante, esta capacidad mental puede ser un arma de doble filo. A pesar de que el cerebro nos ayuda a razonar, a pensar de forma creativa o a relacionarnos con los demás, si no aprendemos a "desconectarlo", nos puede llegar a abrumar. En efecto, la mente puede perseguirnos con su miedo al fracaso, hacernos pensar que somos poco atractivos o preocuparnos por la opinión que los demás tengan de nosotros. La meditación puede aliviarnos de estas angustias, pues nos ayuda a silenciar el "parloteo" mental y nos enseña a reconocer y desechar los pensamientos negativos, aportándonos un sentimiento de paz y sosiego.

"Todo lo que necesitas es sumergirte en tu interior y esperar a que se abra y se revele por sí solo. Todo lo que tienes que hacer es callar y tomarte el tiempo para saber lo que tu interior alberga y así, seguramente, lo encontrarás."

EILEEN CADDY

INTRODUCCIÓN 133

Beneficios para la salud y el trabajo

Estudios clínicos sobre los efectos de la meditación muestran resultados muy alentadores, ya que han demostrado que alivia dolencias como migrañas, insomnio, síndrome del intestino irritable, síndrome premenstrual, ansiedad, ataques de pánico, producción excesiva de "hormonas del estrés", desajustes de la presión arterial; además de mejorar la circulación sanguínea. Tales estudios indican también que la meditación contribuye a controlar los ritmos cardíaco y respiratorio, así como a aumentar la satisfacción y el rendimiento laboral. Por ello, algunos médicos reconocen los beneficios de la meditación y muchos de ellos recomiendan ejercicios de meditación y técnicas de relajación a sus pacientes para el tratamiento de dolencias relacionadas con el estrés.

La meditación es para todos, no importa cuál sea su estilo de vida.

Meditación para todos

En la actualidad, la meditación ha dejado de ser un asunto reservado a místicos, yoguis o filósofos. Muchos artistas y músicos famosos, entre los que se cuentan los Beatles, Tina Turner o Richard Gere, han reconocido el valor de la meditación. Ya no es necesario ser religioso o tener una gran cantidad de tiempo libre para meditar, usted mismo puede hacerlo, no importa su edad o lo ocupado que esté. Si quiere saber cómo combatir el estrés, conocer más de sí mismo, o simplemente sentirse mejor, esta sección del libro está especialmente indicada para usted.

El progreso de hoy en día se lo debemos a la mente, pero hemos de aprender a controlarla.

MEDITACIÓN

PARTE 1: FUNDAMENTOS

¿Qué es la meditación?

La meditación es mucho más que una simple relajación. Durante la relajación, la mente divaga de forma incontrolada, mientras que en la meditación la mente está alerta y concentrada. Si utilizamos la meditación para reducir la dispersión de nuestra mente, tomamos mayor conciencia de todo, experimentando así las cosas tal y como son en realidad.

Practicar la meditación

De hecho, existen miles de ejercicios diferentes de meditación. Sin embargo, muchos de ellos comparten un mismo principio: empiezan con una fase de relajación y luego centran la atención de la mente en un objeto, imagen o sonido determinado. Cada vez que la mente se extravía, es reconducida de forma delicada, pero firme, al objeto de atención.

Al principio, a muchas personas les resulta bastante difícil meditar, sobre todo si están acostumbradas a que su mente divague con absoluta libertad. No obstante, este inconveniente puede ser superado con un poco de práctica. Incluso en el caso de que usted sólo sea capaz de meditar durante dos minutos, si practica con cierta regularidad, muy pronto se verá recompensado: la meditación es realmente muy agradecida. Si al principio usted le dedica unos cinco minutos diarios, enseguida comprobará cómo está deseando que llegue el momento dedicado a la meditación, y lo disfrutará como un tiempo muy especial para usted.

Existen muchas formas de meditar. Algunas proponen ejercicios de concentración sobre un objeto en particular, como una hoja o un sonido, mientras que otras utilizan cantos,

Usted puede meditar de muchas maneras distintas. Meditar, aunque sólo sean cinco minutos al día, puede marcar la diferencia de su bienestar.

o bien buscan, en cierto modo, suprimir o expandir los sentidos. Otras implican la contemplación de un concepto, como por ejemplo el amor, la ira o la vejez. Usted puede combinar distintos métodos según le convenga. De esta manera, por ejemplo, podría empezar concentrándose en su respiración y pasar luego a contemplar la naturaleza del concepto de la amistad.

Restablecer el equilibrio

La meditación nos ayuda a restablecer el equilibrio entre la parte izquierda y la derecha del cerebro. En la parte izquierda del cerebro reside el pensamiento, el habla y la escritura. Cuando estamos despiertos y en un estado mental de pensamiento intenso, el cerebro emite impulsos eléctricos más rápidos: las ondas "beta". En este estado somos capaces de razonar y pensar sobre el pasado y el futuro.

En la parte derecha del cerebro reside la intuición, la imaginación y los sentimientos. Cuando sentimos algo —como por ejemplo, al escuchar música— y estamos en un estado más receptivo que activo, el cerebro emite impulsos nerviosos más lentos: las ondas "alfa". En estado alfa estamos más pasivos y abiertos a los sentimientos. Solemos estar así cuando vivimos el presente, en lugar del pasado o el futuro. El estado alfa acostumbra a surgir justo antes o después de dormir, pero no durante el sueño. (Cuando dormimos nuestro cerebro emite otras ondas, denominadas "delta".)

Cuando estamos despiertos, estamos casi siempre en estado beta, mientras que en estado alfa sólo pasamos cerca de una hora diaria.

La meditación restablece el equilibrio entre ambas partes del cerebro, puesto que incrementa el tiempo que pasamos en estado alfa, contribuyendo así a que sintamos y experimentemos el mundo de forma directa, en tiempo presente, antes de que las sensaciones sean "interpretadas" por la parte izquierda del cerebro.

Alfa	Beta
Receptivo	Activo
Intuición	Pensamiento
Presente	Pasado/futuro
Relajado	Tenso
Ser	Hacer
Escuchar	Hablar
Imaginación	Cálculo

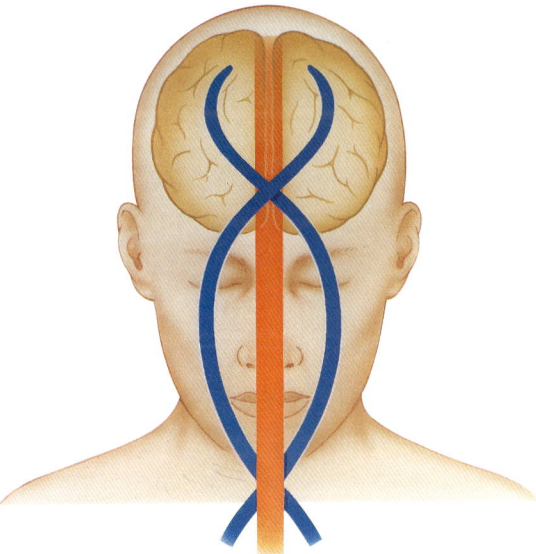

La meditación puede contribuir a mejorar el equilibrio entre la parte pensante y la parte emocional del cerebro.

Cómo encontrar tiempo para meditar

Si usted lleva una vida muy ajetreada, quizás se pregunte de dónde puede sacar el tiempo para meditar. Muchos de nosotros tenemos compromisos laborales y familiares. Pero, a menudo, lo que necesitamos para poder incorporar la meditación en nuestra vida cotidiana es un poco de planificación y reorganización. Con el tiempo, la meditación se convertirá en un hábito.

Meditar de forma regular

Cuando se menciona la palabra "meditación", mucha gente piensa automáticamente en ermitaños y monjes ascetas que pasan días enteros en estado de trance, aislados en sus cuevas y templos.

A pesar de que algunos "meditadores" invierten su tiempo de esta manera, para la mayoría de personas no es necesario llegar a tales extremos. Un par de minutos de meditación son suficiente, pero, si quiere progresar de forma estable y significativa, es conveniente que medite regularmente.

Planificación efectiva del tiempo

Si su ritmo de vida es frenético y lleno de compromisos, puede que le resulte difícil incorporar otra actividad más a su vida diaria. No obstante, si se propone la meditación como un compromiso consigo mismo, es más probable que encuentre tiempo para ello. El tiempo durante el que medita es un tiempo que usted se dedica enteramente a sí mismo; sólo por esto, ya vale la pena hacerlo. Después de todo, cualquiera tiene derecho a dedicarse cinco minutos al día.

Administrar el tiempo de forma más efectiva le aportará también otros beneficios: se sentirá mejor organizado, menos presionado y

Una vida ajetreada no es un impedimento para practicar la meditación; tan sólo necesita algunos minutos al día.

Hacer un plan horario de toda la semana le puede ayudar a reservar tiempo para la meditación.

dispondrá de más tiempo libre. Todo esto le ayudará a vivir más relajadamente y así poder concentrarse más en la meditación, lo que, a su vez, contribuirá a que se sienta más sereno.

Ahorrar tiempo

Encontrar un hueco para la meditación no es tan difícil. Comience por hacer un plan horario de toda la semana; no tiene que ser algo muy elaborado y exacto, bastan unos apuntes sobre un trozo de papel. Haga una lista de las cosas que hace normalmente, como ir al trabajo (incluido el tiempo del transporte), acompañar a los niños a la escuela o hacer las compras el sábado por la tarde. Calcule de forma aproximada a qué hora se acuesta cada noche y no modifique este apartado.

Cuando tenga todos sus quehaceres habituales apuntados en el papel, realice una nueva lista donde consten las cosas que debería hacer normalmente, pero para las que casi nunca tiene tiempo, como por ejemplo: arreglar el jardín o archivar sus facturas y cartas. Asígneles un tiempo a tales tareas. Si no sabe cuánto tiempo le llevan, y teniendo en cuenta que estos quehaceres varían de una semana a otra, resérveles tres horas en algún momento de la semana.

Después de todo esto, eche de nuevo un vistazo a su plan horario de la semana. Es posible que se sorprenda al ver que cuenta con más tiempo del que pensaba al principio. Ahora, averigüe en qué suele invertir el tiempo sobrante. Quizás, por ejemplo, ve la televisión más tiempo de lo que cree o hace cosas para otros que bien podrían realizar ellos mismos. Si en su plan quedan muchos espacios libres de los que no sabe dar cuenta, puede serle útil llevar un diario de todas las actividades de la semana, anotando el tiempo que dedica a cada una de ellas. Entonces, es posible que compruebe que las compras le toman el doble del tiempo previsto, o que ha olvidado incluir algún quehacer en su programa. El diario le permitirá detectar todas estas cosas y le ayudará a rellenar las casillas en blanco de su plan horario semanal.

Asignar un tiempo a la realización de las tareas de la casa contribuirá a que éstas le resulten más agradables.

Priorizar y delegar tareas

Ahora, ya puede hacer una lista de las tareas que siempre quiere hacer, pero para las que nunca dispone de tiempo, como pintar la puerta de la entrada, llamar a un familiar o amigo, engrasar unas chirriantes bisagras, etc. Inclúyalo todo, no importa lo insignificante que le parezca. Luego, deles un orden de prioridad, asignándoles un número a cada una. Por ejemplo, el número 1 para lo más urgente, el 2 para lo siguiente y así sucesivamente. A continuación, coja su plan horario semanal y asígnele el tiempo que crea conveniente a cada quehacer. En cuanto los haya realizado, póngales una marca y, a medida que vayan apareciendo nuevas tareas, añádalas a la lista. Si lo cree necesario, reordénelas de nuevo.

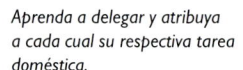

Aprenda a delegar y atribuya a cada cual su respectiva tarea doméstica.

Saque tiempo para dedicárselo a sí mismo.

Una vez completado el plan horario de la semana, estudie de cuánto tiempo dispone. Es muy posible que todavía le quede algún hueco vacío. En caso contrario, observe con atención su plan horario y establezca un orden de prioridad. Si aún así, sigue sin disponer de tiempo, entonces habrá descubierto su problema: ¡usted trabaja demasiado! Si es ése el caso, debe tomar medidas para remediar la situación: busque ayuda y delegue todos aquellos quehaceres que no requieran su intervención directa.

Si dedica demasiado tiempo al trabajo doméstico o a cuidar a otras personas que puedan hacerlo por sí mismas, pídales ayuda a ellas también. En ocasiones, basta con un toque de atención para que la gente se ponga en acción. Con todo, si sus demandas son ignoradas: ¡sosténgalas con firmeza!

Otras formas de ahorrar tiempo

Cambiar ciertos hábitos cotidianos puede ahorrarle mucho tiempo al cabo del día. Intente algunas de las sencillas técnicas que se indican a continuación y compruebe cuánto tiempo puede ahorrarse diariamente:

- Abra su correo cerca de una papelera y deseche los elementos innecesarios.
- Responda a las cartas el mismo día que las reciba.
- Archive las cosas inmediatamente después de haber trabajado con ellas.
- Controle el tiempo que invierte en llamadas telefónicas. Si alguno de sus conocidos es muy charlatán, llámelo en aquellos momentos que sabe que no podrá alargar mucho la conversación, como por ejemplo justo antes del programa favorito de la persona en cuestión. Su cuenta de teléfono y su plan horario semanal se lo agradecerán.
- Limite el tiempo que ve la televisión. Escoja los programas que realmente desee ver y apague el televisor en cuanto acaben.
- Sea precavido con la gente que le sobrecarga de trabajo. Por ejemplo, si alguien le dice: "Puedes llamar a fulano y a mengano", dígale que no tiene tiempo y sugiérale que haga él mismo las llamadas.

Y esto son sólo unos cuantos ejemplos de cómo conseguir tiempo para meditar, pero existen muchas formas más de ahorrar tiempo. Intente algunas de las sugerencias que le hemos ofrecido, para empezar lo antes posible con su programa de meditación y disfrute de los beneficios que su práctica regular le ofrece.

Limitar el tiempo que dedica a las llamadas telefónicas puede ser una manera estupenda de ganar tiempo.

Preparándose para meditar

En un mundo ideal, todos deberíamos contar con un lugar específico para meditar, un silencioso santuario donde, en cuanto entrásemos, el estrés de cada día se desvaneciera y desapareciese, dejándonos en el estado de ánimo perfecto para la práctica de la meditación. No obstante, en la vida real, la mayoría de nosotros no disponemos de tal lujo; es posible que ni siquiera podamos escoger el sitio para meditar en un momento dado.

Crear espacio para la meditación

Si en su casa no dispone de una habitación libre para meditar, busque un rincón tranquilo que pueda reservar para tal propósito. Si destina un rincón determinado como lugar de meditación, su cerebro lo asociará a sensaciones de calma, por lo que siempre que vaya allí conseguirá rápidamente entrar en el estado mental correcto para la meditación. Pero tampoco se preocupe si eso no es posible, en cualquier sitio puede usted crear el ambiente adecuado añadiendo una silla "especial" o poniendo música apacible, como por ejemplo música clásica. No medite en la cama, porque es muy fácil que se quede dormido.

Aprender a improvisar

Si en su casa no dispone de un lugar tranquilo donde poder meditar de forma regular, no se preocupe, hay muchos otros donde hacerlo. Todo lo que precisa es un poco de imaginación y capacidad para improvisar. Así, si hace buen tiempo, ¿por qué no ir a un parque cercano? Una vez allí, escoja un rincón tranquilo y siéntese en un banco o en la hierba apoyado contra un árbol. Si llueve, es posible que en ese mismo parque haya una glorieta que pueda utilizar.

Las velas, las imágenes o un quemador de aromaterapia son elementos que puede incorporar en su rincón de meditación.

Si tiene la gran suerte de vivir cerca de un escenario como el de la foto, entonces ya tiene el lugar ideal para meditar.

Lo más importante del sitio escogido para meditar es que esté a salvo de interrupciones y sea tranquilo, aunque se encuentre en pleno centro de la ciudad. Si hace mal tiempo, la biblioteca pública, la iglesia o su propio coche pueden ser lugares alternativos de meditación.

Para conseguir una "buena atmósfera", antes de empezar y una vez finalizada la meditación, trate de escuchar música apacible a través de unos auriculares o bien llévese alguna cosa consigo que le pueda servir de inspiración, como unas flores o algún objeto especial.

Su ropa debe ser cómoda y holgada. Si piensa salir al exterior, coja alguna prenda de abrigo: el frío se deja sentir con mayor intensidad cuando uno se queda quieto durante un rato.

Espontaneidad

Si bien es cierto que contar con un sitio y una atmósfera adecuados le ayudarán a meditar, muchas veces le apetecerá hacerlo en cualquier sitio, sin preparación previa alguna. Por ejemplo, es posible que se le ocurra meditar en el tren o en el autobús. Es una buena idea, tal y como verá más adelante. En efecto, a medida que progrese con esta práctica podrá meditar en cualquier parte, incluso en los lugares más concurridos.

Escuchar música tranquila puede ayudarle a relajarse y le prepara para la meditación.

Postura y respiración

Una postura y una respiración correctas son esenciales para la buena práctica de la meditación, pero no debe torturarse intentando realizar difíciles posturas de yoga o complicadas técnicas respiratorias. La meditación ha de ser algo agradable y divertido. Eso sí, para meditar debe sentirse cómodo y asegurarse de que no le interrumpirán durante un buen rato.

Posturas básicas

Existen muchas posturas diferentes para meditar, pero, de momento, concéntrese en las que le mostramos a continuación.

Postura sentada

Para esta postura puede utilizar una silla, taburete o banco. Siéntese con la espalda bien recta. Mantenga su cabeza y columna alineadas. Deje que las manos descansen cómodamente sobre las rodillas o sobre los brazos de la silla. Los muslos deben estar paralelos al suelo. Si utiliza una silla, procure no apoyar su espalda contra el respaldo.

Quizás prefiera sentarse en una silla en lugar de en el suelo; en ese caso, asegúrese de poner la espalda bien recta.

Postura de piernas cruzadas

Siéntese en el suelo con las piernas cruzadas. No es preciso que ponga los pies sobre los muslos a la manera de los yoguis indios, de hecho, debería evitar hacerlo, a menos que esté muy entrenado en el yoga. Sencillamente, siéntese en el suelo y cruce las piernas, colocando los pies bajo las mismas. Siéntese con la espalda bien recta y la cabeza y columna vertebral alineadas. Repose las manos sobre las rodillas. Si le resulta más cómodo, utilice un cojín para sentarse en esta postura.

Antes de comenzar, tómese un poco de tiempo para hallar una posición que le resulte cómoda.

POSTURA Y RESPIRACIÓN | **143**

Postura de rodillas

Arrodíllese en el suelo con las rodillas juntas, las nalgas sobre los talones y los dedos de ambos pies casi en contacto. Mantenga la espalda recta y la cabeza y la columna vertebral alineadas, y deje reposar las manos sobre los muslos. Si le resulta más cómodo, ponga un cojín sobre los talones y siéntese encima.

Postura de rodillas.

Postura tendido en el suelo

Esta postura se conoce en yoga como Shavasana, o postura del "cadáver". Sencillamente, tiéndase boca arriba sobre un suelo alfombrado o una colchoneta. Las piernas deben estar estiradas, pero relajadas. Deje los brazos descansar cómodamente a ambos lados del cuerpo. Esta postura no es la ideal para meditar, ya que es mucho más fácil dormirse estando tendido. Sin embargo, puede serle muy útil si se siente estresado y necesita relajarse (véase pág. 145), o si está muy cansado y necesita fortalecerse.

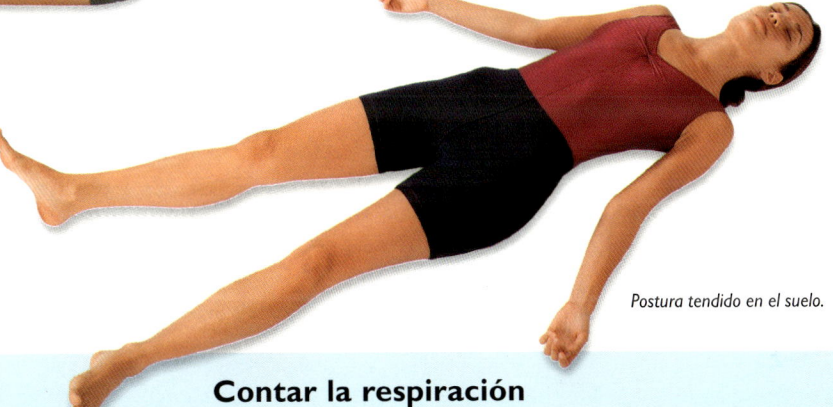

Postura tendido en el suelo.

Contar la respiración

Éste es uno de los tipos de meditación más fáciles y conocidos. Realícelo tanto tiempo como le resulte cómodo. Al principio, es posible que sólo aguante unos cuantos minutos, pero, si puede, intente ir aumentando hasta llegar a 20 minutos.

1 Adopte la postura sentado con las piernas cruzadas (véase foto página anterior). Cierre los ojos, relaje el cuerpo y realice unas respiraciones normales.

2 Centre su atención en su respiración. Después de cada espiración, pero antes de inspirar, cuente en silencio tal y como se indica: "uno" (inspire, espire), "dos" (inspire, espire), y así sucesivamente hasta llegar a "cinco", después, vuelva a comenzar por "uno".

3 Sienta cómo el aire entra y sale de sus pulmones mientras respira. Enseguida podrá comprobar, mientras lleva la cuenta, cómo su mente intenta distraerse con todo tipo de pensamientos. En ese caso, y cada vez que sea necesario, recondúzcala de nuevo de forma delicada hacia la respiración. Cuando haya finalizado, salga despacio de la meditación y abra los ojos.

Relajación

Saber relajarse es esencial para la meditación, pero a menudo resulta difícil. Nuestro estilo de vida es más estresante que nunca, cada vez tenemos más trabajo, presiones familiares y económicas, etc., que pasan factura a nuestros cuerpos y nuestro sosiego mental.

Efectos del estrés

Un poco de estrés es bueno: nos motiva para ponernos en acción y puede incluso salvarnos del peligro. Imagine que está a punto de ser atacado por un tigre. Como respuesta ante este estrés, en el cuerpo se activa inmediatamente el mecanismo de "luchar o huir". El organismo libera adrenalina, con lo que se aceleran los ritmos cardíaco, respiratorio y metabólico, y se liberan ciertas sustancias antiinflamatorias, como cortisol. Los procesos corporales que no son esenciales de forma inmediata, como el digestivo o el inmunológico, se detienen. Si, una vez desencadenado este mecanismo, usted se pone a correr, la acción física reducirá el estrés, su cuerpo se relajará y volverá a su estado normal.

En la vida normal, no siempre tenemos una válvula para liberar el estrés; no podemos salir huyendo de una reunión, por ejemplo. Así, las sustancias químicas producidas por el estrés permanecen en el organismo, obstruyen los sistemas digestivo e inmunológico y minan nuestra energía. Estos efectos en los procesos corporales pueden causar enfermedades graves.

Una clase de yoga o meditación puede enseñarle las pautas para la relajación total.

Aprender a relajarse

La relajación es vital para una buena salud; sirve para combatir el estrés y proporciona al cuerpo el tiempo necesario para que recupere energía. También es muy importante relajarse antes, durante y después de la meditación, para conseguir y mantenerse en estado mental alfa (véase pág. 135). A continuación, unas sugerencias para ayudarle a relajarse:

- Tómese un baño caliente tonificante.
- Escuche música tranquila.
- Deje que le den un masaje.
- Acuda a una clase de yoga o grupo de relajación.

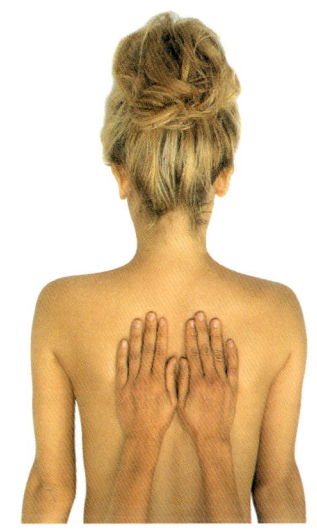

Recibir un masaje puede ser una manera estupenda de relajar la tensión de su cuerpo.

Relajar el cuerpo

Puede realizar este ejercicio de forma independiente, o bien incluirlo antes o después de otros ejercicios de meditación.

1 Colóquese en la postura tendida en el suelo (véase pág. 143). Cierre los ojos y respire de forma natural. Desplace su atención hacia la parte superior de la cabeza y sienta si existe alguna tensión en esa zona. Cuando la haya localizado, relájese y aflójela. Sienta el suave movimiento de la respiración.

2 Desplace su atención hacia abajo, pasando por la frente, y deshaga cualquier tensión que encuentre. Relaje el entrecejo, los párpados, las orejas, las ventanas de la nariz, la boca y las mandíbulas, liberando la tensión a medida que recorre mentalmente cada una de las partes. Mantenga una respiración normal.

3 Desplace su atención hacia el cuello, luego siga hacia abajo, pasando por los hombros, hasta los brazos y las manos. Libere toda la tensión de estas partes del cuerpo. Después concéntrese en el pecho, corazón, estómago, abdomen, nalgas y genitales, relajándolos a medida que los recorre. Continúe mentalmente hacia las piernas y pies y libere toda la tensión de los mismos.

4 Descanse un momento. Después de un rato, es posible que note cómo todavía hay ciertas partes de su cuerpo tensas. Si es ése el caso, localice la tensión e insista en aflojar la zona una vez más.

5 Salga de la meditación lentamente y abra los ojos. Se sentirá fresco.

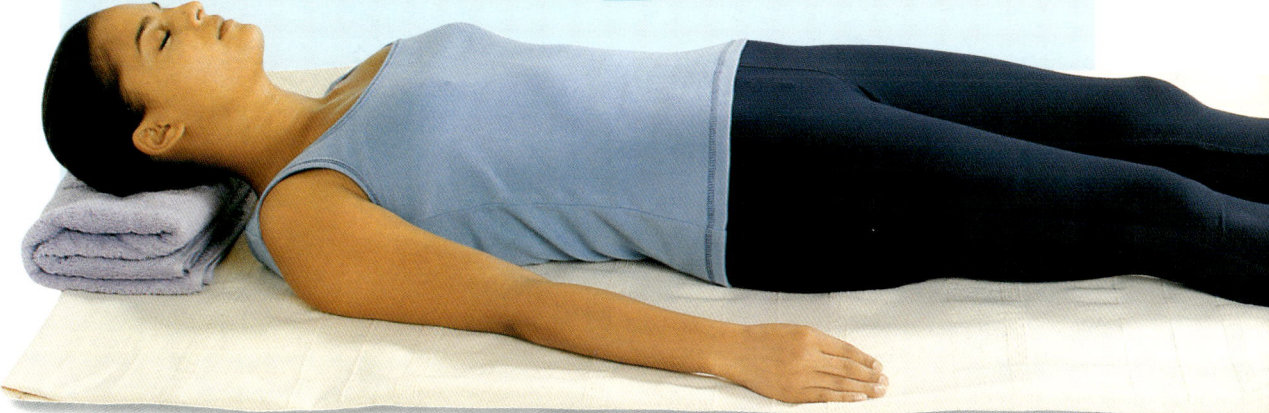

MEDITACIÓN

PARTE 2: MEDITACIÓN EN ACCIÓN

Atención vigilante

Muchos de nosotros consumimos nuestro tiempo como "sonámbulos". Hacemos las cosas de forma automática y no nos damos cuenta de lo que pasa a nuestro alrededor. Así, por ejemplo, cuando estamos sentados en el autobús, estamos pensando en el pasado. Como resultado, nos perdemos momentos preciosos del presente. Puede que incluso no "veamos" los paisajes por los que pasamos o quién está a nuestro lado. Una atención vigilante nos permitirá aprovechar cada momento y vivir el presente con plenitud.

Invertir cierto tiempo para tomar conciencia le ayudará a conectar con la experiencia del momento presente.

Cultivar la atención vigilante, o aprender a estar completamente centrado en el momento presente, aumenta la sensibilidad y la receptividad, a la vez que permite realizar las tareas de forma más eficiente. Así, si un médico escucha con atención vigilante a su paciente, se hará una idea mucho más clara de su problema en ese preciso momento, percibiendo todos y cada uno de los detalles que le aquejan, incluso los más pequeños. Y todo ello redundará en

Cultivar la atención vigilante

Una cierta cantidad de actividad automática tampoco es necesariamente perjudicial, ya que nos proporciona el tiempo para recordar cosas y planificar el futuro. Sin embargo, escarbar demasiado en el pasado o en el futuro significa perder el tiempo más valioso: el presente.

Muchos de nosotros desperdiciamos los días "enredados en pensamientos", la atención puesta en cualquier cosa excepto en nuestras acciones.

una mejor respuesta del doctor frente a las necesidades de su paciente.

Para desarrollar la atención vigilante, usted necesita mantenerse totalmente en el presente, darse cuenta de cada sensación y detalle de lo que sucede en cada momento. Si, por ejemplo, usted escribe una carta con atención vigilante, lo notará todo: el olor de la nueva hoja de papel antes de escribir sobre ella, el tacto de la misma al rozar contra la piel de su mano, el peso del bolígrafo y su colocación entre los dedos, así como el fluir de la tinta a medida que las letras se van configurando, e, incluso, la velocidad del movimiento del bolígrafo y cuáles son sus pensamientos y sensaciones durante el proceso. Nada, no importa lo pequeño que sea, escapará a su atención. Lo verá todo, lo sentirá todo, y lo hará con una sensación de apacible desapego. No tratará de analizar o juzgar cada cosa, sólo, la mirará y la sentirá.

Vivir en el presente

Cuando está viviendo verdaderamente en el presente, cada cosa toma un nuevo sentido. Los colores son más brillantes y vivos, los objetos se perciben con todo lujo de detalles y puede oír cada nota de una pieza musical. Las flores huelen mucho más y todas las sensaciones son más intensas. Usted puede cultivar la atención vigilante mediante la meditación.

Poner atención vigilante sobre la acción más simple hace que todos sus sentidos intervengan activamente.

Meditación con atención vigilante

Esta forma de meditación es excelente para cultivar la toma de conciencia y la atención vigilante. Intente practicarla siempre que pueda.

1 *Saque su mente de donde esté y concéntrese en lo que está haciendo en ese preciso momento. No importa si está de pie, caminando o sentado. Cualquier cosa que esté haciendo —caminando hacia su casa, comiendo o tomando una ducha—, ponga todos sus sentidos en ello. Perciba la fragancia del aire que le rodea, saboree cada bocado de comida y sienta la sensación del agua contra su cuerpo mientras se ducha. Pregúntese a sí mismo, qué hace, qué experimenta y qué siente en cada momento.*

2 *Después de un rato, es posible que note que su mente intenta distraerse. Tome conciencia de los pensamientos que llegan, pero no los siga. Déjelos marchar y, de forma delicada, reconduzca su mente al momento presente. Así, podrá experimentar el apacible estado mental alfa (véase pág. 135). Mantenga esta meditación tanto tiempo como le sea posible.*

La meditación con atención vigilante le ayuda a ver las cosas en toda su belleza, desde la flor más pequeña a la persona que tenga más cerca.

Afirmaciones

Las afirmaciones son declaraciones que usted puede repetir en silencio o en voz alta, una y otra vez, hasta que la repetición constante haga que las palabras pierdan su sentido, centrando la atención de la mente tan sólo en el sonido de dicha afirmación. Aunque al principio le pueda parecer que repetir las afirmaciones carece de sentido, persevere, puesto que se trata de una herramienta poderosa que puede influir de forma muy positiva en su mente y bienestar general.

Las afirmaciones en la vida cotidiana

En el día a día, cualquiera puede utilizar las afirmaciones para reprogramar su mente hacia un tipo de pensamiento más positivo. Por ejemplo, a un hombre se le pide que hable en público en una boda. Enseguida, el "parloteo mental" se pone en marcha y comienza a torturarlo con el miedo a hacer el ridículo.

El pensamiento positivo puede tener efectos beneficiosos sobre el concepto que tiene cada persona de sí misma.

Al final, está tan tenso que no puede concentrarse en absoluto. Entonces, el hombre decide utilizar la afirmación "sé hablar bien en público", y la repite para sí mismo continuamente. Al principio, no se la cree, pero la repetición constante le quita importancia al asunto y a sus implicaciones. Por decirlo de

Usadas de forma correcta, las afirmaciones pueden ayudarle a despojarse de las dudas sobre su propia persona y ganar confianza en sí mismo.

alguna manera, el hombre comienza a sentirse casi normal y cómodo con su papel.

Con la repetición, la afirmación se hace totalmente familiar, lo que comporta que la parte izquierda del cerebro ya no necesita analizarla, pudiendo entonces ser percibida enteramente por la parte derecha del cerebro, la cual tiene que ver con la emoción y la sensación y no con el análisis. De este modo, la afirmación es aceptada sin ser cuestionada y así se transforma en un sentimiento positivo. Los miedos al fracaso desaparecen al tiempo que emerge una nueva confianza en uno mismo.

Usted puede hacer afirmaciones de lo que quiera, únicamente asegúrese de que le proporcionan una buena sensación, que el tono es de confianza y que se trata de una declaración fácil de pronunciar. Por ejemplo:

Estoy muy seguro de mí mismo

Me perdono

Mi cuerpo es bonito

Estoy en paz

Estoy completamente relajado

Escriba la afirmación sobre un papel y colóquela luego en algún sitio donde pueda verla a menudo.

Las afirmaciones le pueden ayudar a verse bajo una luz más positiva.

Afirmaciones en la meditación

En general, las afirmaciones que se utilizan en la meditación tienen un objetivo determinado: detener el incesante "parloteo mental". Si cuando medita le cuesta detener las distracciones de su mente, la repetición de una sencilla afirmación le puede ayudar, ocupando el canal de comunicación de forma que su mente ya no pueda alimentar otros pensamientos. Funciona igual que contar las respiraciones (véase pág. 143), es decir, el concentrarse en una cosa permite detener las distracciones. A muchas personas les resulta más fácil realizar afirmaciones que contar respiraciones.

En general, durante la meditación, solemos repetir afirmaciones mientras nos centramos en otra cosa, como por ejemplo las sensaciones. Y, dado que el propósito de la afirmación es bloquear la invasión de pensamientos, el significado de la afirmación carece de importancia. Con todo, tampoco está de más escoger una afirmación positiva, de manera que, con la repetición constante, la idea eche raíces en la mente subconsciente. No obstante, recuerde que el objetivo principal de la meditación es detener el "parloteo mental", no introducir ideas que le puedan distraer más adelante.

Afirmaciones en acción

El mejor momento para repetir una afirmación es cuando se está relajado. De esta manera, es más fácil contrarrestar los efectos del "parloteo mental", y la sugerencia que contenga la afirmación podrá pasar más rápidamente del reino de los pensamientos al de los sentidos. Si a usted le cuesta relajarse, realice primero el ejercicio "Relajar el cuerpo" (véase pág. 145). Lo más importante que debe recordar con respecto a las afirmaciones es que debe repetirlas de forma regular. Repítalas durante tanto tiempo como crea conveniente, pero, como guía, empiece por repetirlas tres veces en cada sesión, unas tres veces al día.

Otras afirmaciones

Intente realizar el "Ejercicio de afirmación" que se indica en la página siguiente y luego trate de utilizar otra afirmación de su elección. Las afirmaciones más aconsejables son aquellas que le permiten contrarrestar el "parloteo mental" y deben ajustarse sin dificultad a su ritmo respiratorio. A continuación, le sugerimos algunas:

La práctica regular de las afirmaciones le ayudará a familiarizarse con ellas. En cuanto adquiera el hábito y le resulte fácil, pruebe a cambiar las afirmaciones por otras frases sencillas que tengan un sentido especial para usted.

suéltalo

paz para siempre

bien despierto

alegre y libre

AFIRMACIONES   151

Sentirse relajado antes de comenzar con las afirmaciones, le ayudará a adoptarlas más fácil y eficazmente.

Ejercicio de afirmación

Este ejercicio es muy efectivo para controlar la mente y mejorar la concentración. También alivia mucho el estrés.

1 Colóquese en la postura que quiera, tendido, arrodillado o sentado (véase págs. 142-143). Asegúrese de que está verdaderamente relajado antes de empezar. Si lo cree necesario, realice primero el ejercicio de "relajar el cuerpo" (véase pág. 145). Deje que cualquier tensión se afloje y se desprenda de su cuerpo.

2 Ponga su atención en la respiración. Inspire y espire naturalmente, observando el ritmo respiratorio pero sin intentar controlarlo.

3 Cuando se sienta dispuesto, repítase a sí mismo la palabra "RELAX", en voz alta o mentalmente. Diga la primera sílaba, "RE", al inspirar, y "LAX", al espirar. No fuerce la respiración a un ritmo determinado, simplemente respire con normalidad y ajuste la velocidad de la afirmación a su respiración.

4 Es posible que su mente le "maree" con otros pensamientos. En tal caso, recondúzcala, de forma delicada, y continúe repitiendo la palabra "RELAX" al ritmo de su respiración. Repítala tantas veces como lo crea conveniente y le resulte cómodo.

5 Cuando acabe el ejercicio, tome conciencia de cómo se siente. Es probable que se sienta más relajado, pero tome también conciencia de cualquier otro sentimiento o sensación.

Para alcanzar un estado verdadero de relajación, concéntrese en aflojar todas las tensiones de su cuerpo.

Mantras

Los mantras se parecen a las afirmaciones en que también son frases que usted puede repetirse a sí mismo. Sin embargo, a diferencia de las afirmaciones, la calidad del sonido del mantra es importante y se dice que resuenan en el cuerpo y transforman la conciencia. Mucha gente cree que los mantras tienen poderes mágicos.

Los seguidores de Buda utilizan el mantra Om Mani Padme Hum *para evocar la compasión.*

Mantras famosos

Posiblemente, el mantra más famoso de todos es:

OM

Procede de la India, donde creen que OM es la vibración subyacente a la creación del universo. Se le considera un mantra muy poderoso y muy recomendable, si lo que usted quiere es identificarse con la unidad del universo y de toda la creación.

OM MANI PADME HUM

es otro mantra muy conocido, utilizado con frecuencia por los budistas para invocar la compasión y para desterrar los sentimientos negativos hacia uno mismo o hacia los demás. Se dice, asimismo, que este mantra ayuda a mantener una actitud de alerta durante la relajación.

Si es usted cristiano, un mantra conocido que podría utilizar es:

ALELUYA

Este mantra procede del hebreo *hallelu* (alabanza) y *Jah* (Jehová), y quiere decir "alabado sea Dios".

Mantras para todos

No cabe duda de que algunos mantras tienen cualidades mágicas, y casi todas las tradiciones espirituales tienen los suyos propios. Los hindúes utilizan mantras desde hace miles de años, lo mismo que los budistas, los musulmanes o los cristianos.

Con todo, no es preciso que sea usted religioso para usar los mantras. Puede escoger mantras que no tengan carácter religioso. Los mantras se pueden utilizar para inducir estados de paz y tranquilidad o para aumentar la conciencia, la atención o la creatividad.

MANTRAS

El poder de los mantras

La calidad del sonido de un mantra es tal que, incluso recitado sólo mentalmente, sigue resonando por todo el cuerpo. Usted puede repetir el mantra al ritmo de su respiración o de los latidos del corazón, o bien entonarlo como le apetezca.

Al principio, es mejor utilizar mantras cuyo efecto benéfico sea bien conocido. Más tarde, si lo desea, puede crear sus mantras propios.

Únicamente, asegúrese de que el sonido resuena por todo el cuerpo. A continuación, unas sugerencias:

amor
paz   silencio
unoooooo
ooooo   mmmmm

Ejercicio de mantra

Para este ejercicio puede utilizar cualquier mantra, pero le ayudará escoger alguno que tenga una resonancia y una cualidad de sonido especiales. Al principio, sólo podrá realizar el ejercicio durante unos minutos, pero trate de ir aumentando el tiempo hasta 20 minutos.

1 *Colóquese en la postura sentada con las piernas cruzadas o en otra de las posturas sentadas (véase pág. 142). Cierre los ojos y respire de forma natural.*

2 *Comience por repetir el mantra de su elección. Puede hacerlo mentalmente o en voz alta, lo que prefiera. Si le sirve de ayuda, intente repetir el mantra siguiendo el ritmo de su respiración o el de los latidos de su corazón.*

3 *Deje que el ritmo y el sonido del mantra lo absorban y lo transporten. Si pierde la concentración, reconduzca su mente, delicada pero firmemente, e intente repetir el mantra con más intensidad.*

4 *Salga de la meditación despacio y abra los ojos.*

Meditando de pie y andando

Se puede meditar en cualquier sitio y a cualquier hora. No necesita estar sentado o tendido en el suelo. Usted pude meditar mientras está de pie, andando o incluso bailando.

Postura de pie

Manténgase erguido, con los pies separados unos 45 cm. Los pies han de estar paralelos entre sí y su cabeza y columna vertebral alineadas. Mantenga la pelvis recta para que la parte inferior de la espalda no se curve hacia adentro. Sobre todo, no fuerce. La posición erguida ha de ser cómoda para que pueda mantenerla durante un rato sin cansarse.

Cuando usted está de pie y recto, pero relajado, la energía fluye libremente a través de su cuerpo.

Meditación de la flor dorada

Este tipo de meditación es excelente para desarrollar el poder de concentración. También es revitalizador y atrae la energía de la tierra en lugar de agotar la suya.

1 *Colóquese en posición erguida, como muestra la figura de la izquierda, y deje que todas las tensiones se desprendan de su cuerpo. Respire de forma natural y suave.*

2 *Imagine que su columna vertebral es un tallo bien erguido. Siéntala crecer hacia arriba, desde la parte inferior de la espalda hasta el cuello, pasando por entre los hombros, y después seguir por encima de la cabeza, hasta florecer como una gran flor dorada. La flor sigue un camino ascendente y tira de su columna, enderezándola.*

3 *Imagine que sus pies son las raíces de esta flor. Sienta cómo los pies se enraízan cada vez más profundamente en la tierra. Entre la flor, por encima de la cabeza, y las raíces, que son sus pies, sienta cómo la columna se estira aún un poco más. Los brazos y las manos son ahora las ramas, y las hojas, tan ligeras como el aire.*

4 *Ahora imagine energía, en forma de luz blanca con destellos dorados, viajando desde las raíces, que son sus pies, hacia arriba, por su columna, hasta la parte superior de su cabeza, donde florece la flor dorada. La luz llena su cuerpo con energía renovada y lo revitaliza. Mantenga esta imagen durantes unos segundos.*

5 *Deje que la luz descienda por su cuerpo, al interior de la tierra. Observe cómo la flor se cierra y su tallo se relaja y se convierte otra vez en su columna vertebral. Relájese.*

MEDITANDO DE PIE Y ANDANDO

Practicar con plena conciencia y atención mientras camina le hace ser más consciente de la belleza del mundo que le rodea.

Caminar con plena conciencia y atención

Este tipo de meditación le ayuda a desarrollar la concentración y aumentar la atención.
Se trata también de un ejercicio relajante y placentero.

1 *Mientras camina, quizás de vuelta al trabajo o simplemente dando un paseo, libere su mente de pensamientos del pasado o del futuro. Concéntrese en su respiración y camine erguido, con la cabeza y la columna alineadas.*

2 *Desplace la atención hacia su caminar. Camine con toda la conciencia puesta en ello, concentrándose en cada paso que da. Sienta cómo el peso de su cuerpo se desplaza de un pie a otro, cómo se mueven los brazos y las piernas, y cómo el aire roza su cara.*

3 *Ahora, expanda su conciencia e incluya todo lo que le rodea. ¿Dónde se encuentra? ¿Quién o qué está a su lado? Escuche los sonidos y sienta los olores, colores y movimientos. ¿Qué siente con esta experiencia? Intente incluir cuantas más sensaciones mejor.*

Los chakras

En el yoga hindú, los chakras son los grandes centros de energía del cuerpo. A pesar de ser invisibles al ojo humano, estas ruedas giratorias de energía espiritual mantienen nuestro cuerpo y espíritu equilibrados. Los chakras almacenan fuerza vital muy poderosa, que los yoguis denominan *prana*, los chinos *chi*, y los japoneses *qi*. Esta energía dinámica es la preciosa fuerza vital del universo, que lo penetra y envuelve todo y que está en todas las cosas.

Explorando los chakras

Los siete chakras principales del cuerpo están situados entre la base de la columna y la coronilla. Hay más chakras, pero nos vamos a centrar en los que se mencionan a continuación (véase también págs. 78-79).

- El primer chakra, o chakra basal, está situado en la base de la columna. Se le asocia a todo aquello que tenga una naturaleza material, incluidas la fuerza y la constitución físicas, las pertenencias, el estatus social y la supervivencia. En este chakra, también está almacenada la energía durmiente, llamada kundalini. Los yoguis pretenden reactivar esta energía para que fluya a través de los demás chakras. Cuando la energía llega hasta el último chakra, y todos los demás ya están abiertos y equilibrados entre sí, se alcanza la iluminación.

- El segundo chakra, o chakra del sacro, está situado a la altura de la parte inferior del abdomen, por encima de los genitales. Está asociado a la sexualidad, sensualidad y reproducción.

- El tercer chakra, o chakra del plexo solar, se encuentra en la zona del plexo solar (situado en la parte superior y posterior del abdomen, entre las costillas y el ombligo). Esta rueda de energía gobierna el poder interior, la voluntad y la confianza en uno mismo.

- El cuarto chakra, o chakra del corazón, está situado a la altura de este órgano. Está relacionado con las relaciones humanas, así como con el amor, la compasión y las emociones en general.

- El quinto chakra, o chakra de la garganta, está situado en la base del cráneo y se asocia a la expresión, a la comunicación, así como a otros impulsos creativos.

- El sexto chakra, o chakra del entrecejo, está situado a la altura de la frente, entre las cejas. Está relacionado con la imaginación, la lucidez de pensamiento, la intuición y los sueños, así como con la capacidad psíquica.

- El séptimo chakra, o chakra de la coronilla, está situado en la parte alta de la cabeza. Gobierna la comprensión, la conciencia elevada y nuestra unión con el espíritu universal y con lo divino.

LOS CHAKRAS

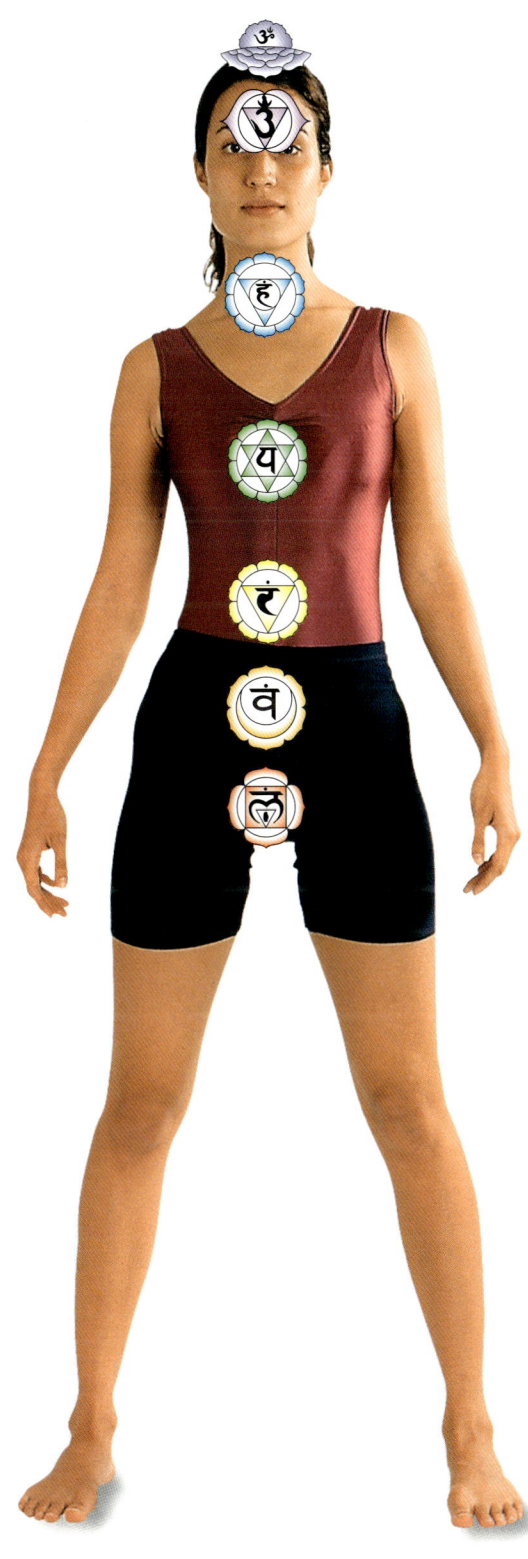

Los primeros seis chakras ascienden por el cuerpo y están situados a la altura de la columna vertebral. El chakra más elevado está situado en la coronilla.

Conseguir el equilibrio

Dos aspectos esenciales sobre los chakras que no debemos olvidar son: que la energía debe fluir naturalmente entre todos ellos, y que han de estar equilibrados los unos respecto a los otros. La meditación puede ayudar a equilibrar los chakras, mediante el aumento del flujo de energía pura, de la conciencia espiritual y del bienestar general.

Si un chakra en particular se "bloquea", puede crear problemas en la zona asociada al mismo. Por ejemplo, si el segundo chakra se bloquea, pueden verse afectadas la expresión sexual o el correcto funcionamiento del sistema reproductor. Del mismo modo, un bloqueo en el quinto chakra puede inhibir la expresión de la persona y el flujo de su creatividad. Son muy pocas las personas que tienen todos sus chakras abiertos y equilibrados, y el proceso para alcanzar tal estado es largo.

Para poder abrir los chakras se requiere un entrenamiento avanzado y autodisciplina, y debe hacerse bajo la estricta dirección de un profesor cualificado y experimentado. No obstante, si usted quiere aprender un poco más sobre los chakras, sentir dónde se encuentran o experimentar un poco de su energía, puede hacerlo sin ningún problema.

Pétalos de la flor de loto

En las meditaciones sobre los chakras, éstos suelen imaginarse como una flor de loto con un número de pétalos determinado. La flor de loto tiene un significado especial, porque es la parte de la planta que emerge y abre sus pétalos al cielo inconmensurable, mientras que sus raíces se hallan enterradas en el lodo. Si le resulta difícil imaginarse una flor de loto, simplemente imagine que cada chakra de su cuerpo es un almacén de energía. La tabla siguiente le proporciona los nombres y situación de los siete chakras principales, además del color y del número de pétalos que se les asocian.

Si trabaja sobre sus chakras, puede visualizar una flor de loto con los pétalos abiertos.

Características de los siete chakras principales

Chakra	Nombre hindú	Posición	Atributos	Color	Glándula y sistema corporal	Número de pétalos
Base	Mûlâdhâra	Base de la columna	Plano material, estatus social, supervivencia	Rojo	Glándulas suprarrenales, y sistemas linfático, esquelético y excretor	4
Sacro	Svâdhistâna	Zona abdominal inferior, justo encima de los genitales	Sexualidad y sensualidad	Naranja	Gónadas y sistema reproductor	6
Plexo solar	Manipûra	Plexo solar o zona del ombligo	Poder interior, confianza y seguridad en uno mismo	Amarillo	Páncreas, y sistema muscular y digestivo	10
Corazón	Anâhata	Centro del pecho	Relaciones, amor, compasión y emociones en general	Verde	Timo y sistemas respiratorio, circulatorio e inmunológico	12
Garganta	Vishuddhi	Garganta	Expresión, creatividad y comunicación	Azul turquesa	Glándula tiroides y metabolismo	16
Entrecejo	Ajnâ	Entrecejo	Imaginación, lucidez mental, intuición y sueños	Lila	Pituitaria y sistema endocrino	2
Coronilla	Sahasrâra	Coronilla	Comprensión, conciencia y unión con lo divino	Violeta	Glándula pineal y sistema nervioso	1.000

LOS CHAKRAS

Puede ser difícil imaginarse un chakra; con la ayuda de un CD le será más fácil hacerse una idea.

Situación de los chakras

A diferencia de lo que todos creen, los chakras están dispuestos horizontalmente. En otras palabras, si usted mira de frente a una persona que está de pie, sus chakras no están dispuestos a modo de botones planos sobre el cuerpo. Los chakras están colocados en un plano horizontal respecto del suelo y, por este motivo, si la persona está de pie, sólo veremos el perfil de los chakras.

Si desea visualizarlos, puede realizar el siguiente experimento. Mantenga su dedo índice estirado hacia arriba delante de los ojos. Colóquese un CD en el dedo y hágalo girar, así verá que sólo es visible el borde del mismo. Ésta es la posición de los chakras en el cuerpo. Si quisiera ver los chakras como círculos giratorios, tendría que situarse encima de la cabeza de la persona y mirar desde esta posición a su interior. Sólo de esta manera podría ver que los chakras son redondos.

El canal sushumna

Si quiere visualizar este canal, lo más fácil es que se imagine a los chakras corriendo a lo largo de su columna vertebral, en la parte trasera o delantera de su cuerpo. También puede visualizar el canal sushumna en el interior del cuerpo, entre la parte trasera y delantera de éste.

De hecho, es en la parte central donde se sitúa el sushumna, que está relacionado con los centros nerviosos a lo largo de la columna vertebral. Si quiere localizar los distintos "eslabones" de este canal, consulte el recuadro de la página 158.

Intente mantenerse erguido y visualizar sus chakras por dentro.

Meditar sobre los chakras

Cuando medite sobre los chakras, posiblemente sentirá unos con mayor facilidad que otros. No obstante, con la práctica, podrá sentirlos todos.

Si tras varios intentos de meditar sobre los chakras (véase recuadro pág. siguiente) persiste la dificultad para sentir el flujo de energía a través de ciertos chakras, la razón puede estar en un "bloqueo" del flujo energético en los mismos. Casi todos nosotros tenemos uno o más chakras bloqueados. Si es éste su caso, debería poner remedio a los chakras bloqueados, ya que pueden causarle problemas más adelante (véase recuadro pág. 158, donde se indican las funciones de cada chakra).

Desbloquear los chakras

Si sospecha que uno o más chakras de su cuerpo están bloqueados, no intente desbloquearlos por su cuenta. Consulte a un terapeuta cualificado lo antes posible, como por ejemplo, un profesional del ayurveda. El ayurveda es un sistema de curación muy antiguo que procede de la India. El objetivo de este sistema es restablecer la salud y el equilibrio mental o físico mediante remedios de hierbas, dietas, ejercicios respiratorios, purificación, meditación, posturas de yoga, masaje y otros tratamientos.

Un médico ayurveda puede determinar los chakras que están bloqueados y ayudarle a restablecer el flujo natural de energía.

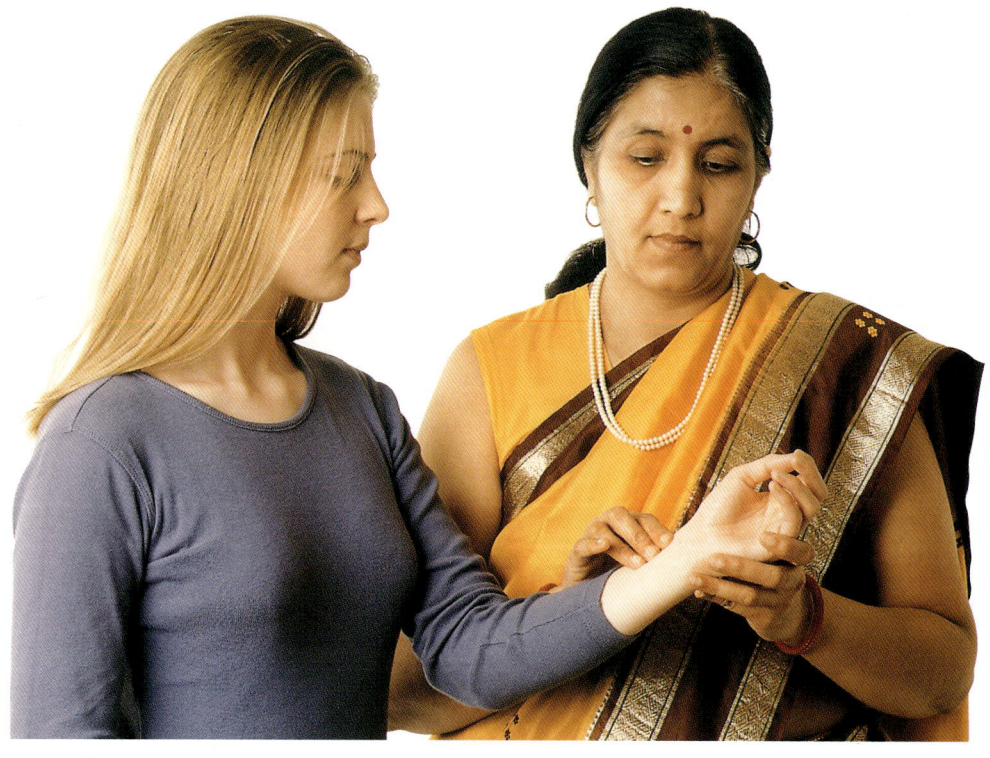

Meditación sobre los chakras

Para esta meditación, escoja un lugar tranquilo donde no vaya a ser interrumpido. Su ropa debe ser cómoda y holgada. Cerrar los ojos, puede servirle de ayuda.

1 *Colóquese sentado con las piernas cruzadas (véase págs. 142-143). Asegúrese de que la columna está recta y alineada con la cabeza, pero no fuerce. Su postura ha de ser cómoda y se debe sentir relajado. Realice tres respiraciones profundas y luego respire de forma natural.*

2 *Utilizando su mente, intente sentir el chakra de la base de la columna. Debe imaginárselo como una flor de loto con los pétalos correspondientes (véase recuadro pág. 158), o como una rueda girando o un almacén de energía. Seleccione la imagen que usted prefiera para visualizar los chakras y sienta la energía que contiene el chakra sobre el que está concentrado. ¿Qué siente?*

3 *Desplace su atención hacia arriba, al siguiente chakra, situado en el bajo abdomen, justo por encima de la zona genital. Sienta de nuevo la energía asociada a este chakra en particular. ¿Es distinta la energía de este chakra en comparación con la del chakra basal?*

4 *Si le cuesta sentir el flujo de energía en uno o más de sus chakras, intente "respirar" energía hacia el área afectada. En otras palabras, mientras inspira y espira, imagine que está respirando y revitalizando el chakra en particular y que lo está rellenando con energía vital.*

5 *Desplace su atención hacia arriba, a través de los demás chakras: el del plexo solar, el del corazón, el de la garganta, hasta llegar al de la frente, situado entre ambos ojos. Sienta las diferencias sutiles entre los distintos chakras a medida que pasa de uno a otro. Finalmente, dirija su atención hacia el chakra de la coronilla y siéntalo. ¿Cómo siente la energía?*

6 *Poco a poco, de forma gradual, vaya finalizando la meditación, deje que su cuerpo se relaje un poco más, y luego realice una par de respiraciones profundas antes de dar por acabado el ejercicio.*

El trabajo sobre los chakras puede ayudarle a estar más equilibrado y en sintonía con su energía.

Visualización

La visualización es una técnica con un poder enorme que utiliza la imaginación para crear un determinado estado de la mente y del ser. Hoy en día, es cada vez más popular y suele utilizarse para una gran variedad de propósitos, como por ejemplo, aumentar la concentración, entrenar la mente, mejorar la confianza en uno mismo y solucionar problemas. Incluso puede servir para curar o ayudar a alcanzar la iluminación espiritual.

Cómo opera la visualización

La visualización va mucho más allá de la mera imaginación. A pesar de utilizar la imaginación para crear imágenes mentales de las cosas, trasciende este aspecto, porque no sólo implica a todos los sentidos –vista, olfato, tacto, oído y gusto– sino también a las emociones. Y lo que aún es más sorprendente, algunas visualizaciones pueden manifestarse a nivel físico.

Le proponemos un pequeño ejercicio para ayudarle a comprender mejor cómo funciona la visualización. Trate de recordar alguna situación que le haya resultado particularmente espantosa, como, por ejemplo, una escalofriante carrera de coches o un paseo en solitario de noche por una calle apartada y oscura. Si no recuerda ninguna situación de este estilo, ¿por qué no prueba con alguna de las fobias que padece? Si le dan miedo las arañas, imagínese a una de ellas saltando sobre su mano o enredada en su pelo. Si, en cambio, lo que le da miedo es la altura, imagínese saltando desde un avión.

Si usted visualiza estas situaciones lo bastante nítidamente, de forma que recuerde

En algunas personas, el mero hecho de pensar en arañas puede desencadenar los mismos sentimientos y sensaciones corporales que experimentarían si las vieran en realidad.

la experiencia con todo detalle, llegará a "sentirla" en profundidad. Así, por ejemplo, notará perfectamente cómo la araña se mueve entre su pelo, lo que comportará que su cuerpo responda en consecuencia y muestre ciertas reacciones físicas. Es muy posible que se ponga tenso y que su pulso se acelere o que respire más deprisa. Si el estrés es lo bastante fuerte, puede que incluso empiece a sudar o a temblar.

La razón por la cual su cuerpo responde de esta manera es que no distingue entre lo que

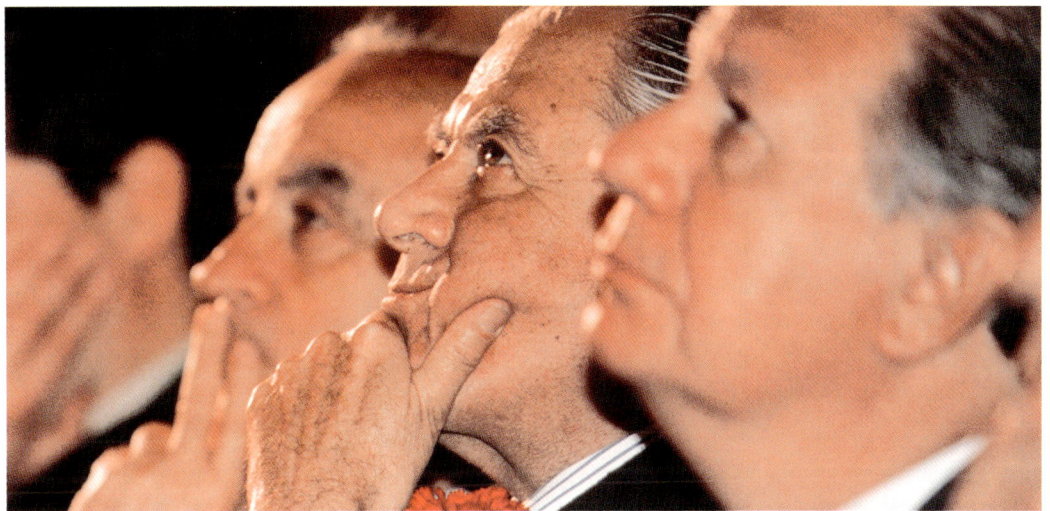

A muchas personas que les resulta difícil hablar en público les puede ser muy útil visualizar una audiencia atenta.

visualiza y lo que realmente le acontece. Por este motivo, si la situación que está usted visualizando es lo bastante estresante, hará de detonante del mecanismo de respuesta "luchar o huir" (véase pág. 144).

Tal y como hemos visto, cuando el mecanismo de "luchar o huir" se dispara, el organismo detiene los sistemas que no son esenciales para la supervivencia inmediata, y la adrenalina y las sustancias antiinflamatorias son bombeadas al organismo, preparándolo para una huida o lucha inmediata.

Beneficios de la visualización

Lo positivo de la visualización es que usted puede utilizarla en beneficio propio. Por ejemplo, si "soñamos despiertos" sobre algo que nos hace felices, el cerebro produce endorfinas y otras sustancias químicas que nos proporcionan placer, lo que comporta que nuestro cuerpo experimente la sensación física de alegría. Así pues, podemos utilizar la visualización para alcanzar estos mismos efectos.

Si ahora volvemos a tomar el ejemplo de aquel hombre que tenía miedo de hablar en público (véase pág. 148), podemos deducir que la visualización puede ayudarle a vencer este problema. Ese hombre sólo tiene que visualizarse a sí mismo frente a la audiencia, hablando con seguridad y claridad. La audiencia le sonríe y asiente a cada una de sus palabras. El hombre disfruta del evento y se siente muy cómodo y tranquilo. Al final del discurso, la audiencia aplaude con entusiasmo. Si sigue manteniendo la visualización en este punto, al final, la parte derecha del cerebro (véase pág. 135) asociará el pensamiento del discurso público con el placer y se dará cuenta que sus miedos desaparecen.

En efecto, la visualización no sólo opera en la mente. A pesar de que comienza allí, puede tener efectos físicos muy profundos.

Sacar provecho de la visualización

Tal y como hemos mencionado anteriormente, la visualización puede ser enormemente beneficiosa y le puede ayudar a conseguir muchas cosas. Si desea vencer un miedo, puede utilizar la visualización para que le ayude de la misma forma que lo hizo el hombre que tenía miedo a hablar en público (véase pág. 148). Si quiere curar una adicción, como el tabaco, el alcohol o el café, o si quiere aumentar la seguridad y confianza en sí mismo, la visualización le puede servir de ayuda.

La cosa más importante que hay que tener presente es que debe esforzarse en que la visualización sea lo más clara y lo más detallada posible. Asimismo, es necesario que repita la visualización con el objetivo de reforzar el mensaje que le da a la parte derecha del cerebro. Como recordará, en esta parte del cerebro residen preferentemente los sentimientos y la intuición, y no las funciones pensante y parlante. Así pues, en cuanto la visualización pase de la parte izquierda del cerebro a la parte derecha, ésta recibirá sus visualizaciones sin cuestionarlas y las transformará en sentimientos (véase pág. 135). La práctica y la repetición le ayudarán a conseguirlo.

Utilizar el poder de la visualización

La visualización implica utilizar dos tipos distintos de imaginería: la activa y la receptiva. La imaginería activa puede incluir cualquier imagen escogida y concentrada para un propósito determinado, mientras que la imaginería receptiva implica dejar que las imágenes surjan en la mente subconsciente y seguirlas hacia donde le lleven. Muchos prefieren la disciplina de la imaginería activa, otros se sienten más cómodos dejando que las imágenes afloren a su aire, y también los hay que se sienten bien con ambos tipos de imaginería.

Puede entrenar su mente con la imaginería que prefiera, activa o receptiva. Si quiere saber lo fácil o difícil que es para usted visualizar algo, o qué tipo de imaginería prefiere, intente llevar a cabo el ejercicio "Capacidad de visualización" (recuadro de la página siguiente).

Usted puede utilizar las distintas herramientas de visualización para agudizar o concentrar su mente o bien para obtener un resultado específico, como el de desvelar su propio potencial creativo.

VISUALIZACIÓN

Capacidad de visualización

Este ejercicio es excelente para que usted evalúe y agudice su potencial para la visualización. Practíquelo en un lugar tranquilo donde sepa que no va a ser interrumpido.

1 Colóquese en cualquier postura en la que se sienta cómodo (véase págs. 142-143). Las posturas sentadas o de piernas cruzadas son las mejores, pero también puede tenderse en el suelo, si no está muy cansado. Respire de forma natural y cierre los ojos.

2 Trate de visualizar una hoja de roble. ¿Cómo es? Intente sentirla con los ojos de su mente como si fuera real. Véala con el mayor detalle posible. Advierta todas sus características: color, forma y textura. Advierta cada una de sus finas nervaduras. Dele la vuelta a la hoja y estudie su envés. Si puede llevar los demás sentidos hacia esta observación, tanto mejor. Frote la hoja de roble con los dedos. ¿Qué siente? ¿Puede oír el ruido de sus dedos al frotar la hoja? Colóquese la hoja delante de la nariz: ¿Puede olerla?

3 Abra los ojos. Escriba todas las sensaciones y detalles. Repita este ejercicio con los siguientes objetos: una moneda, una rosa y un helado.

¿Activa o receptiva?

¿Cómo ha sentido cada uno de los objetos que ha visualizado? ¿Estaba la hoja turgente o marchita? ¿Era suave o rugosa? ¿Qué hizo con la moneda? ¿Le costó visualizar la rosa? ¿Pudo probar el helado? Si sólo pudo mantener los objetos a la vista por un breve espacio de tiempo, necesita practicar para aumentar la duración de la visualización.

Si no fue capaz de visualizar los objetos en ningún caso, no se preocupe: mucha gente tiene dificultad para visualizar, pero al final, con la práctica, se consigue. Si, en cambio, ha notado que su cerebro tiende a sustituir unas imágenes por otras, como por ejemplo imaginar una dalia en lugar de una rosa, entonces quizás se sienta más cómodo con la flexibilidad de la imaginería receptiva. Las imágenes receptivas pueden ser tan reveladoras como las activas, y ambas le pueden ayudar a entrenar su mente. Al final, se sentirá cómodo con ambos tipos de imaginerías.

Escribir su experiencia puede ayudarle a utilizar la visualización de la mejor manera.

Aumentar la comprensión

Las imágenes son el lenguaje del subconsciente. Si usted consigue comunicarse con su subconsciente usando e interpretando estas imágenes, habrá encontrado el camino para conectarse con él y utilizar la comprensión que éste le brinda. Por ejemplo, si quiere comprender a la gente o aclarar una situación que le resulte confusa, puede pedirle a su subconsciente que le ayude. En este caso, necesitará de la imaginería receptiva, es decir, dejar que las imágenes se produzcan libremente en su mente.

Así pues, la próxima vez que esté en una situación que le resulte difícil de entender, intente el ejercicio "Comprender mejor" (recuadro inferior).

Comprender mejor

Intente esta técnica para comprender mejor una situación o unos sentimientos determinados.

1 *Colóquese en la postura sentada con las piernas cruzadas (véase págs. 142-143). Otra posibilidad es realizar esta meditación de pie (véase pág. 154). Relájese en la postura que haya escogido y respire de forma natural durante unos minutos.*

2 *Cierre los ojos y concéntrese en el sentimiento o situación que quiere analizar durante unos segundos. Cuando esté listo, pida a su subconsciente que reproduzca una imagen que describa la situación o el sentimiento que está tratando de comprender.*

No se preocupe si al principio las imágenes que afloran tienen poco sentido para usted. Comprender el significado del animal, flor u otro símbolo que su mente haya escogido puede llevarle cierto tiempo.

3 *Deje que la imagen aflore. Aunque le parezca que no tiene nada que ver con lo que usted está preguntando, persevere, entender los símbolos de su subconsciente requiere práctica. Quizás la imagen sea la de un perro ladrando, entonces es posible que comprenda que la persona que está intentando desentrañar "ladra pero no muerde".*

4 *Una vez obtenida y analizada la imagen, finalice la meditación y abra los ojos. Piense en lo que ha comprendido. Puede seguir pensando en las imágenes aunque no esté meditando.*

Espacio sagrado

La visualización puede ayudarle a encontrar un lugar sagrado, un santuario al que acudir si lo necesita para descansar y reconfortarse. Si usted también desea que le aconsejen, la meditación le ayudará a encontrar un consejero.

Existen muchas meditaciones guiadas para ayudarle en la visualización, algunas de las cuales, incluso, se pueden encontrar en grabaciones: usted se concentra en las imágenes que le propone una voz que le guía en la visualización. En la "Meditación del santuario" (recuadro inferior), necesitará utilizar imaginería tanto activa como receptiva. Cuando haya acabado, piense acerca de lo que ha visto u oído; es posible que necesite tiempo para comprender el sentido completo de todo ello, pero también puede ser cuestión de segundos.

Meditación del santuario

Puede realizar esta meditación siempre que lo desee.
Escoja un lugar tranquilo donde no le molesten.

1 Colóquese en la postura sentada o en la de piernas cruzadas (véase pág. 142-143), la que le resulte más cómoda. Cuando ya esté en esta postura, tómese unos segundos para relajarse; respire de forma natural.

2 Cierre los ojos y véase paseando por un bosque. Sus pasos se dirigen hacia un pequeño riachuelo. Puede oír el murmullo del agua que corre por entre las piedras, mientras observa trozos de cielo azul intenso entre las hojas de los árboles. Delante de usted unas ardillas corretean sobre los troncos de los árboles ¿De qué color son las ardillas? Mientras pasea, oye a los pájaros cantar en lo alto de las ramas y la hojarasca crujir bajo sus pies. Usted se siente muy cómodo y relajado.

3 Más adelante, entra en un gran claro del bosque y los árboles quedan atrás. A medida que se adentra en el claro, descubre el riachuelo y una fragancia de flores del bosque inunda el ambiente. Se trata de un lugar muy apacible y silencioso, sólo se oye el ruido del agua o el canto de algún pájaro.

4 Tiéndase allí en el suelo y relájese por completo. Déjese acariciar por la calidez del sol. En este lugar usted está totalmente seguro y libre para hacer lo que quiera. Permanezca aquí tanto tiempo como desee, hasta sentirse descansado y fresco.

5 Ahora, si lo desea, ha llegado el momento de encontrar a su guía o consejero. Relájese y espere a que aparezca en el claro del bosque, procedente de la arboleda situada detrás. El guía o consejero puede ser un hombre, una mujer o un animal. Cuando se hayan saludado, ponga atención en todo lo que su guía le diga. Puede aprovechar esta ocasión para preguntarle sobre cuestiones de su vida cotidiana o sobre aspectos más espirituales.

6 Cuando haya acabado, dé las gracias a su guía y adéntrese de nuevo en el bosque. Vaya terminando poco a poco su meditación y retorne a su conciencia habitual. Abra los ojos.

Si su guía o consejero no aparece esta vez, no se preocupe. Tenga la certeza de que aparecerá en el momento preciso.

Meditar para sanar

Actualmente, cada vez son más los médicos que creen que la práctica de la meditación, junto con una dieta equilibrada y ejercicio físico, puede mejorar la salud, el estilo de vida y el bienestar general de las personas.

Cómo ayuda la meditación

La meditación tiene un amplio repertorio de beneficios: nos puede ayudar a pensar con mayor claridad, así como mejorar nuestros niveles de energía para que trabajemos con mayor eficiencia y nos cansemos menos. También puede ayudar a que nos relajemos y distanciemos de las situaciones estresantes, adquiramos un mayor control sobre nuestra mente y no nos dejemos vencer por las emociones negativas. Asimismo, la meditación contribuye a que nos conozcamos mejor a nosotros mismos y sepamos aceptar las situaciones que se nos presenten.

Además de mejorar nuestra calidad de vida y de hacernos más felices, la relajación que nos proporciona la meditación puede ayudarnos a mejorar nuestra salud física. Por su lado, el pensamiento positivo fomenta la producción de endorfinas ("hormonas de la felicidad"). No debemos subestimar jamás el poder de la mente para producir cambios en nuestro cuerpo: intente pensar de forma positiva siempre que pueda.

La mente tiene el poder de actuar sobre el cuerpo. Simplemente pensar en una situación estresante provoca reacciones adversas en nuestro organismo.

Visualizar para curar

La visualización desempeña un papel muy importante en este aspecto. Tal y como ya hemos visto, nuestro cuerpo no distingue entre las cosas que visualiza y las reales (véase pág. 162). Así pues, si utilizamos la visualización de forma correcta, podemos provocar cambios en nuestro cuerpo que curen pequeñas dolencias y nos devuelvan al camino de la buena salud.

Muchas personas creen que la visualización también puede resultar beneficiosa en el tratamiento de enfermedades más graves, pero insistimos: la visualización no es un sustituto del tratamiento médico. Así pues, si usted tiene una enfermedad grave o una dolencia persistente, consulte siempre a un médico cualificado.

Sin embargo, tampoco hay razón alguna para no practicar las técnicas de visualización de forma simultánea a cualquier tratamiento médico al que se someta. Así, por ejemplo, puede visualizar cómo un medicamento determinado trabaja de forma más eficaz, o visualizarse a sí mismo sintiéndose radiante y en forma. Converse con su médico sobre sus planes antes de ponerlos en práctica y así podrá asegurarse de que ambos trabajan juntos por una misma causa.

Estudios recientes

Las investigaciones sobre los posibles efectos de la meditación en nuestra salud todavía no han concluido, pero, tal y como hemos mencionado anteriormente, un número cada vez mayor de médicos recomienda la relajación y los ejercicios de meditación para combatir el estrés y las enfermedades asociadas a él (véase pág. 133). Los estudios clínicos continúan, pero mientras tanto crece el convencimiento de que la práctica de la meditación, junto con cambios en la dieta y el estilo de vida, tiene los siguientes efectos positivos:

- Reducir las migrañas.
- Combatir el insomnio.
- Aliviar el síndrome del intestino irritable.
- Aliviar el síndrome premenstrual.
- Calmar la ansiedad y reducir los ataques de pánico.
- Reducir los niveles de hormonas del estrés.
- Mejorar la circulación sanguínea.
- Regular el pulso.
- Reducir la presión arterial.
- Controlar la respiración.
- Aliviar los calambres estomacales.
- Aliviar la depresión.
- Mejorar la memoria.

Hoy en día, muchos médicos recomiendan la meditación y la relajación como antídotos efectivos contra el estrés.

Muchas divinidades de distintas religiones han sido representadas en meditando, lo que indica la importancia de la meditación en la práctica espiritual. Asimismo, la meditación contribuye a mejorar el bienestar mental, emocional y físico.

Desarrollo personal

Aparte de los muchos beneficios que tiene la meditación sobre la salud física, su práctica también es de gran utilidad en la psicoterapia, especialmente en aquellas áreas centradas en el desarrollo personal y el autoconocimiento. A través de la meditación, muchos hemos llegado a comprendernos mejor y a entender la manera como nos relacionamos con los demás. Con la práctica regular de la meditación, podemos aumentar la confianza en nosotros mismos y la autoestima, olvidar las heridas del pasado y disfrutar más de la vida, tanto en nuestro trabajo como en la vida social. Con la meditación aprendemos a vencer los miedos y a disipar las dudas, y podemos transformar la voz interior crítica en una valiosa amiga que nos apoya.

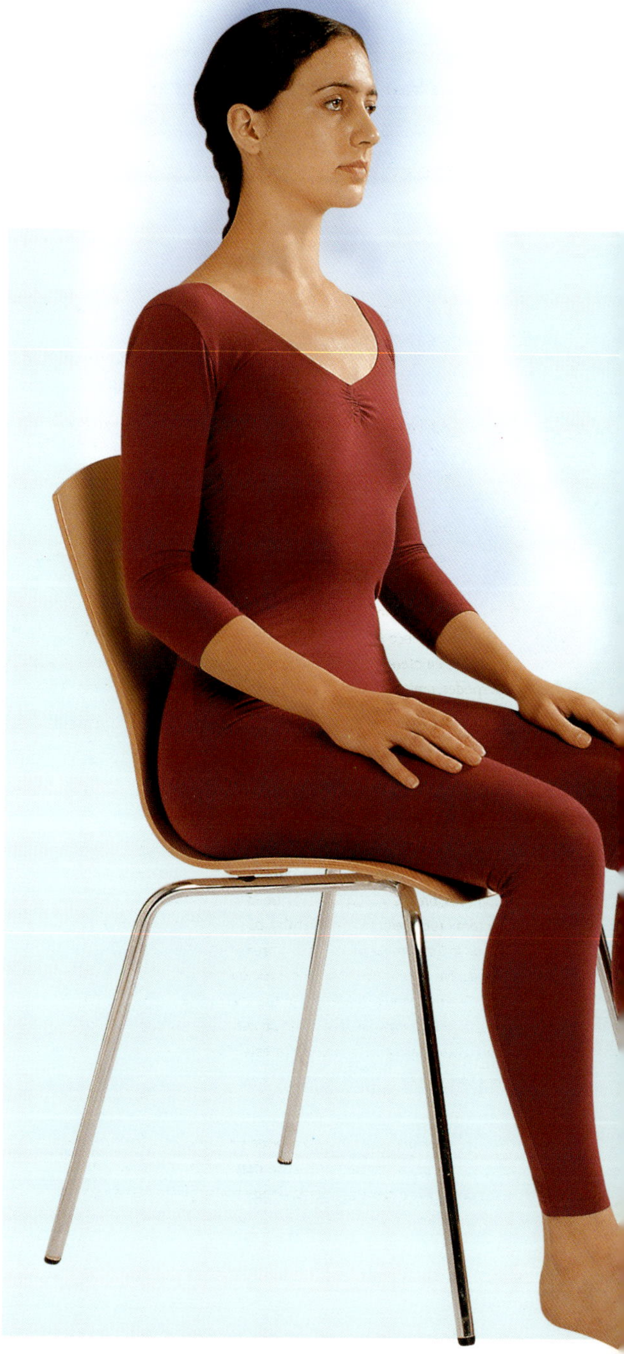

Utilizar la visualización curativa

No espere a sentirse enfermo para poner en práctica las visualizaciones curativas. De hecho, es casi mejor que lo haga cuando se encuentre bien. La buena salud necesita ser protegida. En efecto, unida a una dieta equilibrada y saludable, mucho ejercicio físico y horas de descanso suficientes, la visualización le puede ayudar a mantener una buena salud y defenderse de enfermedades y dolencias. Asimismo, la visualización le puede ayudar a que se sienta más en contacto con sus cambios físicos y corporales. El ejercicio "Curar el cuerpo" del recuadro inferior se puede utilizar tanto como ejercicio curativo como preventivo.

Curar el cuerpo

Este ejercicio es excelente para purificar, curar y revitalizar todo el organismo. Antes de comenzar, asegúrese de que su ropa sea holgada y cómoda.

1. *Colóquese en la postura sentada o tendida en el suelo (véase págs. 142-143), la que le resulte más cómoda. También puede realizar esta visualización mientras está de pie o caminando (véase pág. 154).*

2. *Permita que su cuerpo se relaje y respire de forma natural. Si no está paseando, cerrar los ojos puede ayudarle a concentrarse.*

3. *Inspeccione su cuerpo y afloje cualquier tensión que encuentre. Empiece por la parte superior de la cabeza, la coronilla, luego desplace su atención hacia abajo, por su frente. Relaje el entrecejo y los párpados, orejas, ventanas de la nariz, boca, mandíbulas, después el cuello, hombros, brazos y manos. Siga hacia su pecho y corazón, luego hacia su estómago, abdomen, nalgas y genitales, y finalmente hacia piernas y pies.*

4. *Cuando esté relajado, comience la curación. Imagínese que está de pie bajo una ducha de luz blanca con destellos azules. La luz entra por su coronilla y limpia todo su cuerpo, eliminando todas las impurezas. Sienta cómo la luz atraviesa y limpia su cabeza, cuello, hombros, brazos y manos. Deje que la luz prosiga hacia abajo y recorra su tórax (por delante y por detrás), abdomen, piernas y pies. Sienta cómo la luz elimina todas las impurezas y toxinas de su cuerpo. Si encuentra alguna parte de su cuerpo que necesite atención especial, concéntrese en ella y deje que la luz la purifique. Mantenga la luz en la zona afectada y en el resto de su cuerpo hasta que se sienta completamente purificado. Repita este ejercicio tantas veces como sea necesario.*

5. *Cuando la luz haya limpiado y purificado todo su cuerpo, deje que las impurezas se desprendan por la planta de sus pies y penetren en la tierra, donde serán purificadas hasta desaparecer.*

6. *Ahora que las impurezas han desaparecido, deje que la luz fluya por su cuerpo a la inversa, comenzando por los pies. Sienta cómo su cuerpo se va recargando de vibrante energía curativa. Sienta cómo la luz sube por las piernas y el tronco, dejando en la columna una sensación de hormigueo. Luego, sienta fluir la luz hacia el interior del corazón, pecho, brazos y manos, y deje que suba por hombros y cuello. Finalmente, haga que la luz inunde su cara y cabeza, hasta la coronilla. Si alguna parte de su cuerpo necesita un cuidado especial, deje que el flujo vibrante de energía inunde esa zona y la cure. Mantenga la imagen de todo su cuerpo inundado de luz curativa, luego deje que la luz salga de su cuerpo por la coronilla en dirección al universo.*

7. *Relájese durante unos segundos y realice unas cuantas respiraciones profundas y suaves. Cuando esté listo, finalice la meditación y abra los ojos.*

Nota

Si le cuesta visualizar la luz blanca con destellos azules, imagine en su lugar una corriente de agua pura, como por ejemplo el agua de un manantial con propiedades curativas, o bien cualquier cosa que signifique fuerza purificadora para usted. Si es usted una persona religiosa, puede visualizar el agua bendita o el aliento curativo de Dios.

Color y luz

El color y la luz pueden influir en gran manera en nuestro organismo y en muchos aspectos de nuestra vida cotidiana. Los colores pueden afectar nuestro estado de ánimo y cada uno se halla asociado a determinadas emociones. El color rojo, por ejemplo, está relacionado con la ira, el azul con la paz y la relajación, el amarillo con la lucidez mental. También atribuimos a los colores unas propiedades específicas; se suele asociar la riqueza y la abundancia al color dorado. La luz, también es muy poderosa, pudiendo afectar a nuestro humor, a cómo percibimos las cosas y a cómo éstas se organizan a nuestro alrededor.

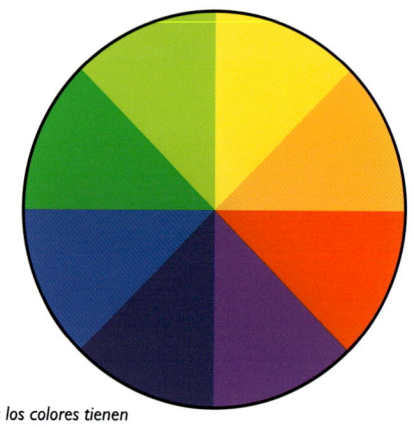

Todos los colores tienen propiedades positivas y negativas.

utilizar los colores para dar energía a su cuerpo y espíritu y para crear equilibrio en su entorno. También puede utilizar el color para curar, utilizando las propiedades curativas de cada uno. Las interpretaciones de los colores varían entre pueblos, culturas, terapias y religiones, pero el recuadro de la página siguiente incluye algunas de las interpretaciones más conocidas en todo el mundo.

El poder del color

Es importante que en su vida exista un equilibrio saludable de todos los colores. Si le falta algún color, puede tratarse de algún aspecto de su vida que a usted le cuesta aceptar. Por ejemplo, si le falta el color azul en su ropero o en su casa, es posible que tenga problemas de comunicación y de creatividad. Del mismo modo, un exceso de determinado color implica que la energía asociada al mismo puede dominar su vida en detrimento de otras energías. Usted puede

Tanto el color del oro como el metal mismo suelen asociarse a la riqueza.

Los colores y sus atributos

Color	Equilibrado	Desequilibrado
Rojo	El mundo material, estatus social, supervivencia, coraje, fuerza física y vitalidad	Codicia, ira, crueldad, vulgaridad y violencia
Rosa	Empatía, calidez, estimulación y lealtad	Egoísmo, volubilidad y egotismo
Naranja	Energía sexual, sensualidad, felicidad, optimismo y amistad	Pérdida de la energía sexual u obsesión por el sexo, fatiga y pesimismo
Amarillo	Autoestima, voluntad, determinación, seguridad, poder interior, energía mental, inteligencia y lucidez mental	Ausencia de claridad y concentración mental, obstinación, inflexibilidad y retorcimiento
Verde	Emociones, incluidos el amor y la simpatía, las relaciones, armonía, libertad, crecimiento y renovación	Celos, posesión, inseguridad, miedo a los cambios, tendencia a escarbar en el pasado
Azul turquesa	Curación, elocuencia y expresividad, independencia y protección	Alergias y otras disfunciones del sistema inmunológico, influenciable, expresividad limitada y vulnerabilidad
Azul cielo	Comunicación, creatividad, inspiración, expresión, paz, confianza, devoción, sinceridad y relajación	Falta de sinceridad, desconfianza, poca fiabilidad, tristeza e incapacidad de expresión
Lila	Imaginación, intuición, claridad de pensamiento, sueños, misterio y discreción	Paranoia, pesadillas, confusión y decepción
Violeta	Comprensión, conciencia elevada, desarrollo espiritual, unión con lo divino, idealismo, veneración y compromiso	Incomprensión e interpretación deficiente, fanatismo, dominación, sujeción a viejas creencias, y falta de fe
Plata	Clarividencia, el subconsciente, fluidez y transformación	Susceptibilidad y falta de estabilidad
Oro	Riqueza, abundancia, espiritualidad, ideales elevados, placer y ocio	Avaricia, pobreza, apatía, pereza y hedonismo
Blanco	Orden, plenitud, claridad, pureza, sentimiento de unidad con el todo, simplicidad e inocencia	Rigidez, extremismo, obsesión por la limpieza, puritanismo e ingenuidad
Marrón	Estabilidad y equilibrio, de recursos y nutritivo	Depresión, torpeza e incapacidad para el cambio
Negro	Fuerza profunda, autoconocimiento, discernimiento y capacidad de juicio	Tiranía, prejuicios, ceguera y rechazo al compromiso

El equilibrio apropiado

Tal y como puede deducirse del recuadro de la página anterior, es posible que en su entorno haya un exceso de cierto color y/o una carencia de otro. La meditación le ayudará a armonizar las energías de los colores.

La "Meditación de exploración del color" (recuadro inferior) le ayudará a familiarizarse con las distintas energías de los colores. También puede dar un paso más allá y explorar sus propios sentimientos respecto a cada color conforme la energía asociada a éstos vaya emergiendo.

Inspección profunda

Usted puede explotar la meditación que se indica en el recuadro inferior, utilizando diferentes tonos de colores. Por ejemplo, si el color azul es esta vez pálido, la próxima vez imagine un azul más oscuro o intenso. Intente identificar los cambios en sus energías y observe cómo se siente respecto a ellos. Es muy importante que tome conciencia de los sentimientos que los distintos colores provocan en usted, ya que pueden diferir de los indicados en el cuadro de la página anterior.

Meditación de exploración del color

Este ejercicio es muy bueno para mejorar la concentración y la capacidad de centrar la mente. Asimismo, le permitirá conocer desde "su propio interior" las energías de los distintos colores y lo que éstas significan para usted como individuo.

1. Colóquese en posición sentada con las piernas cruzadas (véase págs. 142-143) o de pie (véase pág. 148).

2. Respire de forma natural y, si le ayuda a concentrarse, cierre los ojos.

3. Piense en el color rojo. Visualícese dentro de una burbuja de energía roja. Sienta la burbuja roja expandirse y contraerse al ritmo de su inspiración y espiración. ¿Cómo siente la energía? ¿Cómo es el color rojo que percibe: claro, oscuro, brillante o apagado?

4. Ahora piense en el color rosa. Una vez más, visualícese a sí mismo dentro de una burbuja rosa. ¿Qué tono de rosa tiene la burbuja? ¿Qué sentimientos le despierta? ¿Cómo siente su energía?

5. Ahora haga lo mismo con los colores; naranja, amarillo, verde, azul turquesa, lila, violeta, plata, oro, blanco, marrón y negro.

6. Cuando haya acabado, vaya saliendo de la meditación. Tome conciencia de todos los sentimientos que ha notado con cada uno de los colores, así como de sus energías, en particular, preste atención a las cosas que más le hayan gustado y disgustado.

Mientras se concentra en cada color, esté atento a cualquier sentimiento que éstos le evoquen.

Utilizar los colores para solucionar los problemas

Atribuir colores a las personas o a las situaciones puede ayudarle a comprenderlas mejor. Por ejemplo, si tiene un problema con algún compañero de trabajo, visualícelo y pregunte a su subconsciente el color que asocia a dicha persona. Si aparece el color verde, es posible que usted tenga celos de dicha persona. Cuando identifique cuáles son las energías que predominan en su lugar de trabajo, podrá empezar a mejorar las cosas.

Los colores y los chakras

Meditar con diferentes colores y los siete chakras es una herramienta muy útil para reforzar su habilidad de visualización y para descubrir el poder de sus chakras.

Tal y como se ha mencionado anteriormente, cada chakra está asociado a un determinado color y calidad de energía (véase pág. 158). Usted puede explorar dichas energías y abrirlas mediante la "Meditación de los colores de los chakras".

Meditación de los colores de los chakras

Utilice esta meditación para recargar la energía de sus chakras e identificar las distintas cualidades asociadas a cada color.

1. *Colóquese en la postura sentada o de piernas cruzadas (véase págs. 142-143). Asegúrese de que está sentado con la espalda bien recta y la columna y la cabeza alineadas. Relájese y respire de forma natural.*

2. *Visualice el primer chakra en la base de la columna vertebral. Imagine que el color rojo fluye en esta zona, sienta cómo la energía y el poder de este color revitalizan su chakra. ¿Qué siente?*

3. *Desplace su atención hacia arriba, al chakra siguiente situado en la parte inferior del abdomen, justo encima de la zona genital. Visualice cómo el color naranja fluye al interior de esta zona y aporta energía a su chakra. ¿Siente la energía de este chakra distinta a la del chakra basal?*

4. *Continúe con los distintos chakras, utilizando el amarillo para el plexo solar o zona umbilical, el verde para el corazón, el azul para la garganta, el lila para el entrecejo y el violeta para la coronilla ¿Siente diferencias en la energía de cada chakra?*

5. *Cuando acabe, realice un par de respiraciones profundas y vaya saliendo de la meditación. Abra los ojos.*

Visualizar los chakras y los colores asociados a ellos puede ser una herramienta muy poderosa.

Meditación sobre el poder de la luz

Visualizar la luz en su meditación es una buena manera de utilizar sus especiales y potentes cualidades. La luz puede ser muy energética y curativa, tal y como ya hemos visto con anterioridad en la "Meditación de la flor dorada" (véase pág. 154) y también en la meditación de "Curar el cuerpo" (véase págs. 170-171).

Asimismo, se puede meditar sobre la luz de otras formas. Por ejemplo, meditar sobre la luz solar es muy estimulante y puede aliviar incluso el trastorno afectivo estacional (TAE) o "depresión invernal". Parece ser que esta afección se produce por la escasez de luz natural, lo que suele ocurrir durante los meses de invierno, o afecta a personas que han pasado largos períodos en la oscuridad o en lugares poco soleados.

Por otro lado, la utilización de luces de color para meditar puede servir para abrir ciertas energías. Si quiere comprobarlo por usted mismo, realice simplemente la "Meditación de los colores de los chakras" (véase pág. 175), pero, en lugar de visualizar las energías sólo como colores, visualícelas como luces del color asociado a cada chakra: luz roja para el chakra basal, luz anaranjada para el siguiente, y así sucesivamente.

Usted también puede meditar sobre la luz para mejorar su capacidad de concentración. La "Meditación de la vela" (recuadro de la página siguiente) es un ejercicio muy sencillo, que estabiliza la mente y proporciona paz y relajación.

Concentrarse en la llama de una vela puede aportar claridad a la mente.

Utilizar luces de diferentes colores durante la meditación puede ayudar a desbloquear determinadas energías.

Meditación de la vela

Para este ejercicio necesitará un lugar tranquilo y oscuro y una vela encendida. Una sencilla vela de color blanco o beige es lo más aconsejable.

1 *Colóquese en postura sentada, con las piernas cruzadas o de rodillas (véase págs. 142-143). Escoja la postura que le sea más cómoda y pueda mantener durante un rato. Coloque la vela encendida delante de usted.*

2 *Relájese, respire de forma natural y dirija su mirada hacia la llama. Vacíe su mente de pensamientos y concéntrese sólo en la llama. No fije la mirada, dirija sus ojos suavemente hacia la llama y parpadee cuando lo necesite. Deje que su mente vaya alcanzando un estado receptivo, un estado alfa (véase pág. 185). Si su mente se distrae, recondúzcala de nuevo hacia la llama con delicadeza pero con firmeza.*

3 *Realice este ejercicio tanto tiempo como le sea posible y le resulte cómodo, luego vaya finalizando poco a poco la meditación.*

Debe tenerse en cuenta que el objetivo principal del ejercicio de la "Meditación de la vela" es, sobre todo, mejorar la concentración y la capacidad de centrar la atención de la mente. Sin embargo, usted también puede adaptarlo para desarrollar otras cualidades. Por ejemplo, puede utilizar una vela de un color determinado para explorar una energía en particular. Quizás desee utilizar una vela verde para que le ayude a restablecer los sentimientos de amor y armonía después de una discusión (véase pág. 173 para las propiedades de los distintos colores). Asimismo, puede utilizar el ejercicio de las velas para mejorar su "Capacidad de visualización": cierre los ojos al final del paso 2 y trate de ver la vela mentalmente y con el mayor detalle posible. Después, vaya concluyendo la visualización.

La volubilidad de la llama de una vela proporciona a la inquieta mente un objeto sobre el que fijar su atención. De esta manera es posible detener el "parloteo mental" y desarrollar la capacidad de concentración.

El poder del sonido

A finales del siglo XIX, unos médicos estadounidenses descubrieron que ciertos tipos de música estimulaban el flujo sanguíneo. Desde entonces, el interés médico por las propiedades terapéuticas del sonido ha ido aumentando paulatinamente.

Cómo nos afecta el sonido

El sonido afecta a nuestras emociones y por tanto, al igual que el color y la luz, también influye sobre nuestro estado de ánimo. El sonido puede penetrar hasta el fondo de nuestro organismo y modificar nuestra forma de sentir e incluso la manera de reaccionar en determinadas circunstancias. El sonido está constituido por ondas de presión que vibran a distintas frecuencias. Los diferentes niveles de sonido nos afectan en distinta medida. Por ejemplo, un sonido agudo, como el de un grito, puede crisparnos los nervios y ponernos tensos, mientras que el suave murmullo del agua de una fuente es capaz de relajarnos. De la misma manera, la música suave y bonita nos calma e inspira nuestra creatividad, mientras que la música alta y estridente nos irrita y nos pone nerviosos. En casos extremos, la música muy alta puede producir dolor de cabeza e incluso lesiones en el oído.

Pero siempre hay excepciones. A veces sonidos estridentes y caóticos pueden aportarnos energía e inspirar nuestra creatividad. Así, por ejemplo, el fascinante *Bolero* de Maurice Ravel se inspiró en el incesante y rítmico ruido de un aserradero. Sin embargo, estos casos son bastante raros, y lo más conveniente es mejorar la calidad del sonido que nos rodea, de forma que podamos relajarnos y evitar el aumento de estrés en nuestras vidas. Así conseguiremos una mejor calidad de vida y ser más felices.

Sonidos curativos

Las investigaciones sobre el potencial terapéutico del sonido no han concluido todavía, pero parece ser que ciertas ondas sonoras

Las personas se sienten atraídas por las fuentes, manantiales y saltos de agua por el efecto tranquilizador del sonido del agua.

EL PODER DEL SONIDO

La música clásica suele tener un efecto calmante sobre la mente y, en ocasiones, también es fuente de inspiración.

afectan a nuestro pulso, respiración y presión sanguínea, además de mejorar la claridad mental. Los terapeutas del sonido utilizan hoy en día máquinas que reproducen sonidos curativos, que dirigen a las partes afectadas del cuerpo para curarlas. También utilizan sonidos en el tratamiento de personas autistas con el objetivo de ayudarlas a oír de forma adecuada.

Las investigaciones realizadas tanto en los Estados Unidos como en Europa durante las décadas de los años ochenta y noventa indican que la música puede ser utilizada para reducir los niveles de estrés y para acelerar la recuperación de ciertas enfermedades. Cada vez es mayor la demanda de terapeutas musicales para el tratamiento de pacientes con problemas de aprendizaje y otras minusvalías físicas o psíquicas. En algunos casos, la música estimula a los pacientes a encontrar una forma de expresarse, en otros, la música puede llegar a calmar el dolor.

El uso de las propiedades del sonido

Usted puede utilizar el sonido en la meditación de muchas maneras distintas. Por ejemplo, puede poner una bonita pieza como música fondo. En este sentido, soy de la opinión de que las obras instrumentales funcionan muy bien como música de fondo para la meditación y recomendaría, en especial, la música clásica o la música New Age. Los sonidos de la naturaleza, como el romper de las olas en la orilla del mar, también ayudan a crear una atmósfera adecuada. Cualquiera que sea el sonido que escoja, aplique la "Meditación con atención vigilante" (véase pág. 146). Esté atento a cada uno de los sonidos a medida que estos se produzcan. De esta manera, su percepción de los sonidos será cada vez mayor y más intensa.

Utilizar los sonidos para solucionar los problemas

Al igual que los colores (véase pág. 147), los sonidos pueden ayudarle a comprender mejor a la gente o ciertas situaciones. Si le cuesta entender a cierta persona, visualícela y pídale a su subconsciente que se la describa con un sonido. Si se trata de un susurro, podría significar que la persona en cuestión es bastante tímida o insegura. Si se trata de un zumbido intenso, entonces es posible que se trate de una persona dominante o insensible. El sonido y su interpretación son indicadores de sus sentimientos y lo sitúan en una posición idónea para mejorar su relación con los demás.

El sonido en el cuerpo

Los cantos y los mantras (véase pág. 152) ayudan a estabilizar la mente y producen una sensación de tranquilidad y paz. Las vibraciones se sienten por todo el cuerpo y pueden conducir a un estado de euforia. Experimente con algunos sonidos y mantras y sienta los efectos que las distintas vibraciones tienen sobre su organismo.

La "Meditación de los sonidos de los chakras" está relacionada con las vibraciones propias de cada uno de los siete chakras (véase pág. 156). Al igual que la "Meditación de los colores de los chakras" (véase pág. 175), este ejercicio le ayudará a identificar sus chakras y a liberar todo su poder.

Meditación de los sonidos de los chakras

Esta meditación es mejor que la realice en un sitio silencioso, donde ningún ruido pueda molestarle.

1 Adopte la postura sentada con las piernas cruzadas (véase pág. 142-143). Relájese y respire de forma natural. Visualice el chakra en la base de la columna vertebral. Produzca un sonido largo con la sílaba "Do" lo más grave que pueda. Imagine el "Do" saliendo de su propio chakra. Déjelo vibrar unos 10 segundos por lo menos. ¿Qué siente?

2 Desplace su atención hacia el segundo chakra, situado en la parte inferior del abdomen. Produzca un largo sonido con la sílaba "Re", pero un poco más agudo que el "Do" anterior. Mantenga el sonido unos 10 segundos por lo menos y trate de imaginárselo saliendo del segundo chakra. ¿En qué se diferencia la energía de este chakra de la energía del chakra basal?

EL PODER DEL SONIDO

Practicar los cantos en grupo puede intensificar el poder de los sonidos.

3 Desplace su atención al plexo solar o zona umbilical y produzca un largo sonido "Mi", en un tono más alto que el "Re" anterior. Otra vez, y durante toda la meditación, mantenga el sonido por lo menos 10 segundos. ¿Qué siente?

4 Concéntrese en el chakra del corazón y produzca un sonido con la sílaba "Fa", en un tono más alto que el "Mi" anterior. Sienta las vibraciones de la zona torácica. ¿Cómo es la energía que siente?

5 Ahora, concéntrese en el chakra de la garganta y produzca un sonido con la sílaba "Sol", en un tono más alto que el "Fa" anterior. ¿Puede sentir la diferencia a medida que los sonidos van haciéndose cada vez más agudos?

6 Desplace su atención al chakra del entrecejo y produzca un sonido con la sílaba "La", en un tono más alto que el "Sol" anterior. Luego, desplace su atención al chakra de la coronilla y produzca un sonido con la sílaba "Si", que debe ser el más agudo de todos los sonidos de este ejercicio. ¿Qué siente?

7 Finalmente, quédese totalmente quieto. Escuche los sonidos en su propio interior. Ponga especial atención en ellos, porque eso le permitirá tomar mayor conciencia de su propio cuerpo. Luego, respire profundamente y vaya saliendo de la meditación.

Nota
Puede utilizar cualquier sonido para este ejercicio, siempre y cuando esté compuesto por una sola sílaba; haga que resuene en su cuerpo. Siga usando el mismo sonido, pero subiendo el tono a medida que cambie de chakra.

El uso de aromas en la meditación

Desde la antigüedad, se ha tenido conciencia del poder emocional de los olores. Durante milenios, el hombre ha utilizado el incienso y otros aceites aromáticos en sus rituales. Los perfumes tienen el poder de cambiar nuestro estado de ánimo y pueden evocar en nosotros imágenes y recuerdos muy lejanos.

Cómo nos afectan los olores

Nuestro sentido del olfato es muy sensible y actúa como un sistema de alerta que nos ayuda a detectar posibles amenazas a nuestra seguridad. Por ejemplo, si en su casa hay humo, su olfato le alertará sobre la posible existencia de fuego.

Lo que sucede es que lo que detectamos con la nariz la mente lo asocia a una imagen o a una idea. Así pues, si el olfato identifica humo, el cerebro lo relaciona con fuego y con algo que se está quemando. Esta asociación entre el olor que detectamos y la imagen que el cerebro crea como respuesta es la razón por la que el olor puede servir a nuestra imaginación como fuente de inspiración.

Los efectos físicos de los olores

Lo que olemos también tiene un efecto sobre nuestro cuerpo. Esto es debido a que, tal y como se ha dicho con anterioridad, nuestro cuerpo no distingue entre las cosas que visualiza y la realidad propiamente dicha (véase pág. 162). Si pensamos en algo que nos hace felices, el cerebro produce endorfinas ("hormonas de la felicidad") y experimentamos una sensación de alegría (véase pág. 163).

De la misma manera, todo lo que olamos nos afectará físicamente. El olor, detectado en la nariz, es interpretado luego por el cerebro, el cual produce una imagen o idea y éstas desencadenan la respuesta del cuerpo. Por este motivo, no debemos subestimar el poder que los olores tienen sobre nosotros.

El olfato es el más evocador de los sentidos. Una simple fragancia, como la del limón, puede, como por arte de magia, precipitar la visualización de una persona o lugar determinados.

Aromas curativos

Dado que los olores pueden afectar a nuestro cuerpo físico, no es de sorprender que desde la antigüedad se hayan utilizado fragancias para curar. De hecho, el arte de la aromaterapia viene siendo practicado desde hace miles de años. El registro más antiguo data del año 4500 a.C. en la China. Los antiguos egipcios también utilizaban aceites esenciales, tanto con fines terapéuticos como para embalsamar.

En la Grecia antigua, el gran médico Hipócrates (460-377 a.C.), conocido como el "padre de la medicina", utilizaba hierbas aromáticas y especias para tratar a sus pacientes. Y más tarde, el cirujano griego Galeno (130-120) usó aceites esenciales (véase pág. 190) para su trabajo. Estos aceites esenciales, o líquidos aromáticos, se obtienen generalmente de las plantas.

En la Europa medieval, las hierbas solían utilizarse para combatir enfermedades,

Hipócrates utilizó hierbas medicinales para tratar la enfermedad.

y en la época del Renacimiento, la reina Isabel I de Inglaterra (1533-1603) apoyó el uso de hierbas aromáticas, especias y aceites.

Desde entonces, un gran número de químicos europeos han publicado estudios sobre los usos terapéuticos de los aceites esenciales y, hoy en día, la aromaterapia es cada vez más conocida y utilizada en el tratamiento y la conservación de una buena salud.

Los aromas de las distintas hierbas y flores pueden afectar a nuestro estado de ánimo y a nuestro bienestar en general.

Los aceites de hierbas han sido utilizados con fines terapéuticos desde hace miles de años, y la aromaterapia es hoy en día una terapia ampliamente difundida.

Cómo utilizar el poder de los aromas

Usted puede utilizar el poder de los aromas de muy distintas maneras. El incienso, por ejemplo, puede ayudarle a crear un ambiente adecuado para la meditación. Utilice varillas de incienso o queme carbón de incienso en un incensario. También puede utilizar un quemador de aceites esenciales: rellene el recipiente con agua y vierta unas gotas del aceite escogido, luego, prenda la vela en la parte inferior y enseguida comprobará cómo su espacio de meditación queda impregnado de la fragancia seleccionada. Puede conseguir material de aromaterapia en cualquier tienda especializada.

Utilizado en muchas ceremonias religiosas, el incienso le puede ayudar a abrir la mente para la meditación.

Quemar un aceite esencial mientras realiza la meditación "Curar el cuerpo" (véase págs. 170-171) puede ser una forma muy eficiente de sanar el cuerpo y la mente. Asimismo, usted puede añadir unas cuantas gotas de aceite esencial a su baño y realizar la meditación curativa mientras se baña.

En el recuadro contiguo se incluyen los aceites esenciales más importantes junto a sus propiedades más relevantes relacionadas con la meditación. Tenga presente que muchos de estos aceites son muy fuertes y algunos no son adecuados para los niños, mujeres embarazadas o en período de lactancia, personas convalecientes o personas que padezcan una enfermedad grave. Si tiene alguna duda, consulte primero con un aromaterapeuta cualificado.

Los aceites de aromaterapia pueden crear un ambiente propicio para la meditación y la relajación.

EL USO DE AROMAS EN LA MEDITACIÓN

Muchas hierbas aromáticas, como el ilang ilang y la bergamota, tienen propiedades medicinales.

Los aceites esenciales y sus propiedades curativas

Aceite esencial	Acción	Propiedades curativas
Bergamota	Estimulante, refrescante, tranquilizante, energético y revitalizador	Alivia el estrés, restablece el apetito y alivia la depresión y la ansiedad
Ciprés	Purificador, sedante y vigorizante	Calma el sistema nervioso y alivia los síntomas de la menopausia, las alergias y el estrés
Geranio	Estimulante y equilibrante	Alivia los síntomas premenstruales y la depresión, calma el sistema nervioso y levanta el ánimo
Jengibre	Calienta, favorece la circulación, tiene propiedades relajantes y anticatarrales	Ayuda a prevenir y aliviar los mareos y las náuseas de viaje, estimula al sistema inmunológico contra los resfriados y la gripe, alivia el sistema digestivo y mejora la circulación
Pomelo	Relajante, purificante, estimulante, y equilibrante emocional	Ayuda a regular las emociones, alivia el estrés y la ira y ayuda a combatir los resfriados y los problemas respiratorios
Enebro	Purificante, estimulante, revitalizador, tranquilizante y sedante	Aumenta la claridad mental, y la concentración, alivia los dolores y tranquiliza la mente y el cuerpo
Lavanda	Relajante, sedante, equilibrante, purificante y armonizador	Regula la hipertensión arterial, alivia los dolores de cabeza debidos a la tensión o al estrés y es especialmente sedante para las mujeres después del parto
Limón	Purificante, refrescante y estimulante	Reduce el cansancio mental, alivia el estrés, estimula la concentración y mejora la circulación
Naranja	Relajante y sedante	Ayuda a prevenir los mareos de viaje, ayuda a la digestión y alivia los dolores de cabeza debidos a la tensión o al estrés
Sándalo	Purificante, relajante, equilibrante, afrodisíaco y descongestionante	Calma el sistema nervioso, alivia los problemas emocionales, tiene un efecto equilibrante sobre la mente, el cuerpo y el espíritu, y también calma la mente y la prepara para la práctica de la meditación
Ilang ilang	Calmante, euforizante, equilibrante, purificante, vigorizador y afrodisíaco	Útil en el tratamiento de los problemas sexuales, previene la hiperventilación, calma la ansiedad, ayuda a regular el pulso, reduce los ataques de pánico y alivia la depresión

MEDITACIÓN

La meditación en situaciones de gran estrés

A veces, incluso habiéndolo planificado con mucho cuidado, el ritmo de vida se vuelve frenético y estresante. Los retrasos debidos al tráfico, llamadas inesperadas o acontecimientos imprevistos pueden causar estragos en nuestra vida cotidiana. Entonces, llegan los problemas y nos parece que no podremos superarlos. En estos casos, intente realizar cualquiera de las meditaciones rápidas que le proponemos a continuación.

Meditación de viaje

Esta meditación es especialmente buena para aliviar el estrés cuando está llegando tarde a algún sitio. Puede realizarla en cualquier parte: en el tren, en el autobús, en un atasco, etc. En cualquier caso, para su seguridad, no conduzca mientras realice este ejercicio.

1 Afloje todo el cuerpo, relaje todas las partes que sienta tensas y realice un par de respiraciones profundas.

2 Acepte que está haciendo todo lo que está en su mano para recuperar el tiempo perdido. No hay nada que pueda hacer para llegar antes.

3 Concéntrese en su respiración y visualice que la ansiedad o la preocupación sencillamente se va flotando con la espiración. No la siga, simplemente déjela marchar.

4 Cada vez que la ansiedad intente volver, silénciela con delicadeza y reconduzca su mente hacia su calma y paz interiores. Si el "parloteo mental" continúa, trate de repetir el mantra "PAZ" en cada espiración.

La visualización puede transportar su mente al más tranquilo de los escenarios y en tan sólo un instante.

LA MEDITACIÓN EN SITUACIONES DE GRAN ESTRÉS

Paso a paso

Esta meditación le proporciona un rápido alivio cuando está sobrecargado de quehaceres. A largo plazo, sería recomendable que aligerara la carga (véase pág. 138), estableciendo una escala de prioridades.

1 Deje lo que esté haciendo y tómese unos segundo para relajarse. Libere la tensión de su cuerpo y respira de forma natural.

2 Acepte que no puede hacer muchas cosas a la vez. Sólo puede hace una cosa después de la otra. Decida concentrarse en un solo quehacer y limpie su mente de cualquier otro pensamiento. Siempre que su mente trate de pensar en otras cosas que debieran hacerse, recondúzcala con delicadeza a la tarea que tiene entre manos.

3 Ahora concéntrese en el quehacer, aplicando la atención vigilante (véase pág. 146). Esté atento a todo lo que puede serle de utilidad en la tarea en cuestión y utilice todos sus sentidos al máximo: vista, olfato, tacto, etc. Tranquilamente, obsérvese a usted mismo realizar la tarea hasta que la haya terminado. A continuación, desplace su atención a la siguiente tarea, y así sucesivamente.

Cambiar de perspectiva

Esta visualización es especialmente recomendable cuando se encuentre en una situación particularmente frustrante o estresante. Le ayudará a tomar distancia y a ver la situación desde otro ángulo. Con un poco de práctica, será capaz de hacer todo el ejercicio en unos pocos segundos.

1 Tómese unos segundos y esté atento a su persona. A continuación, tome conciencia de las cosas que le rodean.

2 Mientras hace esto, deje que su conciencia se expanda para sentir todo lo que pasa en un radio de varios kilómetros a la redonda. Intente verlo todo: la gente viajando en el autobús, entrando en los edificios o trabajando en el campo; en función de dónde se encuentre, deje que su mente imagine lo que más se ajuste al lugar.

3 Vaya aumentando de forma gradual la imagen mental anterior, hasta incluir en ella todo el país. Imagine a toda la gente de pueblos y ciudades dirigiéndose a sus lugares de trabajo, los del norte, los del sur, los del este y los del oeste.

4 Deje que su conciencia vaya expandiéndose de forma progresiva, hasta que su país tome forma dentro de la imagen de toda la Tierra. Visualice el planeta moviéndose en el espacio. Observe lo pequeños que son sus continentes y sus mares. Tome conciencia de su propia presencia en el globo, de lo pequeño e imperceptible que es desde ese punto de vista.

5 Cualquier cosa que le haya estado preocupando hasta el momento le parecerá muy pequeña en comparación con la visión de todo el plantea. Intente mantener estas proporciones hasta que haya relativizado su problema: dígase a sí mismo que su propia situación es realmente insignificante y que puede superarla.

Expandir su conciencia a todo el globo puede ayudarle a relativizar sus problemas.

Burbujas de protección

Siempre que se sienta vulnerable, intimidado o simplemente necesite protegerse de algo, intente la siguiente visualización. Este ejercicio le ayudará a distanciarse de la fuente de su preocupación y le hará sentirse seguro y protegido.

1 Sacúdase las tensiones de su cuerpo y relájese cualquiera que sea la postura en la que esté. Respire con naturalidad.

2 Visualícese dentro de una burbuja de luz blanquiazul. Usted se siente seguro dentro de ella. La burbuja está cargada con chispeante energía protectora. La burbuja se mueve con usted y, a pesar que su interior es suave, la parte exterior es muy fuerte, como una coraza, protegiéndole de todo lo que pueda angustiarle y alejando todo aquello que pueda preocuparle.

3 Mientras está dentro de la burbuja, concéntrese en la respiración. Visualice cómo la luz blanquiazul entra y sale de su cuerpo al ritmo de su respiración. La chispeante luz le inunda de fuerza y energía.

4 Permanezca dentro de la burbuja hasta que la presión haya pasado y se sienta lo bastante seguro como para salir de ella.

Concéntrese en eliminar las tensiones de todo el cuerpo para conseguir un estado de verdadera relajación.

Avivar la confianza

Esta visualización le ayudará a enfrentarse con tranquilidad a las situaciones difíciles. Así que, si usted necesita calmar sus nervios y avivar la confianza en sí mismo, quizás para una entrevista de trabajo o antes de hablar en público, esta meditación es la ideal.

1 Tómese unos segundos para liberar la tensión de su cuerpo. Realice un par de respiraciones profundas y luego respire con normalidad.

2 Visualícese enfrentándose a la situación en cuestión con plena confianza en sí mismo. Si por ejemplo se trata de una entrevista de trabajo o de hablar en público, visualícese con una exultante confianza y seguridad en sí mismo. Usted se siente relajado y habla con toda tranquilidad y seguridad a la persona que le entrevista o a la audiencia. Su actuación es impecable y sus palabras entusiasman a su entrevistador o audiencia. Usted responde feliz y seguro a todas las preguntas. Al final, el entrevistador o la audiencia muestran un gran entusiasmo por lo que ha dicho y usted se siente feliz de lo bien que ha actuado.

3 Mantenga esta imagen en su mente tanto rato como le sea posible. Para reforzar la visualización, intente repetir una afirmación positiva. Algo así como: "Puedo sobrellevar esta situación" o "Estoy muy seguro de mí mismo" (véase pág. 148).

Nota

También puede hacer esta meditación para calmar sus nervios antes de un examen. Sustituya el paso 2 por lo que le indicamos a continuación:
Visualícese a sí mismo sintiéndose muy a gusto con el examen y muy seguro escribiendo o exponiendo oralmente las respuestas. Usted está relajado y feliz, y habla o escribe con soltura y seguridad. Al final, visualícese sintiéndose muy feliz por lo que ha hecho y lleno de confianza y seguridad de superar el examen.

Si está nervioso, tómese unos minutos para visualizarse seguro y confiado.

Glosario

Aceites esenciales
Se trata de líquidos aromáticos que suelen obtenerse a partir de la destilación o el prensado de ciertas partes de las plantas. Son muy potentes y se utilizan para curar enfermedades y crear un estado mental adecuado.

Adrenalina
Hormona que produce el cuerpo para el mecanismo de respuesta "luchar o huir". Cuando la glándula suprarrenal libera la adrenalina en el organismo, se produce un efecto sobre los músculos, la circulación y el metabolismo de los azúcares. El ritmo cardíaco se acelera, se respira más deprisa y con menor profundidad, y aumentan las tasas metabólicas.

Afirmación
Una declaración o frase que se repite uno a sí mismo, mentalmente o en voz alta, hasta que la constante repetición hace que la frase pierda su sentido y sólo sea percibida como un sonido en la cabeza. La repetición de una afirmación ayuda a tranquilizar la mente y permite que los mensajes puedan pasar a la parte derecha del cerebro, sede de la intuición y los sentimientos. Las afirmaciones pueden tener un gran efecto sobre la mente, el cuerpo y el bienestar general de la persona.

Aromaterapia
Sistema de curación que se sirve de aceites esenciales de plantas para tratar las enfermedades. Entre sus métodos se incluye el masaje y el baño con aceites esenciales, así como la evaporación de los aceites esenciales mediante quemadores especiales.

Atención vigilante
Estado mental en que se está totalmente consciente y atento a cualquier cosa que esté sucediendo en el momento presente. Agudiza la sensibilidad y hace que sintamos las cosas con mayor intensidad. También ayuda a estar más atento y a ser más observador, así como a realizar las tareas de forma más eficiente.

Ayurveda
Sistema hindú de curación cuyo objetivo es restablecer la salud del cuerpo mediante remedios de hierbas, dieta, ejercicios respiratorios, purificación, posturas de yoga y masajes.

Chakras
Centros de energía del cuerpo. Estas ruedas de energía espiritual mantienen nuestros cuerpos y espíritus en equilibrio y almacenan la fuerza vital invisible que los yoguis denominan *prana*, los chinos *chi*, y los japoneses *qi*.

Chi
Fuerza vital invisible que todo lo penetra; envuelve y está dentro de todas las cosas. Los yoguis la llaman *prana*, los japoneses *qi*.

Endorfinas
Compuestos químicos producidos en la glándula pituitaria. Tienen propiedades analgésicas y son responsables de la sensación de placer. Se las suele denominar "hormonas de la felicidad".

Estado alfa
Se trata de un estado en que el cerebro emite señales eléctricas lentas, denominadas ondas "alfa". En estado alfa, somos menos activos y más receptivos y abiertos a los sentimientos. El estado alfa se produce con preferencia cuando vivimos en el presente, en lugar del futuro o pasado.

Estado beta
Estado en que el cerebro emite señales eléctricas más rápidas, denominadas ondas "beta". En este

estado, somos capaces de razonar, analizar o pensar en el futuro y en el pasado. Solemos estar en estado beta cuando estamos despiertos y en un estado mental de "ocupados pensando".

Kundalini
Energía durmiente almacenada en el chakra basal y que los yoguis pretenden reactivar e impulsar hacia arriba a través de la totalidad de los chakras.

Mantra
Sonido, palabra o frase que uno puede repetirse a sí mismo. El sonido y las propiedades del mantra son de gran importancia y pueden resonar por todo el cuerpo hasta llegar a transformar la conciencia. Algunos creen que los mantras tienen poderes mágicos.

Musicoterapia
Sistema natural de curación en que se anima a los pacientes a utilizar la música para aliviar el dolor y la ansiedad, y acelerar el restablecimiento de un amplio abanico de enfermedades.

Prana
Fuerza vital invisible que todo lo penetra. Los chinos la denominan *chi*, los japoneses *qi*.

TAE, Trastorno Afectivo Estacional
Una afección en que el ánimo de la persona está en consonancia con la estación anual. Durante el invierno se produce una depresión, la mente y el cuerpo se vuelven más torpes y se come y duerme en exceso. Con la llegada de la primavera, los síntomas se invierten. La exposición a más horas de luz natural parece aliviar este trastorno. A pesar de todo, no se considera el TAE como una enfermedad clínica propiamente dicha.

Terapia del sonido
Sistema de curación cuyos practicantes trabajan con la voz o con instrumentos electrónicos o acústicos para generar ondas de sonido, que al parecer tienen el efecto de restablecer el equilibrio del cuerpo y de la salud.

Sushumna
Un canal central del cuerpo, a lo largo del cual están distribuidos los siete chakras en orden ascendente. Está relacionado con los nervios espinales.

Antiestrés

Introducción

Sentirse bien es sinónimo de estar sano. Sin embargo, la mayoría de nosotros nos vemos atrapados en la vorágine del estrés y las presiones, lo que comporta que nuestro rendimiento descienda a un nivel muy por debajo de nuestras posibilidades y nos sintamos cansados, ansiosos e infelices. Esta sección le ofrece un asesoramiento práctico para superar las presiones de la vida moderna, mantenerse sano y ganar vitalidad y sosiego.

Para reducir el estrés y conseguir un bienestar óptimo duradero es necesario dedicar un poco de tiempo al día a la relajación mental y física. La relajación es un conjunto de prácticas fáciles de aprender que le enseñarán a combatir los efectos del estrés y a restablecer el equilibrio entre la mente y el cuerpo, para que pueda disfrutar de una vida saludable y feliz.

Esta sección le muestra distintas maneras, sencillas pero muy efectivas, de incorporar la relajación a su rutina diaria. Comienza con una descripción de los efectos perniciosos que una presión excesiva tiene sobre la mente y el cuerpo. Esto le ayudará a identificar esos

Mucha gente practica las técnicas de meditación para alcanzar la calma interior y sentirse mejor.

INTRODUCCIÓN

aspectos que minan su salud, de manera que pueda efectuar ciertos cambios en su vida para mejorarla. Más adelante, se tratan la relajación física y mental y se describen formas naturales para recuperar el equilibrio entre la mente y el cuerpo, empleando para ello técnicas diversas tomadas de las tradiciones oriental y occidental. Finalmente, se revisan los factores del estilo de vida y de las influencias del ambiente.

Volver a entrar en contacto con la naturaleza es una manera especialmente efectiva de aliviar las presiones de la vida moderna. Una puesta de sol espectacular puede rejuvenecer y renovar nuestros sentidos.

Muchos de los problemas físicos, mentales y emocionales pueden evitarse con un poco de esfuerzo. Estas páginas constituyen una guía práctica y sencilla para relajarse, conseguir una calma y serenidad duraderas, y disfrutar plenamente de la vida.

Estrés: el problema

Las exigencias de la vida moderna suponen una enorme presión para la mente y el cuerpo. El estrés es una parte inherente de la vida y, en su justa medida, no es necesariamente pernicioso. Así, ante la amenaza de un peligro inminente, el estrés positivo nos proporciona los mecanismos para enfrentarnos a él y superarlo. No obstante, cuando el estrés es excesivo, puede afectarnos física, emocional y espiritualmente, perjudicando nuestra salud.

Causas del estrés

Existe un amplísimo espectro de "agentes estresantes" (causantes de estrés): desde el rutinario sonido de un teléfono hasta un choque entre automóviles. Otros agentes estresantes son los grandes acontecimientos de nuestra vida, como los cambios de domicilio, los nacimientos, las bodas, los divorcios o la muerte; ciertos factores ambientales, como el ruido, las luces parpadeantes, las aglomeraciones, la contaminación; o bien un estilo de vida con una dieta deficiente y falta de descanso o de ejercicio físico. Y éstos, son sólo algunos ejemplos causantes de estrés. El temperamento de cada persona, su constitución y sus experiencias previas pueden moderar los efectos del estrés, pero, cuantos más agentes estresantes haya, menos capaz será de manejarlos de forma efectiva.

Los estadios de adaptación

El estrés tiene unos efectos físicos bien definidos, pero a veces no se dejan notar hasta pasados unos años. En la década de 1950, el médico estadounidense Hans Selye identificó tres estadios de adaptación en la respuesta humana frente al estrés prolongado.

1. Respuesta de alarma

La exposición a agentes estresantes dispara una reacción bioquímica conocida como "luchar o huir", se liberan hormonas del estrés en el flujo sanguíneo y se producen los efectos siguientes:

- Aumentan el ritmo cardíaco y la presión arterial.
- Se elevan los niveles de azúcar y colesterol en la sangre.
- Se respira más deprisa y se transpira.
- Aumenta la tensión muscular.
- Se interrumpen los procesos digestivos.
- Se reprime el sistema inmunológico.
- Aumenta la tensión emocional.

Los teléfonos sonando contribuyen a la contaminación acústica y, a la larga, pueden causar estrés.

2. Adaptación

Si las causas del estrés desaparecen o se responde a ellas, el cuerpo vuelve a funcionar con normalidad. En cambio, si el estrés persiste, el cuerpo acaba por adaptarse y, a pesar de que le pueda parecer que todo ha vuelto a la normalidad, su cuerpo agota las reservas de energía. Al cabo de cierto tiempo en estas condiciones, su organismo deja de funcionar de manera efectiva, lo que se manifiesta en forma de fatiga, irritabilidad y modorra.

3. Agotamiento

El estrés permanente provoca desequilibrios hormonales en el cuerpo y agotamiento. La represión del sistema inmunológico, junto a un metabolismo más lento y el descenso de las tasas de reposición celular dan como resultado un envejecimiento prematuro, aumento de peso y un riesgo mayor de padecer enfermedades degenerativas. El cuerpo aminora la marcha, padece pequeñas afecciones recurrentes y la persona se siente psicológicamente "quemada", e incluso es posible enfermar gravemente o sufrir una crisis. Sin embargo, aunque el estrés puede producir un gran número de trastornos, no es en sí mismo una enfermedad. El estrés se crea como respuesta habitual a situaciones difíciles o a causa de un estilo de vida poco saludable. Se trata de ciertos hábitos con los que usted puede romper, siempre y cuando esté dispuesto a cuidarse y controlarse mejor.

El cuerpo es un sistema de energías que necesita mantenerse equilibrado para funcionar adecuadamente. Cualquier tipo de ejercicio cardiovascular –incluso caminar– le ayudará a mantener su cuerpo en buenas condiciones.

Un cuerpo equilibrado

Las funciones bioquímicas, estructurales y psicológicas del cuerpo están equilibradas de forma muy precisa para garantizar una buena salud física y mental; cualquier desajuste en un área puede comportar la aparición de problemas en otras zonas. Una salud óptima requiere, pues, cuidar todas las partes. Un cuerpo sano y una mente activa y clara, junto con una actitud positiva, le ayudarán a mantener el equilibrio.

Una estrategia para relajarse

La clave para relajarse es reconocer que se está sometido a una presión excesiva y, en consecuencia, dedicarse tiempo a uno mismo. Desarrollar la habilidad de relajarse a voluntad en momentos de intensa presión e incorporar estrategias antiestrés a largo plazo le ayudará a sentirse más calmado y a tener mayor control sobre su vida.

Beneficios de la relajación

La relajación puede contrarrestar casi todos los efectos del estrés. La relajación reduce los niveles de adrenalina y, por tanto, el estrés sobre el sistema cardiovascular, lo que comporta, a su vez, un descenso de la presión arterial. Asimismo, se respira más despacio y de forma más controlada, los músculos se destensan y los procesos digestivos mejoran, al tiempo que el sistema inmunológico se activa y nos hace menos propensos a las enfermedades.

Cómo identificar el estrés

Los síntomas del estrés se manifiestan en nuestro comportamiento y también a nivel emocional y físico. Si usted experimenta de forma regular más de cinco de los síntomas indicados a continuación, debe ponerse manos a la obra de inmediato.

Comportamiento

- Consumo excesivo de alcohol y tabaco.
- Apetito deficiente o excesivo.
- Evita a los demás y es incapaz de disfrutar con la compañía de otras personas.

Emocional

- Irritabilidad, ira y predisposición a estallar por cualquier cosa.
- Dificultad para tomar decisiones, concentración mental y memoria deficientes.
- Se siente sobrecargado e incapaz de sobrellevar tal carga.
- Depresión.
- Ganas de llorar.
- Ningún sentido del humor.

El insomnio, junto con un cansancio permanente, pueden ser signos de que su organismo está bajo presión y de que necesita cambiar algo en su vida.

UNA ESTRATEGIA PARA RELAJARSE

Los dolores de espalda y de cabeza son dos de las formas más comunes que tiene el estrés de manifestarse.

Relajación

Aprenda a relajarse durante los momentos de gran estrés. Piense en alguna actividad que pueda asociar a la calma, como por ejemplo estar tendido al sol o tomando un baño caliente. Cuando se sienta bajo presión, piense en su actividad de relajación. Su mente lo asociará con un sentimiento de paz y enseguida comenzará a sentirse relajado.

Físico

- Cansancio constante.
- Insomnio.
- Calambres.
- Dolor muscular y otros dolores, incluidos el dolor de espalda y de cabeza.
- Problemas en la piel.
- Hipertensión.
- Palpitaciones y ataques de pánico.
- Problemas respiratorios, incluidos el asma, respiración poco profunda e hiperventilación.
- Indigestión, acidez de estómago, úlceras, diarrea nerviosa o estreñimiento.

Plan horario

Al margen de que usted sea capaz de identificar los síntomas del estrés, a veces es difícil reconocer cuál es la causa que lo origina. Si sigue un plan horario, le será más fácil detectar los agentes estresantes de su vida.

1 *Divida cada página en secciones para hacer un plan de toda la semana, bien por horas o bien según las distintas partes del día (p. ej. desayuno, mañana, comida, tarde, noche).*

2 *Anote todas sus actividades durante el día y cómo se ha sentido durante cada una de ellas.*

3 *Si siente un síntoma de estrés, anótelo enseguida en su horario, quizá con una aclaración de lo que ha pasado previamente a la aparición del síntoma.*

4 *Al final de la semana, evalúe las veces que se ha sentido estresado y las que se ha sentido relajado.*

	Lunes	Martes	Miércoles	Jueves	Viernes	Sábado	Domingo
Desayuno							
Mañana							
Comida							
Tarde							
Noche							

No siempre es posible evitar el estrés, pero ser capaz de identificar las causas del mismo es el primer paso para empezar a combatirlo. En ocasiones, usted puede poner en práctica una serie de medidas que le ayuden a llevar una vida más calmada. Así, por ejemplo, si ir de compras le resulta estresante, ¿por qué no encarga la compra por teléfono?

PARTE I: RELAJAR EL CUERPO

Técnicas de relajación

Una respiración controlada y eficiente y una cierta habilidad para relajarse son factores de vital importancia para combatir de forma efectiva el estrés. Los ejercicios sencillos de respiración y las técnicas de relajación muscular reducen los efectos físicos y mentales del estrés y aumentan el bienestar. Por su parte, las terapias de contacto y de movimiento aportan beneficios a la mente y al cuerpo, ya que aumentan los niveles de energía y generan una sensación de relajación profunda.

Para relajarse físicamente, usted puede practicar una gran diversidad de técnicas de distintas partes del mundo. No necesita realizarlas todas en su rutina diaria, pero sí conviene que ensaye el mayor número de ellas para dilucidar cuál es la que más beneficios le aporta y con cuál se siente más cómodo. Algunas de estas técnicas, como la reflexología o el masaje, requieren la colaboración de otra persona, aunque también puede obtener beneficios aplicándoselas usted mismo.

En cuanto haya encontrado el conjunto de ejercicios de relajación que más se le adecuen, es importante que los practique diariamente, de la misma forma que lo haría con un deporte u otra disciplina de ejercicios. Para conseguir resultados estables y duraderos, es preciso que la relajación entre a formar parte de su estilo de vida y no sólo sea una manera de romper la rutina cotidiana. Los pocos minutos que usted dedique a relajar los músculos de su cuerpo o a controlar la respiración cada mañana o cada noche le aportarán grandes dividendos para el resto del día. Algunas personas prefieren realizar los ejercicios de relajación al final de la tarde, preparándose así para un reparador descanso. Si éste es su caso, recuerde que no debe hacer ejercicio físico después de las comidas o poco antes de acostarse.

Los ejercicios matutinos de respiración controlada y de relajación, realizados antes de ir al trabajo, le ayudarán a alcanzar el estado de ánimo ideal para disfrutar de una jornada estupenda.

TÉCNICAS DE RELAJACIÓN

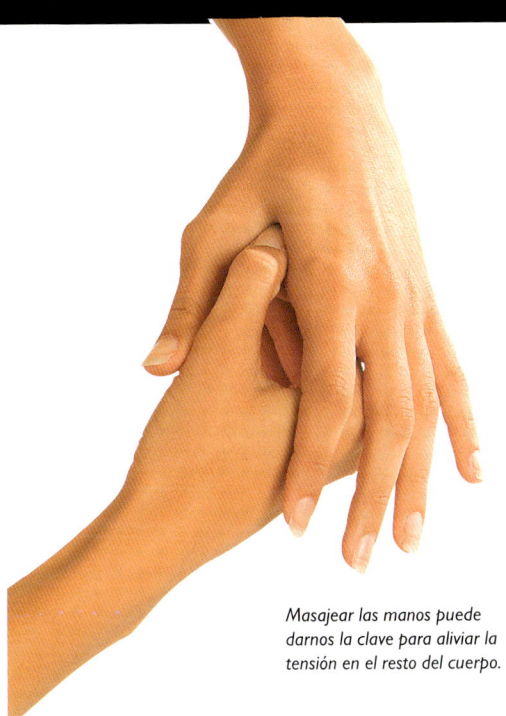

Masajear las manos puede darnos la clave para aliviar la tensión en el resto del cuerpo.

evitando así que el propio problema acabe abrumándolo. Cualquiera que sea la rutina que usted haya escogido, comprobará cómo con la práctica su salud mejora y se siente mejor, a la vez que trata con los desafíos de la vida con mayor facilidad y menos estrés.

Un lugar para el relax

Al igual que con cualquier otro ejercicio físico, el ambiente y la ropa son tan importantes como los ejercicios que realice. Intente por todos los medios encontrar una habitación confortable en la que no le molesten –le resultará mucho más difícil relajarse si la televisión está encendida en algún rincón de la habitación–. Debería llevar prendas de vestir holgadas que le permitan moverse y respirar con comodidad.

A pesar de que seguir una rutina de relajación le ayudará a sobrellevar el estrés, es casi seguro que en su día a día habrá de enfrentarse a crisis imprevistas, tanto en el trabajo como en casa. Es precisamente en esos momentos cuando debería tomarse unos minutos y aplicar las técnicas de respiración o de automasaje que le permitan centrar el problema y encontrar la mejor solución,

Esta postura de yoga, Namaste invertida (la postura del orador), es buena para fortalecer los hombros y los músculos de los brazos, así como para abrir la caja torácica.

Respiración

Una respiración correcta es la clave de la relajación de la mente y del cuerpo. La manera de respirar es un reflejo de su salud y de cómo se siente. Cuando se está ansioso se respira deprisa y superficialmente, mientras que si estamos relajados respiramos más despacio y con mayor profundidad. Muchos años sometidos a estrés y un estilo de vida deficiente contribuyen a que la respiración rápida y superficial sea la norma para la mayoría de nosotros.

La respiración es esencial para la vida. Cuando usted respira, entra oxígeno en el flujo sanguíneo y se produce la energía que su cuerpo necesita para funcionar. La respiración es una actividad automática e involuntaria que, sin embargo, puede controlarse de forma consciente. En momentos de gran estrés, tomarse unos minutos para aminorar la marcha y controlar la respiración le ayudará a calmarse rápidamente.

Una respiración correcta y efectiva debe provenir de la zona más profunda de los pulmones.

Los efectos de una respiración deficiente

Cuando aumentan los niveles de estrés, la respiración suele quedar restringida al tercio superior de los pulmones. Además, se produce un descenso del dióxido de carbono, necesario para mantener la acidez de la sangre, y las toxinas no pueden ser expulsadas con el aire. Esto tiene un efecto perjudicial en nervios y músculos, y puede dar lugar a cansancio, palpitaciones y ataques de pánico. Si aprende a respirar bien, es posible evitar estas disfunciones y reducir, además, tanto el ritmo cardíaco como la presión arterial y la concentración de hormonas del estrés. Así pues, son muchas las ventajas de respirar correctamente.

Respirar por salud

Respirar en profundidad y tener un ritmo cardíaco bajo son signos de una buena salud. Cuanto más profundamente respiremos, mejor se oxigenarán los tejidos, y cuanto más fuerte esté nuestro corazón, menos necesidad tendrá éste de latir.

Cómo respirar

Para mejorar su respiración, primero ha de tomar conciencia de la misma. Si cree que respira demasiado deprisa y con poca profundidad, el siguiente ejercicio –conocido como respiración abdominal– le ayudará a respirar de forma más natural. En este ejercicio se utiliza el diafragma (músculo situado en la parte superior del abdomen) para llenar y vaciar los pulmones con un esfuerzo mínimo.

Respiración alterna

Suénese para despejar los conductos nasales. Coloque los dedos índice y corazón en la frente, y el pulgar y el dedo anular a cada lado de la nariz. Cierre el orificio nasal derecho e inspire por el izquierdo. A continuación, cierre el orificio nasal izquierdo y espire por el derecho. Repita esta dinámica alternando los dos orificios nasales. Este ejercicio le ayudará a tomar conciencia de cada respiración, pero, si se siente mareado, deténgase.

1 *Siéntese en una postura cómoda, con los ojos abiertos o cerrados. Coloque una mano en el pecho y la otra sobre el diafragma, en la parte superior del abdomen. Inspire lentamente por la nariz, hágalo evitando que la mano que tiene sobre el pecho se mueva demasiado.*

2 *Contenga la respiración durante unos segundos y luego espire lentamente por la nariz. Saque todo el aire que pueda.*

3 *Repita este ejercicio durante unos minutos, hasta que se sienta más calmado.*

La respiración alterna le puede ayudar a conseguir mayor equilibrio y lucidez mental.

Fuerza vital

Muchos filósofos orientales creen que el aire, además de contener oxígeno, posee energía vital (denominada *prana* en la India, *chi* en China o *qi* en Japón). Al realizar los ejercicios de respiración de una forma consciente, usted puede acumular energía y revitalizar tanto su cuerpo como su mente.

Reducir la tensión muscular

Cuando la mente y el cuerpo están sometidos a presión, los músculos se tensan. La contracción y los calambres musculares restringen el aporte de sangre, produciendo dolor, fatiga y tensión. Si los músculos están demasiado tensos, la postura, la movilidad y el funcionamiento del organismo pueden verse seriamente afectados. Para relajar los músculos, es preciso que primero localice la tensión y luego trate de aflojarla.

Relajación progresiva de los músculos

Esta técnica de relajación, que tensa y afloja los grupos de músculos principales del cuerpo, le ayudará a calmarse y a reducir la tensión muscular. Escoja un momento tranquilo del día en el que sepa que no van a interrumpirle.

1

Descálcese y aflójese las prendas que le aprieten. Tiéndase en el suelo sobre una colchoneta o sobre una cama poco mullida y coloque una almohada bajo la cabeza, como soporte. Cierre los ojos y concentre su atención en respirar despacio, insistiendo en la espiración.

2

Tense los músculos del pie derecho durante unos segundos, luego aflójelos. Tense y relaje las pantorrillas, luego los muslos. Repita con el pie y pierna izquierdos.

3

Tense y afloje los músculos de la mano y el brazo derechos, luego los del izquierdo.

4

Tense y afloje los músculos de las nalgas, luego los del estómago.

5

Levante los hombros en dirección a las orejas, manténgase así unos segundos, luego afloje. Repita tres veces. Gire la cabeza suavemente a un lado y a otro.

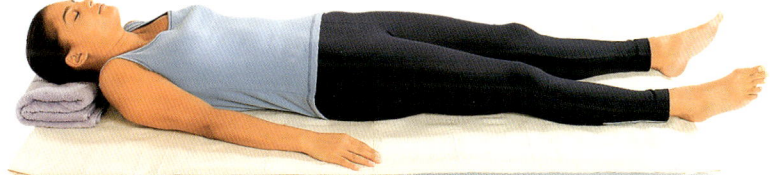

6

Bostece y haga muecas. Frunza el ceño, arrugue la nariz y afloje. Levante las cejas y luego relaje los músculos de la cara.

7

Concentre su atención en la respiración otra vez. Mueva los dedos de manos y pies, luego levántese poco a poco.

Técnica de Alexander

Este método de autoconciencia persigue mejorar el equilibrio, la postura y la coordinación corporales, de forma que el cuerpo pueda operar con la menor tensión posible. Mantener una buena postura estando de pie y moverse de forma correcta aliviarán su tensión muscular y permitirán que los sistemas de su organismo funcionen de forma eficiente.

La técnica consiste en tres estadios: aflojar toda tensión no deseada; aprender nuevas formas de moverse, de estar de pie o de sentarse; y aprender nuevos modos de reaccionar física y mentalmente ante situaciones diversas. Para dominar esta técnica es necesaria la participación de un profesor cualificado y una práctica regular.

Terapia de flotación e hidroterapia

Los tanques de flotación están insonorizados y contienen agua caliente en la que se han disuelto sales minerales para que el cuerpo flote sin esfuerzo. Se trata de una forma de aislar el cuerpo y la mente de los estímulos externos con el objetivo de inducir a la persona a una relajación profunda. Durante la flotación, el cuerpo y la mente se relajan profundamente y el cerebro libera endorfinas, unos analgésicos naturales.

El agua caliente dilata los vasos sanguíneos, reduciendo la presión arterial. Un remedio casero bien sencillo para relajar la rigidez muscular es tomar un baño de agua caliente.

Masaje

Utilizar el tacto es una manera muy efectiva de relajarse, y el masaje, en particular, es una de las formas más fáciles y fiables de aliviar el estrés y relajar los músculos doloridos. El masaje es una terapia sedante que libera tensiones y reduce la ansiedad. Existen muchos tipos de masaje, muchos de los cuales se han incorporado en varias terapias complementarias.

Efectos físicos del masaje

Un masaje suave estimula las terminaciones nerviosas de la piel, que transmiten los mensajes al cerebro a través del sistema nervioso. El cerebro responde liberando endorfinas: unos analgésicos naturales que producen sensaciones placenteras. El masaje ayuda en la relajación puesto que actúa sobre los sistemas que controlan la presión arterial, el ritmo cardíaco, la digestión y la respiración, todo lo cual contribuye a mejorar su salud.

El masaje puede reducir el exceso de hormonas del estrés que circulan por el flujo sanguíneo.

Masaje del cuello y de los hombros

Es muy frecuente que los músculos del cuello y de los hombros se tensen excesivamente. Cuando estamos cansados, solemos encogernos, forzando y tensando los músculos del cuello y de los hombros. En estos casos es muy relajante recibir de un masaje de cuello y hombros, pero también uno mismo se puede aplicar fácilmente un masaje en estas zonas.

Recibir un masaje

Asegúrese de que la habitación está caldeada y sea confortable, luego desvístase y túmbese. Su compañero o compañera debe calentarse las manos previamente y luego ponerse unas gotas de aceite de masaje en las palmas. Después debe masajear la zona que rodea los omoplatos durante unos minutos. A continuación, debe colocar sus manos en la parte superior de los omoplatos y aplicar un masaje, rotando los pulgares, a lo largo de los omoplatos, entre la columna vertebral y éstos (no presionar sobre los huesos). Para finalizar puede masajear los hombros para liberar las tensiones más profundas.

Automasaje

Encoja los hombros y échelos hacia atrás tanto como le sea posible. Permanezca en esta posición unos segundos y luego afloje. Repita cinco veces. Coloque la mano en la parte más alta del brazo y masajee la carne con firmeza, moviéndola lentamente hacia el cuello. Repita tres veces. Presione los dedos en la parte posterior de su cuello y mueva las yemas de los dedos imprimiendo un movimiento circular en dirección a la base del cráneo. Repita cinco veces. Aguantando la parte posterior de la cabeza, haga rotar los pulgares en la base del cráneo.

Remedios para el dolor de cabeza

Pásese las yemas de los dedos suavemente por la frente, trabajando desde el centro hacia las sienes. A continuación, coloque la palma de la mano en la frente con los dedos dispuestos horizontalmente y, con delicadeza, muévala hacia el nacimiento del cabello. Repita con la otra mano y continúe hasta que la tensión desaparezca.

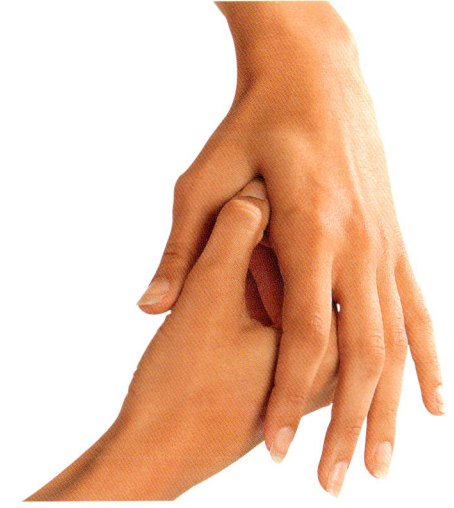

El masaje regular de las manos puede aliviar problemas de las articulaciones, así como la artritis.

Masaje de manos

Masajee la piel que hay entre el pulgar y el dedo índice, con la mano opuesta, presionando lo más cerca posible de la unión ente ambos dedos. Continúe por lo menos durante un minuto, luego repita con la otra mano. Esta es una técnica empleada en acupresión, una antigua forma de masaje curativo procedente de China.

Precaución

No masajee zonas inflamadas, fracturadas o con hematomas, tampoco zonas de la piel que estén infectadas. En el primer trimestre de embarazo, no se debe masajear el estómago, las piernas ni los pies. Si sufre de varices, dolor de espalda o trombosis, busque asesoramiento médico profesional antes de recibir un tratamiento de masaje.

Recuperar la energía vital

Cada día acumulamos estrés, que se almacena en nuestras mentes en forma de ansiedad y en nuestros cuerpos, como tensiones. Muchas filosofías mantienen que la tensión bloquea el flujo de energía vital y nos impide rejuvenecer. Las terapias que desbloquean estas tensiones permiten que el cuerpo recupere su estado de equilibrio.

Yoga

El yoga se practica en la India desde hace miles de años y hoy en día es conocido en el mundo entero. Existen muchos tipos de yoga, pero el más común en Occidente es el hatha yoga, que quiere decir equilibrio entre mente y cuerpo. El hatha yoga incluye posturas corporales (asanas) y técnicas respiratorias (pranayama) que preparan al cuerpo para que la mente pueda meditar sin impedimentos ni obstáculos.

Respirar correctamente es la clave del hatha yoga y, cuando se hace de forma apropiada, cada movimiento se realiza coordinadamente con la respiración. Cada asana está concebido para estirar y fortalecer el cuerpo. En general, cada postura se suele mantener entre 20 segundos y dos minutos.

Cualquier persona puede practicar yoga, no importa el nivel de forma física que tenga o la edad, pero al principio es mejor asistir a clase con un profesor cualificado.

La práctica diaria del yoga aumenta la energía y la resistencia física, tonifica los músculos, mejora la digestión y la concentración mental, y le ayuda a relajarse y enfrentarse a los agentes estresantes del día a día. Véase páginas 68-129.

El Natarajasana, o postura del dios de la danza, le ayuda a fortalecer los músculos de piernas, pies y parte inferior de la espalda; este asana también mejora el equilibrio.

Precauciones

Si padece alguna afección en la espalda, hipertensión, problemas de corazón, o bien está embarazada, consulte a su médico antes de empezar un nuevo programa de ejercicios. Ciertas posturas invertidas deben evitarse en caso de embarazo o menstruación, mientras que otras no son muy adecuadas para personas que estén sometidas a tratamiento médico. Consulte primero a su profesor de yoga.

RECUPERAR LA ENERGÍA VITAL

Reflexología

Los masajes de pies y manos han sido utilizados desde la antigüedad para favorecer la relajación y mejorar la salud. Las manos y los pies se consideran espejos del cuerpo y la presión en puntos reflejos específicos parece tener un efecto en una zona corporal determinada. Los reflexólogos creen que los depósitos granulares que se acumulan cerca de los puntos reflejos bloquean el flujo de energía. La reflexología tiene como objetivo eliminar tales depósitos y mejorar la circulación de la sangre para expulsar las toxinas.

En general, la reflexología se suele aplicar en los pies por un reflexólogo cualificado y es una terapia muy relajante, pero usted también puede darse un masaje en las manos en cualquier momento para aliviar el estrés.

Los beneficios físicos de la antigua práctica china del tai chi chuan incluye la tonificación y el estiramiento de los músculos, así como mejoras en el funcionamiento de los órganos internos, en la postura corporal y en la circulación sanguínea.

Tai chi chuan

Este arte marcial de origen chino utiliza secuencias de movimientos lentos y gráciles junto a técnicas respiratorias para relajar la mente y el cuerpo. El tai chi chuan persigue restablecer el equilibrio del *chi* y fomentar la salud y la vitalidad.

Flujo de chi

La antigua filosofía china enseña el concepto del yin y el yang: fuerzas opuestas cuyo equilibrio en el interior del cuerpo es esencial para el bienestar general.
La interacción del yin y del yang genera el *chi*, o *qi*, una "fuerza vital" invisible que fluye por todo el cuerpo. La libre circulación del *chi* es vital para disfrutar de una buena salud. Se dice que la enfermedad es debida, precisamente, a bloqueos de la energía *chi*.

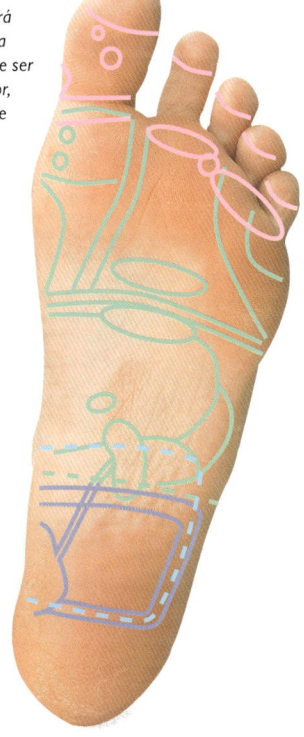

El buen reflexólogo utilizará los mapas de sus pies para descubrir la zona que debe ser tratada para aliviar el dolor, la molestia o la afección de alguna parte del cuerpo.

PARTE 2: RELAJAR LA MENTE Y EL ESPÍRITU

Terapias mentales

Nuestros pensamientos, estados de ánimo, emociones y creencias tienen un impacto decisivo sobre nuestra salud, sistema inmunológico y mecanismos de autocuración. Para estar sanos de verdad, necesitamos cuidar tanto la mente como el cuerpo. Existen muchos tipos distintos de terapias mentales diseñadas para relajar la mente e invertir las respuestas del organismo frente al estrés. Hasta cierto punto, el tipo de persona que usted sea determina el tipo de respuesta frente a un acontecimiento de gran estrés. No obstante, hay muchas técnicas que puede aprender para mejorar la imagen que usted tiene de sí mismo, y que le ayudarán a sobrellevar mejor todos los desafíos y adversidades de la vida.

Las técnicas que se describen en esta sección, como la meditación o la visualización, le ofrecen maneras de relajar la mente para que usted pueda controlar sus respuestas frente al estrés, cambiar su autoimagen y el modo de enfrentarse a los problemas.

Ponga la atención de todos sus sentidos en una pieza musical para calmar su interior.

Conozca su mente

Relajar la mente es el complemento natural de relajar el cuerpo. Además, para lidiar efectivamente con el estrés, es aconsejable dominar la relajación de ambos, mente y cuerpo. Para aquellas personas que no estén familiarizadas con la meditación u otras formas de controlar los pensamientos, es posible que al principio la relajación mental no les resulte algo muy natural. No obstante, al igual que sucede con otras formas de ejercicio físico, la práctica regular de la relajación mental hará que usted la incorpore a su vida como algo natural.

La relajación mental, al igual que la relajación física, precisa de un lugar tranquilo y confortable para que sea efectiva. Además, siempre le será más fácil separar su mente del mundo inmediato que la rodea, si sus sentidos no se ven amenazados por el bombardeo constante de un bullicio cercano. De hecho, tanto para los ejercicios de meditación como para los de visualización, a mucha gente le ayuda concentrar la atención de sus sentidos en algo relajante, ya sea una música apacible, imágenes bellas, escenas tranquilas o su fragancia favorita. Sin embargo, no es necesario que estas cosas estén físicamente presentes; su recuerdo puede ayudarle a relajarse y a controlar su mente.

A medida que vaya adquiriendo experiencia en controlar las reacciones de su mente, comprobará que cada vez le resulta más fácil conectar con el estado de relajación, a pesar de las distracciones que haya a su alrededor. Algo que, sin duda, ha de beneficiarle en situaciones de gran estrés.

Junto a la necesidad de relajar su mente y controlar sus respuestas frente al estrés, también es importante que usted cambie el concepto que tiene sobre su persona y sobre su vida. Son pocas las personas conscientes del poder destructivo que tiene pensar sobre los fracasos por no haber conseguido ciertos objetivos o incluso pensar en otras cosas negativas que aún no han ocurrido. Aprender a valorar lo que usted ya ha conseguido y establecer objetivos realistas son maneras muy efectivas de evitar el estrés innecesario.

Sin embargo, la relajación mental no sólo se basa en factores internos; la compañía de otras personas también le puede aportar felicidad, tranquilidad y apoyo en circunstancias difíciles de su vida cotidiana. Desarrollar y fortalecer las relaciones con su familia y amigos es, asimismo, una factor clave para conseguir el sosiego.

Visualizar su lugar favorito puede ayudarle a cambiar la perspectiva de su mente hacia una visión más positiva en momentos decisivos.

Meditación

La meditación es una forma muy efectiva de centrar la atención de su mente y conseguir relajación, calma y tranquilidad. La meditación le ayudará a adquirir nuevos puntos de vista y a sobrellevar los problemas. A menudo, la meditación se utiliza como herramienta para alcanzar la "iluminación", pero también puede practicarse para relajarse y aliviar el estrés.

¿Qué es la meditación?

Existen varios tipos de meditación, pero todos ellos persiguen aquietar la mente. La intención es dirigir la concentración de la mente para que no se distraiga y se estrese, llenándola de calma y paz. Cuando la mente está calmada y su atención centrada en el presente, ya no reacciona a los recuerdos ni a las preocupaciones sobre el futuro, dos de las fuentes principales del estrés crónico.

La meditación puede dividirse en dos grupos básicos:

La meditación es una manera efectiva y práctica de lidiar con el estrés.

1. Meditación de concentración

El principio es concentrar la atención de la mente en algo específico, como la respiración, una imagen o una frase, para así aquietar la mente, facilitar el despertar de la conciencia y potenciar la claridad mental.

2. Meditación de atención vigilante

Este tipo de meditación también es conocido como vipassana, o concentración "pasiva". La meditación de atención vigilante consiste en un estado mental en el que usted está atento a todas las cosas que experimenta, pero no se siente apegado a ellas. Su atención es consciente de las sensaciones, sentimientos, imágenes, pensamientos y sonidos, pero no piensa expresamente en ellos: los observa pero no los juzga. En otras palabras, usted experimenta lo que está sucediendo aquí y ahora para conseguir un estado mental calmado, claro y no reactivo. Si se utiliza la analogía de una cámara fotográfica, es como si mirara a través de un objetivo gran angular: usted experimenta más territorio y su atención se expande.

La meditación y el cerebro

El cerebro es la computadora del cuerpo, el centro de todos los pensamientos, sentimientos y experiencias sensoriales, así como el centro de coordinación de todas las funciones del organismo. El cerebro intercambia mensajes con todas las partes del cuerpo a través de la médula espinal. Las células del cerebro se comunican entre sí mediante diminutos impulsos eléctricos. La meditación afecta a la actividad eléctrica del cerebro, provocando la producción de ondas alfa de alta frecuencia: ondas cerebrales asociadas con la relajación profunda y la atención mental. Todo esto, por su parte, nos ayuda a reducir el tipo habitual de respuestas frente a los peligros y el estrés.

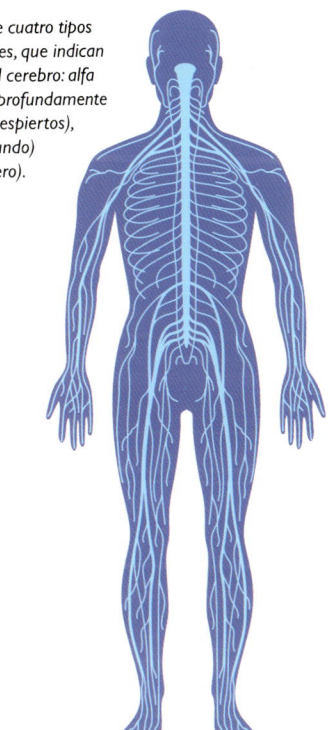

El cerebro produce cuatro tipos de ondas cerebrales, que indican el estado físico del cerebro: alfa (cuando estamos profundamente relajados), beta (despiertos), delta (sueño profundo) y theta (sueño ligero).

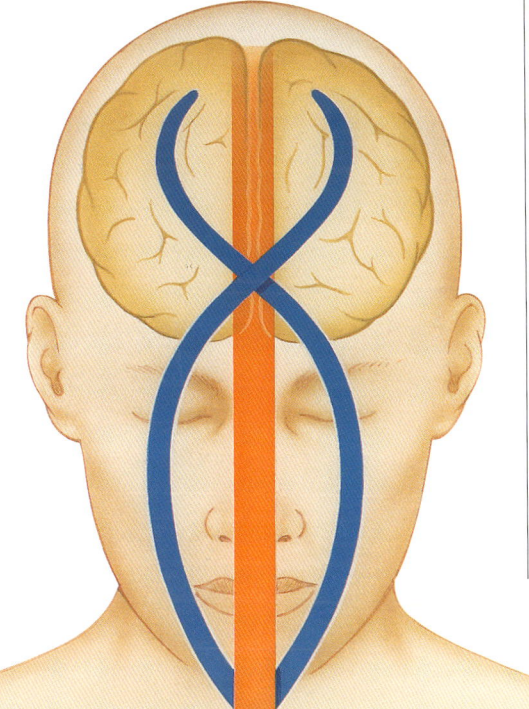

Durante el estado alfa, la parte del sistema nervioso que predomina es la que gobierna las funciones automáticas del cuerpo —como la respiración, transpiración, salivación, digestión y ritmo cardíaco—, invirtiendo el mecanismo de "luchar o huir" frente al estrés o amenazas de peligro.

Los beneficios de la meditación

Ser capaz de controlar la mente, en lugar de que sea la mente la que lo controle a usted, aportará paz y armonía a su vida. Las personas que meditan de forma regular tienen menos ansiedad, están más tranquilas y despiertas mentalmente y, además, gestionan su tiempo y energía de una manera más eficiente. Las investigaciones realizadas sugieren que la meditación aporta los siguientes beneficios:

- Relaja el cuerpo.
- Mejora las pautas del sueño.
- Reduce la presión arterial y el ritmo cardíaco.
- Reduce el nivel de hormonas del estrés en la sangre.
- Mejora la circulación sanguínea.

ANTIESTRÉS

Cómo meditar

Le ayudará consultar a un profesor para que le diga cómo conseguir un estado meditativo, pero también lo puede aprender por su cuenta si tiene la suficiente disciplina. No existe una sola manera "correcta" o específica para meditar, pero, para tener éxito en su práctica de meditación, hay unos requisitos básicos que debería seguir.

- Un lugar donde no vaya a ser interrumpido.
- Practicar con regularidad, preferiblemente unos 15 minutos al día y siempre a la misma hora. La meditación en la mañana le ayudará a sentirse tranquilo y relajado para el resto del día. Por la noche, la meditación le prepara para aprovechar mejor el descanso.
- Tener el estómago vacío.
- Una postura cómoda. (En general, las posturas sentadas le ayudan a no dormirse mientras medita.)
- Un objeto de concentración para su mente, para impedir que ésta sea arrastrada por las distracciones del ambiente.

Algunos elementos, como una vela, una imagen o una planta, pueden convertirse en objetos de meditación.

Centrar la atención de la mente

Al principio, le puede resultar difícil concentrarse, pero se mejora con la práctica. También es posible que se sienta soñoliento al comenzar, pero, a medida que medite durante períodos más largos, verá cómo se siente más despierto cada vez. Si nota que se distrae, reconduzca su atención al objeto de meditación. A continuación, algunos de los métodos de meditación más practicados.

Utilizar un objeto para meditar, como por ejemplo una flor, puede ayudarle a mantener la mente concentrada y su atención vigilante.

Objeto de meditación

Concentrarse en un objeto, sentir su presencia y fijarse en su textura, forma y otras cualidades puede ayudarle a alcanzar un estado meditativo.
Un cristal, la llama de una vela, una flor, un mandala (una imagen con un foco de atención) son objetos apropiados.

MEDITACIÓN

Ejercicio: meditación rápida y fácil

Cantar un mantra o una frase, como el mantra sagrado "OM", puede ayudarle a mantener la concentración y a meditar de forma satisfactoria.

Meditación mantra

Un mantra es una palabra o frase que se repite continuamente, bien sea mentalmente o en voz alta. El mantra hindú "OM" se considera sagrado y se utiliza con mucha frecuencia, aunque cualquier palabra puede ser usada como mantra.

Tacto

Pasar las cuentas de un "rosario" o las de un ábaco de forma rítmica, o frotar un trozo de tela, puede inducir al estado de meditación.

Concentración en la respiración

Concéntrese en su respiración para conseguir el estado de meditación. Cuente "uno" a cada espiración.

Meditación activa

Un ejercicio rítmico, como el tai chi chuan, nadar o caminar, pueden centrar la atención de su mente y le aportan más energía que practicar sentado.

1
Siéntese cómodamente con la columna bien recta. Mire hacia abajo, pero no se concentre en nada.

2
Deje caer los párpados hasta un nivel que le resulte cómodo, sin cerrar los ojos completamente.

3
Continúe mirando hacia abajo. Notará que su respiración es más lenta y profunda.

4
Pasados unos dos minutos, abra los ojos y enfoque normalmente. Debería sentirse tranquilo y relajado.

Precaución

Si tiene en su historial médico alguna afección psíquica, consulte a su médico antes de comenzar un programa de meditación. A largo plazo, la meditación puede provocar depresión y ensimismamiento.

Visualización

La visualización es una técnica que pone riendas a la imaginación para lidiar con el estrés y la enfermedad; asimismo mejora la motivación y cambia las actitudes negativas. La visualización constituye una parte importante de muchas terapias de relajación y es utilizada por los atletas. Imaginando sitios, sonidos, gustos u olores, usted puede pensar de forma positiva y restablecer la salud o mantenerla en buen estado.

Autoayuda

Consulte a un profesional para aprender a visualizar o aprenda la técnica por su cuenta. Al principio, necesitará practicar durante unos 15 o 20 minutos diarios, bien a primera hora de la mañana, o bien a última hora del día. A medida que vaya adquiriendo práctica, será capaz de completar un ejercicio de visualización en pocos minutos y realizarlo cuando quiera o necesite.

Escoja un lugar tranquilo y confortable donde no vaya a ser molestado. Respire lentamente y trate de relajar su cuerpo. Luego, centre la atención en una imagen determinada. También le ayudará repetir afirmaciones positivas mientras hace el ejercicio, como, por ejemplo, "me siento relajado" o "tengo perfecto control sobre mi mente". Usted puede realizar la visualización en momentos de estrés y así controlar mejor una situación difícil o desafiante.

Para ayudarle a relajarse, visualice una escena real o imaginaria de gran paz y belleza, como un jardín, una playa o una habitación apacibles. Trate de sentir y percibir los sonidos, los olores y las imágenes de la escena y absorba la atmósfera hasta sentirse relajado.

Visualizar una escena tranquila y serena, como la de una playa desierta, es una manera muy efectiva de utilizar la imaginación para que le ayude a relajarse y a superar el estrés y la ansiedad.

Miedo a ciertas situaciones

La mayoría de las personas ha experimentado nervios o pánico ante ciertos acontecimientos importantes: la visualización puede ayudarle a sentirse más controlado. Algunos días antes del acontecimiento en cuestión, anticípese y visualícese de forma positiva. Así, por ejemplo, visualice lo bien que responde en la entrevista de trabajo, o cómo le aplaude el público al finalizar su conferencia.

La visualización también puede servirle para superar el estrés. Piense en una imagen asociada a tensión (un rayo, por ejemplo) y reemplácela por algo apacible (un arco iris).

Con el objetivo de alcanzar un estado de calma interior, visualice escenas de gran tensión, como la de esta tormenta, y remplácelas por otras imágenes más tranquilas, como la de un arco iris.

Visualización de colores

Los colores pueden tener un profundo efecto en su estado de ánimo, vitalidad y bienestar. El color amarillo y el rojo son estimulantes; el azul y el verde, tranquilizantes. Los terapeutas del color utilizan colores diferentes para mejorar la salud física, emocional y espiritual de sus pacientes, generalmente aplicando luces de distinta tonalidad sobre sus cuerpos. El siguiente ejercicio es una visualización de colores para tranquilizar y relajar.

1
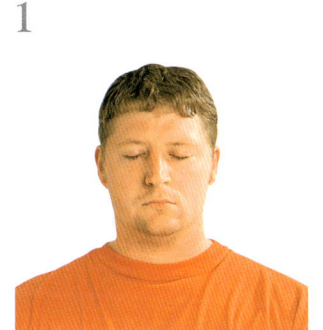

Siéntese cómodamente con los ojos cerrados.

2

Imagine una gran bola de luz dorada justo por encima de su cabeza. Visualice la bola de luz que desciende poco a poco a través de su cabeza e inunda todo su cuerpo. Imagine que esa luz limpia y sana su espíritu.

3

Repita, visualizando esta vez una bola de luz roja. Continúe lentamente con todos los colores del espectro —naranja, amarillo, verde, azul, lila y violeta— hasta que se sienta completamente relajado.

El sonido de olas rompientes puede ser sedante y puede contribuir a aliviar el estrés y potenciar la calma interior.

Música y sonidos

Desde la antigüedad se sabe que la música y los sonidos tienen un gran potencial terapéutico. Las ondas sonoras vibran a distintas frecuencias y actúan a nivel físico y emocional, afectando al estado de ánimo, a la respiración e incluso originando la producción de endorfinas. Sea usted capaz o no de afinar cuando canta, el mero acto de cantar libera tensión y le motiva a respirar con mayor profundidad y ritmo. Hacer música o responder a ella tiene el efecto de conectar a la persona con su fuero interno, lo que potencia que ésta exprese sus emociones más profundas. La música tranquila y suave le calmará, mientras que la música estridente le excitará.

Una cinta magnetofónica de relajación

Que usted mismo se confeccione una cinta de relajación es mucho más efectivo que si la compra. Escoja una música relajante y delicada que dure unos 10 minutos y que pueda asociar a algún recuerdo placentero. Si lo desea, puede añadir algunos sonidos de la naturaleza (como por ejemplo el canto de unos pájaros, la brisa entre las hojas de los árboles o el sonido del mar).

Escoja una habitación tranquila, cierre los ojos y ponga la cinta. Trate de acompasar el ritmo de su respiración al de la música y visualice mientras tanto imágenes placenteras. Escuche la cinta al menos una vez al día y enseguida será capaz de recordar la música para calmarse en momentos de estrés.

Libere endorfinas curativas mientras escucha su música favorita o sonidos de la naturaleza.

Tacto terapéutico

Una de las mejores maneras de aliviar el estrés es mediante el tacto. Sin embargo, el contacto físico no tiene que ser necesariamente de tipo sexual. Acariciar a un gato o abrazar a alguien puede ser igualmente efectivo. Para una recuperación rápida del estrés, siéntese en silencio durante unos minutos con el dedo índice tocando el dedo pulgar de la misma mano. El masaje es otra posibilidad que ha demostrado ser eficaz para combatir el estrés (véase págs. 206-207).

Sentido del olfato

Distintos olores pueden levantarle el ánimo y hacerle sentir mucho mejor. Las moléculas aromáticas viajan a través de las vías olfativas en dirección al sistema límbico, que es la parte del cerebro que controla la memoria, el instinto y las funciones vitales. Por este motivo, algunos olores son muy evocadores y pueden desencadenar vívidas escenas de recuerdos casi olvidados. La fragancia de los aceites de aromaterapia se utiliza de muy distintas maneras para ayudar a la relajación (véase págs. 246-247).

Asimismo, puede utilizar el recuerdo de un olor y su poder asociativo para que le ayude a calmarse y a relajarse en situaciones de estrés. Piense en sus olores favoritos —la piel de un recién nacido, el café recién molido, las naranjas, el olor del beicon recién frito, el aroma de las flores, la hierba recién cortada, etcétera— y en cuestión de pocos minutos se sentirá, sin duda, más feliz, despreocupado y relajado.

Los aceites de aromaterapia y las varillas de incienso pueden ser muy relajantes para la mente y el cuerpo.

Relajación creativa

Las actividades creativas, como pintar, dibujar o esculpir, son excelentes válvulas de escape para sus emociones y pueden ser muy relajantes. El talento no es un problema, ya que no se persigue realizar una obra de arte. El mero hecho de realizar una actividad creativa es en sí mismo relajante. Tome conciencia de las diferentes texturas y aromas del medio artístico que esté utilizando —pintura, lápices de colores, tizas, yeso o arcilla— y disfrute de la experiencia.

Visitar una galería de arte también puede ser muy relajante, sobre todo si encuentra alguna pintura o imagen que tenga un sentido especial para usted. Vaya a la exposición a una hora tranquila para evitar las multitudes; elija un sitio para poder sentarse y contemplar la obra sin ser molestado.

Más técnicas para el control mental

Existen algunas técnicas más para el control mental que usted puede aprender para invertir las repuestas de su cuerpo frente al estrés, como por ejemplo: la hipnoterapia, el entrenamiento autogénico y el biofeedback. Todas ellas le ayudarán a relajarse y a tomar el control de su vida.

Hipnoterapia

Un trance hipnótico es un estado de conciencia, similar al sonambulismo, que puede ser utilizado para cambiar los patrones de conducta e impulsar el pensamiento positivo. Mientras se está hipnotizado, la persona está muy relajada y receptiva a las sugerencias que se le hagan. Una de las teorías para explicar este hecho es que bajo hipnosis la parte racional y consciente del cerebro es ignorada (el hemisferio izquierdo), mientras toma protagonismo la parte del cerebro no analítica, la del subconsciente (el hemisferio derecho). Durante la hipnosis, el terapeuta puede "alimentar" a su subconsciente con sugerencias para que supere ciertos problemas específicos, como la adicción a la nicotina o la falta de seguridad en sí mismo. También puede ser que el terapeuta pregunte a la persona hipnotizada sobre experiencias pasadas con el fin de analizar cierto problema. Un hipnoterapeuta puede llevarle a un estado de relajación profunda, que usted podrá recrear cuando se enfrente a situaciones de gran estrés.

Autohipnosis

La mayoría de la gente puede aprender a hipnotizarse a sí misma. Elija un lugar tranquilo y siéntese en silencio o túmbese. Relájese y respire despacio y profundamente. Cierre los ojos e imagínese a usted mismo bajando por un sendero del campo o una escalera y cuente de diez a cero a medida que lo hace. Repita afirmaciones positivas, o bien escuche alguna cinta magnetofónica previamente grabada por usted mismo. Salga del estado hipnótico recorriendo a la inversa el camino utilizado para entrar en él.

Para relajarse completamente y entrar en un estado de hipnosis, la mente ha de imaginar un lugar silencioso y tranquilo, como un sendero en el campo o un cielo apacible.

Precaución

La hipnoterapia y el entrenamiento autogénico pueden ser perjudiciales para aquellas personas que sufran trastornos psíquicos graves, como por ejemplo depresión grave, psicosis o epilepsia. Consulte siempre a un profesional reputado y cualificado.

Entrenamiento autogénico

Autogénico significa "generado desde dentro" y describe la manera en que la mente puede influir sobre el cuerpo: entrenando el sistema nervioso autónomo –la parte del cerebro que gobierna las funciones automáticas del organismo– para que se relaje. El entrenamiento autogénico (EA) consiste en seis ejercicios mentales, que se hacen en silencio y que le permiten suprimir a voluntad las respuestas del estrés que tenga su cuerpo. Con la práctica, usted alcanzará un estado de conciencia alterada conocido como "concentración pasiva", un estado de atención similar a la meditación con el que usted conseguirá relajarse sin trabajar activamente para ello.

El entrenamiento autogénico parece funcionar mejor si se realiza en forma de secuencia de frases hechas, tales como "mi brazo derecho es muy pesado, mi brazo izquierdo es muy pesado, mis dos brazos son muy pesados". Cada ejercicio está diseñado para relajar diferentes áreas del cuerpo. Una vez aprendida, esta técnica puede ser practicada en casa. El EA requiere una práctica regular para mantener la técnica y asegurar su efectividad.

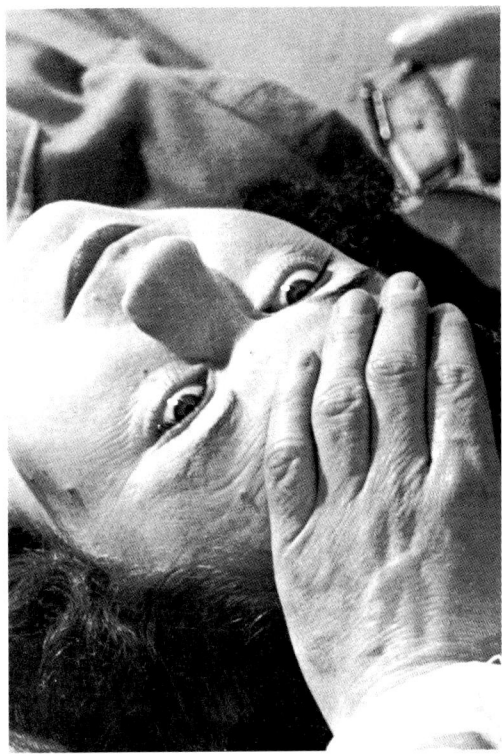

En estado de hipnosis, la mente está muy relajada y proclive a la sugestión, ofreciendo al hipnoterapeuta la oportunidad de sustituir los pensamientos negativos por positivos.

Biofeedback

Consiste en un seguimiento y control de las funciones biológicas del inconsciente a través de instrumentos electrónicos. El biofeedback también puede ayudarle a conocer sus repuestas frente al estrés. A través de un monitor se pueden ver gráficamente las respuestas físicas de su cuerpo gracias a las señales que éste envía a través de unos sensores y electrodos previamente fijados en el mismo y conectados a los aparatos de "biofeedback". Mientras esto sucede, usted realiza ejercicios de relajación para regular las funciones de su organismo hasta que consigue relajarse.

El sentido de uno mismo

Qué piensa y siente de sí mismo es la clave para empezar a relajarse y a superar el estrés. Cualquier cosa que haga para mejorar y hacer más positivo el concepto que tenga sobre su propia persona redundará en una mejor salud física. Es preciso que confíe en sí mismo y en sus objetivos. Esto también le ayudará a sobrellevar positivamente su vida y sus relaciones con los demás.

Mejorar la autoestima

Solemos minimizar nuestras habilidades y logros con demasiada facilidad. De hecho, la mayoría de nosotros efectuamos declaraciones negativas sobre nosotros mismos sin siquiera darnos cuenta de ello. Sin embargo, tenga en cuenta que, si usted se valora a sí mismo y sus capacidades, los demás también lo harán.

El farmacéutico francés Emile Coué fue el pionero de la autosugestión. Se trata de una técnica muy sencilla que puede cambiar la autoimagen de la persona y su relación con los demás. La autosugestión consiste en la repetición de unas frases sencillas, enunciadas con los verbos en tiempo presente, como por ejemplo: "Cada día y en cada momento, me siento mejor y mejor". La autosugestión es más efectiva si se utilizan frases planificadas de antemano y memorizadas como parte de una meditación o visualización.

Mejore su autoestima afirmando su mejores características y repitiéndose a sí mismo declaraciones positivas.

Propóngase objetivos alcanzables para las distintas áreas de su vida y planifique los pasos o fases que debe superar para verlos cumplidos.

Proponerse metas

Los cambios son inevitables y deseables, pero pueden crisparnos al sentirnos impelidos a lo desconocido. Contemplar los cambios positivos a largo plazo le puede ayudar a encontrar e identificar algunos de los objetivos alcanzados a corto plazo. Lo primero que debe hacer es decidir cuáles son los objetivos que desea alcanzar en las distintas áreas de su vida –por ejemplo, en sus relaciones personales, en el trabajo, respecto a cuestiones económicas, salud, estilo de vida– y el plazo en el que quiere ver estos deseos cumplidos. No tiene que ser una proposición muy realista, pero tampoco pretenda cambiar todo de golpe. Escriba estos objetivos y piense en por lo menos tres de los pasos o fases que necesita superar para alcanzarlos. Tras culminar cada paso o fase, dese un premio. Si algún objetivo en particular parece imposible de alcanzar, quizás deba otorgarle más fases de realización o quizás está siendo poco realista y necesita modificar su planteamiento.

Dejarse llevar

Para relajarse es necesario que acepte que usted sólo tiene control sobre sus propias acciones. Luchar por controlar el mundo a nuestro alrededor es muy cansado y a menudo poco gratificante. En cambio, si usted acepta que la vida está llena de obstáculos, resulta más fácil hacerle frente.

La risa

Además de ser divertido, reír es un buen ejercicio para el corazón y los pulmones. Asimismo, según ciertas investigaciones, reír también contribuye a reducir la presión arterial, relaja los músculos, alivia el dolor, reduce las hormonas del estrés y dispara el sistema inmunológico, aumentando la producción de células destructoras de enfermedades. La risa es un detonante para la liberación de endorfinas, los analgésicos naturales del cuerpo, y produce una sensación general de bienestar.

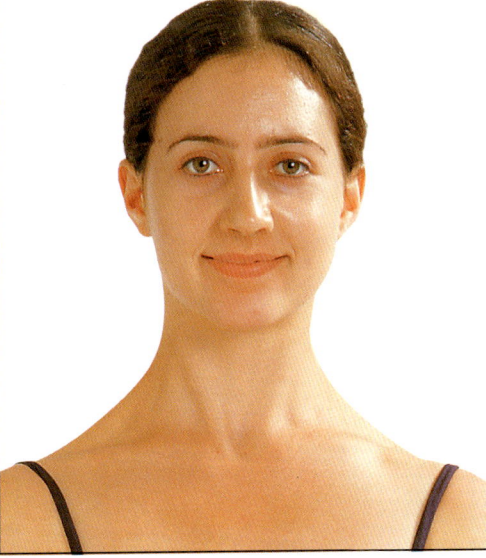

Vivir el momento

Los niños pequeños tienen una gran facilidad para disfrutar de cada momento, porque no cargan con el fardo del pasado ni han aprendido todavía a temer el futuro. En cambio, en la edad adulta, estamos tan condicionados a pensar cien cosas a la vez que, a menudo, nos resulta difícil liberarnos de ellas y vivir simplemente el "aquí y ahora". Muchos filósofos orientales han incorporado la idea de la "atención vigilante": estar muy atento al presente manteniendo la mente completamente absorbida en la tarea que se esté haciendo en ese preciso momento.

La atención vigilante es una técnica que puede aprenderse, aunque se necesita un tiempo de práctica para aprender a detener las divagaciones de la mente. La próxima vez que tenga que realizar alguna tarea que le desagrade (como, por ejemplo, planchar), en lugar de pensar en las musarañas, concéntrese por completo en el trabajo que esté realizando. Centre su atención en el movimiento rítmico de su quehacer. Cuando se involucre totalmente en el momento presente, incluso la tarea más nimia podrá servirle para concentrar su mente, ayudándole a sentirse tranquilo y centrado.

Realizar las tareas de cada día, como fregar los platos, puede ayudarle a conseguir la atención vigilante. Concéntrese plenamente en la tarea que tenga entre manos.

Cambios positivos

Los sentimientos negativos agotan su energía e instalan ciclos de decepción, preocupación y lamento que se perpetúan. El pensamiento positivo le da esperanzas y, una vez que lo ponga en marcha, comprobará que se siente mejor en muchos aspectos de su vida.

Con la práctica, usted puede cambiar los pensamientos negativos por pensamientos positivos. Piense en alguna actividad que le resulte estresante, como por ejemplo ir a trabajar cada día. Empiece por concentrarse en la parte peor de tal asunto, en este caso la pérdida de tiempo o el cansancio tras una larga jornada laboral. Dígale a tales pensamientos que se vayan. Conscientemente, cambie los pensamientos negativos por positivos, piense que ese tiempo lo dedica a leer, meditar o escuchar música.

Con la práctica, pensar de forma positiva puede parecerle algo completamente natural.

Siéntase afortunado

La competitividad y el esfuerzo por triunfar y poseer más cosas son causas de gran parte del estrés de nuestra sociedad, y fácilmente nos hacen olvidar lo que de verdad importa en la vida. Tómese unos minutos cada día para pensar con detalle sobre todo lo bueno que ya tiene. Puede ser cualquier cosa: buenas relaciones personales, habilidades especiales, buena salud o hijos felices. Olvídese de competir para conseguir más cosas y siéntase en paz consigo mismo.

Liberarse del miedo

Nadie puede estar seguro de lo que el futuro le depara, y muchas veces el miedo que esto genera nos impide disfrutar plenamente del presente. En lugar de estar siempre pensando ¿qué pasará si....? (si pierdo mi trabajo, si enfermo, si no puedo pagar la hipoteca, etc.), deje de preocuparse y disfrute de lo que ya tiene. Los ejercicios de visualización, que le permiten crear una imagen del futuro que desea, son especialmente útiles para cambiar su actitud de temor frente al futuro por otra de optimismo, pero, insistimos, ha de pensar en algo que sea realizable y no en una mera fantasía.

Por otro lado, dedicar un tiempo cada día a pensar sobre sus preocupaciones puede resultarle de utilidad. Asígnese un tiempo determinado para ello y, cuando lo agote, aparque a un lado sus preocupaciones.

Relaciones

Mantener buenas relaciones con su familia le proporciona un soporte emocional y le hace sentir más positivo, reduciendo los niveles de estrés y fomentando la calma. Todas las relaciones necesitan cuidados, de forma que todos nos sintamos valorados y queridos.

Mejorar sus relaciones

Aprenda a escuchar lo que otros tienen que decirle y a cambio verá cómo le responden. Practique la amabilidad, la tolerancia, el perdón y la confianza. Confíe en sus amigos y familiares y cuénteles cómo se siente.

Amigos

Para mucha gente de Occidente, los amigos –y no los familiares– son los que proporcionan el soporte emocional. Pero ni los amigos ni la familia son relaciones que uno puede dar por sentadas. Así pues, es importante que dedique un tiempo a mostrar a sus amigos el aprecio que siente por ellos y lo mucho que significan para usted.

Parejas

Las relaciones de pareja entre adultos proporcionan seguridad y plenitud. Y, para que estas relaciones no tengan estrés, es necesario que exista comunicación emocional y física. Para sacar el mayor partido de una relación de pareja, es preciso encontrar el tiempo necesario para estar juntos. Para conseguir mayor intimidad en una relación de pareja, tenga en cuenta las recomendaciones siguientes:

- Cree el ambiente adecuado: encienda unas velas y ponga una música relajante.
- Utilice un aceite esencial afrodisíaco, como el ilang ilang o el jazmín, y aplique a su pareja un suave y sensual masaje.
- Añada un aceite esencial al baño caliente o, en su dormitorio, a un vaporizador de aceites para conseguir un ambiente sensual.
- Tómese un baño relajante con su pareja.
- Hable de las buenas cosas de su vida y de sus planes para el futuro.

Mientras comparte el tiempo con su pareja, encender alguna vela aromática puede ser una perfecta manera de crear una atmósfera íntima.

RELACIONES

Tómese un tiempo para disfrutar de sus hijos. Juegue con ellos y comprobará cómo su entusiasmo y vitalidad son contagiosos.

Discusiones

Las relaciones son mucho más abiertas y plenas si cada cual es sincero con los problemas y necesidades del otro. Sin embargo, es imprescindible tener cierto tacto con el fin de evitar palabras y acciones que puedan herir.

- Establezca un tiempo concreto para la discusión, pero modifíquelo si alguno de los dos está cansado, estresado o ha bebido demasiado.
- Piense con antelación y detenimiento lo que desea tratar en la discusión y elabore una lista de los puntos que desea discutir.
- Intente ser positivo, en lugar de centrarse en los aspectos negativos de la situación.
- No discuta en el dormitorio, especialmente si va a dormir, y evite utilizar la habitación en la que suele relajarse, quizás prefiera salir a dar una vuelta fuera de casa.
- Una vez que hayan llegado a un entendimiento o conclusión, reafirme su amor con el otro.

Hijos

Los hijos conllevan un desgaste físico, emocional y económico. No obstante, también son una fuente inagotable de placer y amor incondicional, y no olvidemos que enseguida dejan de ser niños.

Duelo

La muerte de un ser querido es una fuente de profundo estrés. El dolor aumenta su susceptibilidad a las enfermedades y disminuye su capacidad para enfrentarse a los problemas. La aflicción es un proceso que tiene varios estadios: el shock, la negación, la rabia y, finalmente, la aceptación. Expresar sus emociones evitará que el dolor le embargue por completo.

Cuando esté de duelo, no inhiba sus emociones, esto sólo prolongará el dolor y puede desembocar en problemas de salud mental.

ANTIESTRÉS

PARTE 3: ESTILO DE VIDA Y AMBIENTE

Cambiar

Tan sólo unos pequeños reajustes en su estilo de vida y ambiente pueden aportarle grandes beneficios a su salud y vitalidad. Realizar estos cambios es parte del proceso de cuidarse más y mejor. Al organizar de forma más efectiva su trabajo y tiempo ocio, sentirá que está por encima de sus problemas y que controla su vida.

A pesar de que relajar nuestras mentes nos enseña a apreciar el presente y no preocuparnos excesivamente por el futuro, eso no impide que realicemos previsiones para mañana. Es bastante frecuente no planificar nuestra vida a corto o medio plazo; sin embargo, una cierta planificación para el día o semana siguientes podrían ser decisivos para orientarnos hacia un estilo de vida más saludable, tanto física como mentalmente. Uno de los cambios fundamentales que pueden contribuir a su bienestar es la dieta. Registrar todo lo que consumimos durante unos días puede ser muy revelador; una dieta equilibrada es un objetivo prioritario. Al principio, los cambios pueden parecer extraños, pero muy pronto notará los beneficios que le aportan, y las modificaciones dejarán de parecerle sacrificios.

La cantidad de ejercicio físico que hace la gente del mundo desarrollado está muy por debajo de lo que se considera saludable para una persona adulta, lo que contrasta con la facilidad con la que se puede incorporar el ejercicio a la vida cotidiana.

Mientras que algunas personas deciden hacer ejercicio físico por la mañana o por la noche, otras optan por caminar más cada día, por ejemplo, ir al trabajo andando.

Dado que el trabajo suele ser una de las causas más comunes de estrés en nuestras vidas, no es de sorprender que también sea una de las áreas más fructíferas donde aplicar los cambios, desde el momento que suena el despertador hasta que vuelve a casa por la noche. Paradójicamente, planificar ciertos descansos durante el trabajo y saber cómo desconectar del mismo al final del día puede aumentar su productividad diaria a largo plazo.

Si utiliza su casa como lugar de relajación, es lógico que intente que sea lo más tranquila posible, sobre todo si usted pasa en ella muchas horas al día.

Nuestra vida diaria y el mundo que nos rodea pueden parecernos fuentes de estrés. Sin embargo, si planificamos, pensamos positivamente y tenemos una actitud optimista, podemos hacer de cada aspecto y situación una fuente de paz, placer y tranquilidad.

Intente no ser un esclavo del reloj y permítase aminorar la marcha y disfrutar de todas las cosas buenas que le ofrece el día.

Cambie su estilo de vida y realice 10 minutos de estiramientos de yoga o del método Pilates. De este modo mejorará su salud y forma física y tendrá más energía para el día siguiente.

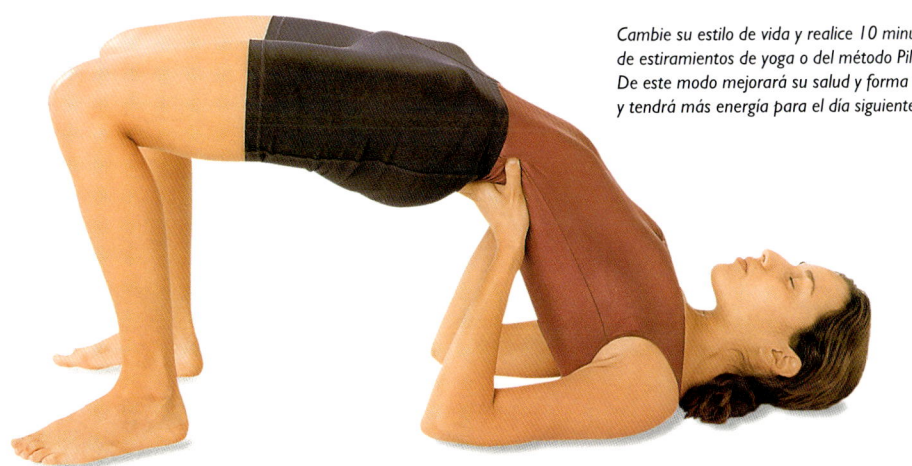

La dieta

"Uno es lo que come" es uno de aquellos molestos tópicos que resultan ser ciertos. Si se atiborra de comida basura o bebe demasiado alcohol, se sentirá cansado, abotargado y perezoso. Con una dieta bien equilibrada, que incluya mucha fruta y vegetales, se sentirá más despierto y lleno de una creciente fuerza y vitalidad.

Una dieta equilibrada

Comer alimentos adecuados y equilibrados puede marcar la diferencia en su salud y vitalidad. Su cuerpo necesita una dieta constituida aproximadamente por un 50% de carbohidratos, un 30% de grasas, un 15% de proteínas, y mucha fibra, vitaminas, minerales y agua.

Carbohidratos

Los carbohidratos constituyen la fuente básica de energía para el cuerpo. Los carbohidratos simples, como los azúcares, aportan una energía instantánea, pero no tienen valor nutritivo. En cambio, los carbohidratos complejos, como el pan, la pasta, el arroz, las patatas, los cereales o las legumbres, son mejores, porque su energía se va liberando poco a poco.

Los alimentos que contienen carbohidratos complejos también tienen fibra, minerales y vitaminas esenciales.

Grasas

Las grasas son esenciales para crecer y para realizar una buena digestión, pero en demasiada cantidad pueden producir obesidad y otros problemas graves de salud.

Los alimentos que tienen grandes cantidades de grasa y proteínas, como la leche, el queso, el chocolate o el beicon, es mejor tomarlos en pequeñas cantidades.

Proteínas

El cuerpo necesita un aporte diario de proteínas para el crecimiento, mantenimiento y reparación celular. La mayoría de occidentales tomamos más proteínas de las que necesitamos, las cuales suelen ser transformadas en grasas.

LA DIETA

Las legumbres, el arroz y los frutos secos contienen mucha fibra, carbohidratos y proteínas y constituyen la parte más importante de una dieta.

Fibra

La fibra, que se encuentra en los frutos secos, legumbres, arroz, cereales —sobre todo integrales— previene el estreñimiento, reduce el nivel de colesterol de la sangre y previene trastornos como el del síndrome del intestino irritable.

Vitaminas y minerales

Aunque sólo se necesitan en pequeñas cantidades, las vitaminas y los minerales son esenciales para mantener una buena salud.

Alimentos para la relajación

Se sabe que los alimentos que contienen calcio, magnesio y vitamina B6 tienen efectos sedantes. Las verduras de hojas verde, la leche y los productos lácteos, los albaricoques, los plátanos, los frutos secos y la levadura son algunos de los alimentos que pueden calmarle. La carne, la leche y los huevos contienen triptófano, un aminoácido esencial que en el cerebro se transforma en serotonina, una sustancia que levanta el ánimo y regula el sueño.

Qué comer

La dieta más sana es aquella en la que abundan la fruta, los vegetales, los cereales, las legumbres y, en cambio, tiene pocos productos animales y lácteos. Las guías nutricionales se basan en los hábitos alimenticios de los pueblos mediterráneos, cuya historia revela una elevada esperanza de vida y una baja tasa de enfermedades cardíacas.

- Los carbohidratos complejos deben conformar la mitad de su dieta diaria.
- Coma cada día cinco porciones de fruta o de vegetales, preferiblemente crudos.
- Intente comer productos lácteos descremados.
- Coma pescado azul al menos una vez a la semana.
- Limite el consumo de carne roja y de queso.
- Coma alimentos ricos en fibra.
- Reduzca la ingestión de sal, utilícela sólo para cocinar.
- Limite la ingestión de azúcar, intente no ponerse mucho en el café o en las infusiones.
- Coma alimentos frescos siempre que pueda y evite los alimentos demasiado elaborados.
- Beba alcohol con moderación e intente no ingerir alcohol al menos dos días a la semana.
- Beba el líquido suficiente para mantener su orina clara; unos dos litros de agua diarios son necesarios para eliminar las toxinas. Un vaso de agua cada dos horas le hará sentirse mucho más despierto.
- Limite el consumo de té, café, bebidas de cola y chocolate.

Cuándo comer

Una alimentación óptima significa comer lo apropiado a su debido tiempo. Una buena salud depende de comer con regularidad. El desayuno despierta el metabolismo y dispara los niveles de azúcar en sangre; si usted se lo salta, puede sentirse cansada e incapaz de concentrarse. La comida del mediodía ha de ser la más copiosa del día, porque es cuando nuestro metabolismo es más eficiente. Y para cenar, algo ligero, al menos dos horas antes de acostarse, ya que al cuerpo le cuesta digerir una gran cantidad de comida al final del día.

Cómo comer

Una comida sin prisas es mucho más agradable, e infinitamente más relajante, que un tentempié tomado de cualquier manera. La próxima vez que coma, siéntese y saboree cada bocado. Experimente los distintos sabores de la comida y observe cómo éstos se complementan entre sí. Si bebe un vaso de vino, degústelo antes de tragárselo y disfrute de su aroma y sabor. Mientras mastica, perciba las distintas texturas de los alimentos. Si se toma un tiempo para apreciar la comida, es menos probable que coma en exceso y, en cambio, masticará mejor, aspectos ambos que beneficiarán su digestión.

Los problemas con los estimulantes

Los estimulantes, como el té, el café, el chocolate o el azúcar, son sustancias químicas que actúan en nuestro cuerpo como si le inyectáramos gasolina a presión, disparando una producción de energía que enseguida se agota. Estos estimulantes elevan rápidamente los niveles de energía estimulando las glándulas suprarrenales, situadas sobre los riñones, para que liberen hormonas que ponen la glucosa directamente a disposición de las células del cuerpo. La persona queda pronto enredada en un círculo vicioso en el que cada vez necesita más estimulantes para obtener el mismo efecto, hasta que acaba por hacerse dependiente de los mismos. Los estimulantes también contienen toxinas, y se sabe que el cuerpo tiene una capacidad determinada para deshacerse de ellas. A medida que la química de su cuerpo se va agotando, su organismo se pone en alerta constante y usted queda expuesto a la ansiedad, la fatiga y los cambios de humor.

Después de las ocho de la tarde, es mejor que no tome más que una comida ligera para facilitar la digestión.

Reducir la dependencia de estimulantes como el café, el té, el chocolate o el azúcar le harán sentirse más tranquilo y sano.

Reducir la dependencia de estimulantes

Reducir la ingestión de estimulantes es clave para poderse relajar. Anote en un diario todos los estimulantes que toma durante tres días y sea sincero sobre la cantidad que ingiere de cada uno. Intente identificar en qué momento del día los toma (como respuesta a una situación de estrés o como tentempié, por ejemplo) y observe si encuentra algún patrón que se repite. Trate de sustituir estos patrones de comportamiento por otros más saludables, como, por ejemplo, comer una pieza de fruta en lugar de una tableta de chocolate.

Para la mayoría de la gente, suprimir totalmente los estimulantes es casi imposible. La manera de reducir su dependencia es ponerse como objetivo irlos suprimiendo progresivamente, y de uno en uno, hasta que ya no necesite tomarlos en todo el día. Los primeros días es posible que se sienta algo inseguro y tenga algunos dolores de cabeza (en particular, si es usted adicto al café), pero persevere y enseguida se encontrará mejor y más saludable. La dependencia a la nicotina y al alcohol es difícil de superar y piense que puede necesitar asesoramiento profesional o terapia de grupo.

Un frutero

Compre un frutero bien grande y manténgalo lleno de frutas frescas y apetitosas, como plátanos, manzanas y naranjas. La próxima vez que quiera un tentempié, evite las galletas y diríjase al frutero a por una pieza de fruta.

La importancia del ejercicio

Hacer ejercicio es una de las cosas que olvidamos cuando estamos estresados. Sin embargo, las investigaciones demuestran que el ejercicio es una enorme ayuda para la relajación. El ejercicio libera la mente y el cuerpo: puede mejorar el estado de ánimo, aumenta la autoestima, reduce la ansiedad, favorece el sueño, alivia la hipertensión y le ayuda a perder peso.

Cómo ayuda el ejercicio físico en la relajación

1. El ejercicio físico estimula el apetito. Aquellos que hacen ejercicio de forma regular tienden a comer bien. Y una buena nutrición ayuda a que su cuerpo lidie mejor con el estrés.
2. El ejercicio físico activa la producción de los analgésicos naturales del cuerpo, las endorfinas, que reducen la ansiedad, relajan y levantan el ánimo.
3. El ejercicio físico elimina la adrenalina que su cuerpo ha acumulado por el estrés.
4. Los movimientos musculares hacen que los sistemas corporales trabajen de forma más eficiente y eliminen toxinas.
5. La actividad física le hace sentirse más seguro de sí mismo.
6. Al hacer ejercicio físico, usted se está dedicando un tiempo a sí mismo, y le distrae de la presiones diarias, lo que a su vez reduce el estrés. El ejercicio repetitivo, como caminar, correr o nadar, es una oportunidad de oro para la reflexión, la meditación y la relajación mental.
7. El ejercicio físico regular le hará sentirse cansado y dormirá mejor (aunque un ejercicio físico demasiado intenso justo antes de irse a la cama puede estimularle en exceso).
8. El ejercicio físico favorece la respiración profunda, que es la clave para la relajación. Asimismo, la respiración profunda aportará más oxígeno al cerebro, lo que por su parte desarrollará la resistencia mental.

Practicar yoga es una estupenda manera de mejorar la salud física y reducir el estrés de forma significativa.

Comenzar

Es importante que escoja una actividad que le divierta, porque así es más fácil que no la abandone. Encuentre una actividad que se ajuste a su personalidad y piense en el ejercicio físico como un divertimiento y una manera de relajarse, en lugar de como una obligación.

Si puede seguir un programa regular durante, por lo menos, seis meses, tiene un buen número de posibilidades de que lo continúe por mucho más tiempo. Considere sus limitaciones físicas y no fuerce demasiado su cuerpo. Vaya poco a poco, sobre todo si hace tiempo que no realiza ejercicio físico alguno.

Mejorar la forma física general

No es necesario que invierta mucho tiempo, o que se apunte a un gimnasio o gaste mucho dinero. Invertir tan sólo 10 minutos al día en caminar, bailar, trabajar en el jardín, nadar o ir en bicicleta pueden marcar la diferencia en su forma física, reducir en gran medida su estrés y hacerle sentir lleno de vitalidad, sano y feliz.

Puede escoger diversas formas de ejercicio físico que son fácilmente incorporables a su día a día: ir al trabajo caminando o en bicicleta, subir las escaleras a pie en lugar de coger el ascensor, bajarse del autobús dos paradas antes para caminar el resto del trayecto, sacar a pasear al perro de forma regular, llevar a los niños al parque los fines de semana y pasear con ellos, o simplemente poner música en la cocina y bailar.

Precaución

Es muy importante que consulte con su médico antes de comenzar un programa intensivo de ejercicio físico si presenta alguna de estas situaciones: un estilo de vida muy sedentario, está embarazada, su edad supera los 45 años, tiene la presión alta, presenta un nivel de colesterol excesivamente elevado, es fumador o tiene un sobrepeso considerable.

Ir en bicicleta es una estupenda manera de tomar aire fresco y mejorar su salud cardiovascular.

El mundo del trabajo

La mayoría de nosotros pasamos casi todo el día en el trabajo, y las investigaciones indican que esta tendencia aumenta de forma progresiva. Es posible que usted no pueda cambiar este hecho, ni tampoco su ambiente laboral, pero sí puede establecer un orden de prioridades y seguir ciertas rutinas que le permitan sacar el mayor partido a su tiempo.

Cómo organizar el día

Si usted es una de esas personas que tras salir de casa en estampida han de volver por haber olvidado algo o bien de las que revolotean nerviosas en su trabajo hasta llegar a casa exhaustas, usted necesita organizarse y recuperar el control.

Intente las siguientes recomendaciones para tomar el control de la jornada y reducir el estrés.

- Prepare por la noche cuanto le sea posible para el día siguiente: la ropa que se va a poner o la mesa para el desayuno, por ejemplo.

- Levántese 10 minutos más temprano de lo normal para tener un tiempo extra que le permita completar sus tareas matutinas sin tener que apresurarse.

- No encienda la televisión, ya que ésta lo distraerá y le hará llegar tarde.

- No conteste al teléfono, a menos que crea que se trata de un asunto realmente importante.

- Antes de salir de casa, repase mentalmente su lista para comprobar que tiene todo lo que necesita.

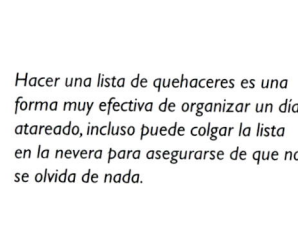

Hacer una lista de quehaceres es una forma muy efectiva de organizar un día atareado, incluso puede colgar la lista en la nevera para asegurarse de que no se olvida de nada.

En el trabajo

Tener una rutina de trabajo le ayudará a definir sus logros y le permitirá, al final del día, dejar atrás las presiones laborales. Una vez por semana, planifique su programa semanal de trabajo.

Asimismo, invierta los primeros 15 minutos de cada día de trabajo en definir los objetivos del día. Le puede resultar útil hacer una lista, pero vigile que ésta no sea demasiado larga, de lo contrario puede desalentarle y desmotivarle.

- No intente hacer demasiadas cosas a la vez.
- Ponga prioridades y haga lo esencial primero.
- Trate de abordar enseguida una de las cosas de la lista que más le disgusten, ya que una vez realizada se sentirá gratificado.
- Resérvese media hora al día para los imprevistos.
- Delegue cuantas más tareas mejor y no cargue usted con todo.
- Si no puede delegar, pida ayuda.
- Consígase un buen diario y úselo.
- El tiempo de las entrevistas debe estar definido de antemano, deje claro cuándo finalizan.
- Si se retrasa, telefonee a la persona con la que ha de encontrarse. Si no le queda otra solución que romper un compromiso, notifíquelo con el mayor detalle posible.
- Tómese un tiempo al final del día para revisar lo que ha realizado y para felicitarse por el trabajo cumplido.

Controlar el teléfono

- Si ha de realizar varias llamadas, agrúpelas, es más eficiente.
- Utilice un contestador automático y desconecte el móvil si no quiere ser molestado.
- Si trabaja en casa, invierta en una segunda línea de teléfono y no responda fuera de las horas de trabajo.
- No conteste al teléfono justo antes o durante las comidas, si realmente es importante, volverán a llamar.

No deje que el teléfono invada toda su vida, responda sólo cuando le convenga y telefonee cuando tenga tiempo de sobra para hacerlo.

Lugar de trabajo

Una mesa de trabajo desordenada dificulta trabajar de forma eficiente. Ordene su mesa al final de la jornada, disponga de bandejas de entrada, salida y pendientes, y coloque a mano lo que necesite. Tenga bolígrafos y recambios a su alcance y deseche los que ya estén gastados.

Pausa para pensar

La mayoría de nosotros vivimos gobernados por el reloj, siempre con un plazo límite u otro que nos impiden ser más eficientes y productivos. Como esclavos del tiempo que somos, y en lugar de pensar acerca del objetivo que hay que cumplir, nos apresuramos a acabar las tareas y con frecuencia nos equivocamos. Tomarse unos momentos para pararse a pensar le dará la oportunidad de actuar con mayor conciencia y por tanto reaccionará en cada situación de la forma más adecuada.

Una pausa a su debido tiempo también le permitirá saber decir que "no" y evitar así comprometerse con demasiadas cosas a la vez.

Tómese un descanso

Todo el mundo sabe que trabajar horas y horas seguidas sin descanso perjudica la salud y puede ser muy peligroso. Lo mismo sucede cuando conduce: cada dos horas tendría que pararse, porque su concentración y habilidades comienzan a decaer. Muchas de las sillas de despacho potencian una mala postura, y muchas horas mal sentado y mirando a la pantalla del ordenador pueden producirle dolor en el cuello, la espalda y cansarle la vista. Levántese, estírese y camine, al menos una vez cada hora. Tómese un tiempo para la comida y, a ser posible, coma fuera del despacho. Recuerde que la ley laboral contempla descansos durante el trabajo, y usted será mucho más productivo si se los toma.

En el trabajo, tómese su tiempo para disfrutar de un nutritivo tentempié y recargar las pilas.

Cuándo es necesario desconectar

No caiga en la trampa de pensar que cuantas más horas invierta en su jornada laboral más cosas logrará acabar; de hecho, es justo lo contrario.

Trabajar demasiadas horas y llevarse el trabajo a casa es contraproducente. Mantenga el trabajo y el hogar separados. Es esencial saber invertir un tiempo "propio" en la familia. Si dedica su tiempo de ocio a relajarse, volverá al trabajo renovado y podrá prestarle la mayor atención.

Calma instantánea en el trabajo

Si se ve impelido a un estado de crispación nerviosa ante la proximidad de un plazo límite, es muy importante que se esfuerce de forma consciente en calmarse. Intente parar, cerrar los ojos y respirar lenta y profundamente. Siéntase más relajado y perciba cómo su corazón late con mayor lentitud. Por otro lado, y de forma alternativa, puede seguir los pasos de la meditación rápida y fácil que se indican en la página 215.

Tiempo libre: las vacaciones

Las vacaciones son una oportunidad para descansar y recargar baterías, pero demasiado a menudo se transforman en un acontecimiento estresante. Una cierta preparación mental y física pueden ayudar mucho en este asunto. En efecto, la planificación es la clave para unas buenas vacaciones. Ante todo, escoja unas vacaciones que se adecuen a usted y a su familia. Infórmese todo cuanto pueda sobre el lugar escogido para saber cómo llegar hasta allí y qué llevarse. Unos días antes prepárese mentalmente, haciendo un esfuerzo por relajarse y aminorar la velocidad, y tómese quizás un día extra libre para serenarse antes de emprender la marcha.

Relajarse en casa

Su casa es también su santuario. El ambiente en el que vive tiene un gran impacto en cómo se siente y en su bienestar. Una casa desordenada, llena de cachivaches y mal pintada le hará sentirse estresado. En cambio, una casa luminosa y ordenada, reflejo de su carácter y de la familia, creará una atmósfera feliz y positiva donde poderse relajar realmente.

Luz y espacio

La luz natural es la mejor para las ojos, por lo que debe orientar la mesa de trabajo cerca de una ventana para aprovechar la luz natural al máximo. Un ambiente espacioso y luminoso es lo más relajante; también puede crear espacio despejando las superficies de los muebles.

Baje el volumen

El ruido puede ser un agente estresante de primer orden, aunque puede que no se haya dado cuenta de ello. Vea la televisión si verdaderamente hay algún programa interesante y apáguela en las horas de la comida. En lugar de la televisión puede tranquilizar su ánimo escuchando música.

Para crear una atmósfera de serenidad en su casa, evite las luces fluorescentes y utilice luces suaves o velas durante la noche.

Los diez mejores consejos para tener la casa ordenada

1. Quítese los zapatos a la entrada de su casa, de esta manera evitará que la suciedad de la calle pase del recibidor.
2. Haga en primer lugar el trabajo doméstico que menos le guste.
3. Coloque una papelera en cada habitación.
4. Cuantas menos cosas tenga, más fácilmente las podrá mantener limpias. Ordene las cosas una vez al mes y haga una limpieza a fondo una vez al año. Si tiene alguna cosa que no ha utilizado en el transcurso de un año, es posible que no la necesite.
5. Mantenga ordenado su lugar de trabajo.
6. El espacio para almacenar cosas es importante: invierta en unos armarios si los necesita.
7. Estimule a sus hijos a que sean ordenados.
8. Para evitar un desorden arbitrario, coloque un caja para "objetos perdidos" en la sala de estar.
9. Recoja después de comer, en lugar de dejar los platos sucios para el día siguiente.
10. Atribuya a cada miembro de la familia su papel en las labores domésticas.

Estimule a sus hijos para que mantengan la casa limpia y ordenada.

Feng shui

El feng shui es un antiguo arte chino que consiste en disponer las cosas y espacios de la casa de forma que estén en armonía con el flujo de la energía *chi*, la fuerza universal (véase pág. 209). Cada terreno, edificio y habitación tiene su propio flujo de *chi*; el feng shui propone ciertos cambios para facilitar dicho flujo. El profesional de feng shui le asesorará detalladamente sobre cada estancia de la casa y le sugerirá cambios, como, por ejemplo, una nueva combinación de colores o una redistribución de plantas y mobiliario. Para mejorar el feng shui en su casa, ponga orden en la misma y asegúrese de que queda mucho sitio alrededor de los muebles.

El mundo que le rodea

La gente a la que le gusta la naturaleza suele ser más feliz y tranquila. Hoy en día, se vive en ciudades ruidosas, contaminadas y superpobladas, donde el cemento predomina sobre lo verde. Sin embargo, no es necesario vivir en el campo para sacar provecho de la naturaleza. Dé un paseo por el parque para relajarse y aprenda a apreciar el "mundo" que le rodea.

El estupendo aire libre

En última instancia, vivir de forma relajada depende del tiempo que usted pase al aire libre. Se sabe que la luz es esencial para regular nuestro reloj interno, el cual controla la producción de hormonas y el sueño. Intente pasar sus vacaciones en la montaña y al lado del mar para sacar el mayor partido a la luz y al aire libre.

La vida en el parque

Un paseo por el parque le ayudará a reconectar con el mundo natural. Visite el mismo parque en las distintas estaciones del año y podrá apreciar el ciclo de la naturaleza. Tómese tiempo para reparar en los colores de los árboles y de las flores, así como en sus fragancias. Respire profundamente y consiga grandes cantidades de aire fresco.

La jardinería

La jardinería es una actividad maravillosa y relajante, porque libera la tensión física, lo que comporta una reducción de las hormonas del estrés que circulan por el cuerpo, al tiempo que el mero acto de cultivar plantas es apaciguante por sí mismo. Es mejor que los principiantes de jardinería trabajen con plantas que no precisen de grandes cuidados (busque consejos prácticos en los libros de jardinería). Si no tiene jardín, coloque jardineras en las ventanas.

Las plantas aportan oxígeno al ambiente, al tiempo que absorben dióxido de carbono y otras toxinas.

EL MUNDO QUE LE RODEA

Incremente el nivel de oxígeno de su hogar con algunas plantas de maceta.

Nunca juzgue el día por el tiempo que hace

Con demasiada frecuencia dejamos que sea el tiempo quien determine nuestro estado de ánimo: buen humor en un día soleado, o estado melancólico e introspectivo en un día lluvioso. En lugar de esto, piense positivamente acerca de los distintos aspectos del tiempo: el frescor y el crujir de la nieve, la lluvia que nutre los cultivos o el hecho de que los relámpagos limpien literalmente el aire.

El sentido del tiempo

Aunque no seamos conscientes de ello, nuestro cuerpo tiene un sentido natural del tiempo. Pregúntese con qué frecuencia necesita saber la hora.

Estaciones

El aire acondicionado y los sistemas de calefacción han eliminado gran parte del impacto estacional, pero, si usted consigue vivir en armonía con los ciclos de la naturaleza, apreciará la vida mucho más.

La primavera, tradicionalmente la estación de la esperanza y de la renovación, es el momento idóneo para renovar, organizar y hacer cambios. El verano se asocia más a la felicidad, a la luz y al sentido de libertad y despreocupación. El otoño es la estación del disfrute de la abundancia, del tiempo para la reflexión sobre lo que se ha conseguido, y también el tiempo para el agradecimiento. El invierno es el tiempo del descanso, del retiro y de la reflexión sobre lo que ya ha pasado.

Cuando llegue a casa después del trabajo y durante los fines de semana, quítese el reloj y elimine las presiones del tiempo.

Dormir bien

Una buena noche de sueño es un período de profundo descanso, algo esencial para el bienestar físico y mental. El tiempo que invertimos en dormir es la mejor manera de recuperarse de las enfermedades y de combatir el estrés. Cuando dormimos, nuestro cuerpo se regenera, y la mente puede resolver problemas importantes a través de los sueños.

¿Qué es dormir?

Dormir es un estado natural de inconsciencia en el que la actividad eléctrica del cerebro es más rítmica que cuando se está despierto y se reacciona menos a los estímulos externos. Existen dos estados básicos del sueño: el sueño profundo, conocido como no-REM (del inglés "Rapid Eye Movement", movimiento rápido de los ojos), cuando el cuerpo se regenera y se repara a sí mismo, interrumpido por episodios de REM, cuando se producen la mayoría de sueños.

¿Cuánto es preciso dormir?

La cantidad de horas que se deben dormir varía de un individuo a otro y disminuye con la edad. La mayoría de adultos tienen bastante con siete u ocho horas de sueño, aunque algunos expertos indican que es necesario dormir más. A los ancianos les suele bastar dormir entre cinco y seis horas.

Problemas de sueño

El sueño es una de las primeras cosas que se resienten cuando usted está estresado, y dormir poco, a su vez, le hará sentirse más cansado e irritable. La falta de sueño es por sí misma un factor de estrés, y con demasiada facilidad quedamos atrapados en un círculo vicioso de insomnio difícil de romper. Existen muchos tipos de insomnio, incluidos el no poder dormirse, el despertarse muchas veces por la noche o el despertarse temprano por la mañana.

Establecer una rutina antes de acostarse, que le tranquilice y le ayude a aflojarse y relajarse, puede ser una buena manera de dormir bien toda la noche.

Potenciadores del sueño

- No se vaya a la cama con hambre, pero evite las comidas pesadas antes de acostarse.
- Los plátanos, la leche y las galletas integrales son alimentos sedantes ideales para comer antes de irse a la cama.
- La cafeína, el alcohol y la nicotina perturban el sueño. Beba una infusión antes de acostarse; la manzanilla es espacialmente efectiva.
- El ejercicio físico durante el día favorece la eliminación de las hormonas del estrés, pero evite hacer ejercicio (excluido el sexo) al menos tres horas antes de acostarse.

Tómese una bebida sedante y sabrosa antes de acostarse.

Propóngase una rutina

- Pare de trabajar al menos una hora antes de acostarse para calmar la actividad mental.
- Un baño caliente antes de acostarse relajará sus músculos y calmará su cuerpo.
- Acuéstese y levántese siempre a la misma hora.
- El dormitorio debe ser el sitio donde duerme y no una extensión de su despacho o sala de estar; manténgalo tranquilo y cálido.
- Si no puede conciliar el sueño, levántese de la cama y vaya a otra habitación a leer, ver algo tranquilo en la televisión, etc., hasta que sienta sueño de nuevo.

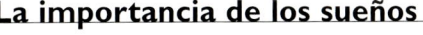

La importancia de los sueños

Todos tenemos sueños, aunque no podamos recordarlos al despertarnos. Se considera que soñar actúa como una válvula de seguridad psicológica que nos permite ahondar problemas, emociones e inquietudes y afrontar, de ese modo, frescos el nuevo día.

Remedios naturales para relajar

Los remedios naturales son muy efectivos para reducir los efectos del estrés y para restablecer el equilibrio del cuerpo y de la mente. Se trata de una manera agradable de mejorar nuestro bienestar y se vienen utilizando desde hace milenios.

Aromaterapia

Los aceites esenciales se destilan de las plantas, flores y resinas y se usan para potenciar la buena salud y favorecer la relajación. El sentido del olfato está ligado directamente a ciertos recuerdos y estados de ánimo (véase pág. 219). Entre otras cosas, los aceites esenciales pueden actuar como antidepresivos, analgésicos, tónicos y también pueden ayudarle a dormir bien toda la noche.

Pocas cosas hay tan relajantes como un masaje de aromaterapia. El tratamiento alivia la tensión muscular y constituye por sí mismo, por el delicioso aroma de los aceites esenciales, un regalo para los sentidos.

Los aceites pueden ser inhalados, aplicados en compresas para aliviar el dolor, añadidos al agua del baño o como aceite de masaje, así como usados en un vaporizador.

Masaje

Un masaje de aromaterapia combina las propiedades relajantes de varios aceites con el efecto benéfico del tacto. Diluya unas gotas de tres aceites esenciales en un aceite de soporte, como por ejemplo el de almendras dulces o el de semillas de albaricoque; añada aceite de jojoba para pieles muy secas. Mezcle seis gotas de un aceite esencial con 15-20 ml (4 cucharaditas de café) de aceite de soporte para tener suficiente para un masaje de todo el cuerpo.

Baños

Añada al baño sólo aceites puros de los que esté seguro que no irritan, como la manzanilla romana o la lavanda; en caso contrario, dilúyalos en un aceite de soporte. Añada cinco gotas y remueva el agua para dispersar los aceites antes de entrar en la bañera. Los aceites añadidos al baño son en parte inhalados y en parte absorbidos por la piel, lo que comporta que enseguida se puedan apreciar sus efectos benéficos.

Los aceites esenciales que relajan

Bergamota *(Citrus bergamia)*: sedante, euforizante y bueno para la tensión y la depresión.

Manzanilla romana *(Chamaemelum nobile)*: calmante; ideal para el tratamiento del insomnio.

Jazmín *(Jasminum officinale)*: estimulante o sedante, según convenga; excelente antidepresivo y afrodisíaco.

Enebro *(Juniperus communis)*: bueno para combatir la fatiga y para elevar la autoestima.

Lavanda *(Lavandula angustifolia)*: un aceite muy útil y popular, usado para relajar, como antidepresivo y analgésico.

Melisa o toronjil *(Melissa officinalis)*: desde la antigüedad utilizado para combatir la melancolía; equilibra las emociones.

Romero *(Rosmarinus officinalis)*: refrescante y estimulante.

Sándalo *(Santalum album)*: utilizado como antidepresivo y afrodisíaco.

Vetiver *(Vetiveria zizanioides)*: equilibra el sistema nervioso; bueno para combatir el insomnio.

Ilang Ilang *(Cananga odorata)*: sedante, utilizado como afrodisíaco y bueno para el tratamiento de los ataques de pánico.

Precaución

- Diluya siempre los aceites esenciales antes de usarlos (aunque tanto el de lavanda como el del árbol del té pueden utilizarse puros en situaciones de emergencia).
- Algunos aceites no son recomendables durante el embarazo.
- Busque ayuda profesional antes de utilizar aceites esenciales si ha padecido o padece alguna enfermedad, como, por ejemplo, infarto, diabetes o hipertensión.
- Algunos aceites no son adecuados para los niños pequeños; asegúrese antes de usarlos.
- Algunos aceites reaccionan de forma adversa si son expuestos a la luz solar.
- No utilice varillas de incienso si padece problemas respiratorios como el asma.
- No ingiera aceites esenciales si no han sido prescritos previamente por un profesional cualificado.

Vaporización

Inundar el ambiente de una habitación con el aroma de su elección es una de las mejores maneras de disfrutar de los aceites esenciales. Añada un par de gotas de aceite esencial a una cazoleta con agua y póngala en un radiador o quemador de aceites.

Algunos aceites pueden levantar el estado de ánimo, así como mejorar la concentración y actuar como relajantes.

Herbalismo

Los remedios herbales utilizan plantas para curar y fortalecer el cuerpo, favoreciendo el restablecimiento de la salud. Muchos medicamentos sintéticos, como la aspirina, han derivado de sustancias extraídas de ciertas plantas, pero el herbalismo utiliza toda la planta, ya que considera que la compleja mezcla de componentes crea una "sinergia" herbal que es más efectiva que la suma de los mismos por separado.

Utilizar remedios herbales

Las hierbas suelen tomarse en forma de infusión, o usarse en tinturas o decocciones. También sirven para elaborar ungüentos, aceites de masajes o cremas para extender por la piel o para añadir a compresas frías o calientes. Muchos de los remedios herbales se pueden comprar ya preparados en tiendas especializadas.

Decocción

Cierto tipo de material vegetal, como las raíces o los tallos, suele hervirse para extraer sus ingredientes activos. El líquido que se obtiene se toma frío o caliente. Si se deja reducir, hirviéndolo más tiempo, y se le añade azúcar, se consigue un jarabe.

Infusiones

Una infusión consiste en poner una cierta cantidad de hierbas en una taza con agua recién hervida y dejarla reposar unos 10 minutos. Transcurrido el tiempo, se filtra el líquido y se bebe caliente o frío. Las infusiones se pueden mantener en la nevera hasta 24 horas y después recalentarlas.

Tinturas

Las tinturas se realizan sumergiendo las hierbas en una mezcla de alcohol y agua. El alcohol actúa de conservante (la mezcla se puede guardar hasta dos años) y también extrae los constituyentes medicinales de la planta.

Precaución

- Si está embarazada o padece alguna enfermedad, como problemas cardíacos, diabetes o hipertensión, busque asesoramiento profesional antes de tomarse ningún remedio herbal.
- Si está sometido a medicación, consulte a un herborista cualificado antes de utilizar remedios herbales.

Los remedios herbales son una manera natural de aliviar el estrés de la vida moderna. Recuerde no exceder la dosis recomendada.

HERBALISMO

Hierbas populares para la relajación

Manzanilla romana *(Chamaemelum nobile)*: favorece la relajación y la digestión.

Equinácea *(Echinacea purpurea)*: fortalece el sistema inmunológico.

Ginko *(Ginkgo biloba)*: mejora la circulación sanguínea y la actividad de los neurotransmisores en el cerebro; alivia los zumbidos de oído.

Lavanda *(Lavandula angustifolia)*: levanta el ánimo, alivia la indigestión y los dolores de cabeza.

Tila *(Tilia cordata)*: relajante muy efectivo que reduce la ansiedad y el desasosiego.

Hierba de San Juan o hipérico *(Hypericum perforatum)*: un antidepresivo muy conocido, sin efectos secundarios.

Escutelaria o flor de casco *(Scutellaria lateriflora)*: relajante y tonificante nervioso que reduce la ansiedad y el desasosiego.

Verbena *(Verbena officinalis)*: sedante y tónico nervioso, alivia el insomnio, la tensión y la depresión.

Remedios florales

Las esencias florales se consiguen mediante infusión de las flores en agua. Al extracto así obtenido, se le añade alcohol o brandy como conservante. La aplicación de las esencias florales empezó a desarrollarse en Inglaterra, en la década de 1920, por un médico homeópata llamado Edward Bach. El Dr. Bach atribuía a las flores propiedades curativas para ciertas enfermedades emocionales. Edward Bach alegaba que las emociones perjudiciales eran la causa principal de las enfermedades e identificó siete estados mentales: miedo, inseguridad, desinterés por las circunstancias actuales, soledad, hipersensibilidad, pesimismo y preocupación excesiva por el bienestar de los otros –los cuales subdividió en otros 38 sentimientos negativos, cada uno asociado a una planta en particular–. El efecto de las flores de Bach es indiscutible, aunque no se sabe bien cómo funcionan. Así pues, a pesar de carecer de un efecto bioquímico determinado, los terapeutas creen que las flores de Bach contienen la energía, o huella, de la planta y proporcionan el estímulo que dispara los mecanismos autocurativos del cuerpo.

Glosario

Adrenalina
Hormona que segregan las glándulas suprarrenales y preparan al cuerpo para "luchar o huir". Tiene amplios efectos sobre la circulación, los músculos y las tasas metabólicas.

Aminoácidos
Compuestos orgánicos que se encuentran en las proteínas. Los aminoácidos esenciales no pueden ser elaborados por el organismo, por lo que es preciso incorporarlos con la comida.

Chi
"Fuerza universal" de la medicina tradicional china (también conocida como *ki*, *qi* o *q'i*); es el equivalente al prana de la medicina ayurvédica.

Colesterol
Sustancia parecida a la grasa presente en la sangre y en la mayoría de tejidos. Cantidades elevadas de colesterol pueden dañar las paredes de los vasos sanguíneos, produciendo un engrosamiento de las arterias. Niveles altos de colesterol pueden producir problemas de corazón.

Endorfinas
Analgésicos naturales producidos por el cuerpo.

Estimulante
Algo que tiene el poder de despertar la mente o el cuerpo. Algunos estimulantes conocidos son, por ejemplo, la nicotina, el alcohol, el café, el té y el chocolate.

Hiperventilación
Se trata de una respiración de ritmo anormalmente elevado, que puede llevar a la pérdida de conciencia, al tiempo que la acidez de la sangre se reduce de forma espectacular.

Hormona
Sustancia producida por una parte del cuerpo que viaja por el flujo sanguíneo hasta otro órgano o tejido, donde actúa para modificar su estructura o funciones.

Metabolismo
Procesos químicos que tienen lugar en el cuerpo y que permiten la actividad y funcionamiento de todo el organismo.

Neurotransmisores
Sustancias químicas que se liberan en las extremidades de los nervios y que transmiten impulsos entre los nervios, los músculos y las glándulas.

Proteínas
Constituyentes esenciales del cuerpo que forman su estructura material y, como los enzimas y las hormonas, regulan las funciones del organismo.

Serotonina
Neurotransmisor cuyos niveles en el cerebro tienen un importante efecto en el estado de ánimo de la persona.

GLOSARIO

Sistema cardiovascular
Vasos sanguíneos y corazón.

Sistema inmunológico
Órganos responsables de la inmunidad, con habilidad para resistir y defenderse de las infecciones.

Sistema nervioso autónomo
Parte del sistema nervioso responsable de las funciones automáticas del cuerpo, como la respiración, la transpiración, la salivación, la digestión y el latir del corazón. El sistema simpático activa la respuesta de alarma del cuerpo y lo prepara para la acción. El sistema parasimpático está relacionado con el restablecimiento y la conservación de los recursos del cuerpo.

Sistema nervioso central
Red de células muy extensa que transporta información en forma de impulsos eléctricos hacia y desde todas las partes del organismo para producir la actividad corporal.

Direcciones útiles

Aromaterapia
Escuela Mediterránea de Aromaterapia
Federación Internacional de Aromaterapeutas IFA
Alloza 76
12001 Castellón
Tel: 34 642411825

Entrenamiento autogénico
Asociación Española de Psicoterapia AEP
Instituto de Psicoterapia Autógena
Centro de Investigación Psicosomática
Tel: 34 902105210
website: http://www.psicoter.es
e-mail: psy@terra.es

Herbalismo
Gremio de Herbolarios y apiculturos
Rda. Universitat 6, ent. 1ª
08007 Barcelona
Tel: 93 4121445
website: http://www.associadietherb.com
e-mail: gremi83@comunired.com

Hipnoterapia
Centro de Investigación en Psicoterapia
General Díaz Porlier 33
28001 Madrid
Tel: 34 914025917
website: http://www.ceipsicoterapia.com
e-mail: cramos@mudivia.es

Masaje
Escuela de Quiromasaje
Cartagena 179
28002 Madrid
Tel: 34 915613131
website: http://www.eqm.arrakis.es
e-mail: eqm98@arrakis.es

Meditación
Casa del Tíbet
Passeig de Sant Joan 104, 2º 2ª
08037 Barcelona
Tel: 34 932075966
website: http://www.casadeltibetbcn.org
e-mail: info@casadeltibetbcn.org

DIRECCIONES ÚTILES

Nutrición
Sociedad Española de Dietética y Ciencias de la Alimentación
Federación Española de Sociedades de Nutrición, Alimentación y Dietética
(FESNAD)
Tremp 7, bajos
28040 Madrid
Tel: 34 914598553
website: http://www.www.nutricion.org
e-mail: sedca@nutricion.org

Reflexología
ISMET
Clínica y centro de estudios
Floridablanca 18-20
08015 Barcelona
Tel: 34 934265050
website: http://www.centreismet.com
e-mail: ismet@wanadoo.es

Relajación y Respiración
Integral: Centro médico y de salud
Plaça Urquinaona 2, 3º 2ª
08010 Barcelona
Tel: 34 933183050/34 933017837
website: http://www.integralcentremedic.com

Tai Chi
Tai chi taoísta
Plaça Joanic 3, bajos
08024 Barcelona
Tel: 34 932840491
e-mail: atctcat@redestb.es

Técnica Alexander
Asociación Profesores Técnica Alexander España (APTAE)
Tel: 34 637248343
website: http://www.aptae.net
e-mail: aptae@mixmail.com / info@aptae.net

Terapia Gestalt
Asociación española de terapia Gestalt
Plaça Universitat 1, 2 A
08007 Barcelona
Tel: 34 933233222
website: http://www.gestalt.es
e-mail: info@gestat.es

Yoga
AEPY (Asociación Española de Practicantes de Yoga)
Plaça Osca 4, bajos
08014 Barcelona
Tel: 93 4319457
website: http://www.aepy.org
e-mail: aepy@arrakis.es

Índice

aceites esenciales 183-185, 190, 246-247
    enebro 185, 247
    geranio 185
    ilang ilang 185, 247
    jengibre 185
    lavanda 185, 247
    limón 185
    manzanilla, 247
    melisa 247
    naranja 185
    pomelo 185
    romero 247
    sándalo 185, 247
Adho Mukha Shvanasana, 100, 128
adrenalina 14, 25, 64, 190, 198, 234, 250
aeróbic 15
afirmaciones 148-151, 190
agentes estresantes 196
agotamiento 197
Ajnâ, chakra del entrecejo 79, 128, 156-158
aleluya 152
Alexander, técnica de 205
alfa, estado 135, 145, 147, 190
alineamiento 64
aminoácidos 250
Anâhata, chakra del corazón 128, 156-158
Anuloma Viloma 81-82, 128
árbol, postura del 110-11
arco, postura del 116, 128
aromaterapia 183-185, 190, 246-247
    aceites 185, 219, 247
    baños 246
    masaje 246
arte 219
asanas 75, 84, 85, 128
Aswini mudra 87, 128
atención vigilante 146-147, 179, 190
autohipnosis 220
automasaje 207
autosugestión 222
ayurveda 160, 190

Bach, Edward 249
baños 205, 246
bergamota, aceite de 185, 247
beta, estado 135, 190
Bhadrasana 106, 128
Bhujangasana 114-115, 128
bíceps 18, 64
Bilikasana 94, 128
biofeedback 221

biotipos 11
budismo 132, 152

cabeza a la rodilla, postura de 104-105, 128
cabeza, postura sobre la 124
cadáver, postura del 90, 129
Caddy, Eileen 132
caderas y muslos,, tonificación, *véase* ejercicios, método Pilates
cambios positivos 225
camello, postura del 118
cansancio 238, 241
carbohidratos 230
"central eléctrica" del cuerpo 30, 31, 50, 64
centrar 30, 64
centrar la atención 134
cerebro, partes izquierda y derecha 135, 149, 163
chakras 78, 79, 128, 156-161, 180-181, 190
    chakra basal o chakra raíz 79, 128, 156-158, 180
    chakra de la coronilla 79, 129, 156-158, 181
    chakra de la garganta 79, 129, 156-158, 181
    chakra del corazón 79, 128, 156-158, 181
    chakra del entrecejo 79, 128, 156-158, 181
    chakra del plexo solar 79, 128, 156-158, 181
    chakra sexual o del sacro 79, 129, 156-158, 180
    desbloqueo 160
    meditación de los chakras 161
    situación 159
chi 30, 64 156, 190
China 183
ciclismo 235
cifosis 33, 65
    torácica 33, 64
cintas magnetofónicas 218
circulación 14
círculos grandes *véase* ejercicios método Pilates
círculos progresivos *véase* ejercicios, método Pilates
clavícula 19
cobra, postura de la 114-115, 128
colchoneta de deporte 20
colesterol 196, 250

colores 172-177
    propiedades 173
    solucionar problemas 175
columna 47
    problemas 33
    véase también espalda,
concentración pasiva 212
    control 75, 220
    ujjayi 81, 129
        beneficios del 81
control mental 213
cortisol 64, 144
costillas 19
Coué, Émile 222
coxis 19
cráneo 19
cuádriceps 18, 64
cubito 19
cuervo, postura del 125, 128

de pie correctamente 42
    flexión hacia delante 98
    meditación 154
    posturas *véase también* ejercicios de pie, método Pilates
    yoga 98-101
decocciones 248
deltoides 18, 64
Dhanurasana 116, 128
dieta 75, 228, 230-233
digestión 14
dios de la danza, postura del 112, 208
dióxido de carbono 64
duelo 227

ectomorfo 11, 64
Egipto, antiguo 183
ejercicio físico 15, 234-235
ejercicios, método Pilates
    alzamiento de cabeza 37
    balanceo de brazos 38-39
    calentamiento 38-39
    círculos grandes 40
    círculos pequeños 40
    círculos progresivos 41
    ejercicios de pie, 42-49
    estiramiento de tórax 48, 58
    liberación de columna 49
    nadando estilo espalda 60
    piernas flexionadas y brazos levantados 46
    sentado 50-53
    tonificación de caderas y muslos 62

ÍNDICE

torsión de columna 52
torsión lumbar 56
elevaciones de cabeza, *véase* ejercicios método Pilates
embarazo 22
emociones 16
endomorfo 11, 64
endorfinas 25, 64, 190, 223, 234, 250
enebro, aceite de 185
entrenamiento autogénico 221
envejecimiento 73
equilibrio 12, 14, 157
    posturas de, 110-113
equipo 20, 48, 60
esencias florales 249
espacio para la meditación 140
espalda
    curvada 63
    dolor 55
    fortalecimiento 114-119
    inferior (lumbar) 50, 52, 61
    nadando estilo 60
    véase también columna
espontaneidad 141
estaciones 243
esternocleidomastoideo 18, 65
esternón 19
estimulantes 232-233, 250
    dependencia 233
estrés
    alivio por el yoga 73, 88-89
    alivio por la meditación 194, 212-215, 222
    causas 196
    cómo identificarlo 198
    efectos 144
    estadios de adaptación al 196-197
    hormonas 133, 196

fémur 19
feng shui 241
feto, postura del 105, 128
flexión hacia delante 94-95, 129
fragancias 182-185
    efectos físicos 182
fruta 233

Galeno 183
gato, postura del 94, 128
glúteo mayor 18, 65
glúteo menor 18, 65
gran estiramiento lateral 101, 129
grasas 230
    quemar grasas, ejercicios para 24
Grecia, antigua 183
guerrero, postura del 101, 129

Halasana 122, 128
hatha yoga 74, 128
hidroterapia 205
hierbas 183
hijos 227
hiperventilación 250
hipnosis 220-221
hipnoterapia 221
Hipócrates 183
hombros, postura sobre los 120-121, 129
hormonas 133, 196, 250
huesos 19
húmero 19

ida 128
imaginación 162
improvisación 140
infusión 248
inmunológico, sistema 12, 251
insomnio 198
invertidas, posturas 120-125

Janushirshasana 104, 128
jardinería 242
jazmín, aceite de 247

Kakasana 125, 128
Kapalabhati 83, 128
Kerala, India 71
kundalini, energía 107, 128, 191
kung fu 30

leucocitos 65
liberación de columna *véase* ejercicios método Pilates
linfa 65
lordosis
    cervical 33, 65
    lumbar 33, 65
loto, postura de la flor de 108-109, 129
"Luchar o huir", respuesta 16, 25, 65, 144, 163, 213
lumbar, torsión *véase* ejercicios, método Pilates
luz 172-177

mandíbula 19
Manipura, chakra del plexo solar 79, 128, 156-158, 181
mantras 87, 128, 152-153, 180, 191
    sonido, calidad 153
Marcyasana 107, 128
mariposa, postura de la 106, 128
masaje 145, 200, 206-207
    cabeza 207
    cuello y hombros 206
    efectos físicos 206
    mano 201, 207

Matsyasana 119, 128
medio loto, postura del 108
meditación
    atención vigilante 147
    avivar la confianza 189
    cambiando de perspectiva 187
    caminar con plena conciencia y atención 155
    chakras y colores 175
    comprender mejor 166
    contar la respiración 143
    de la flor dorada 154
    de viaje 186
    ejercicios de afirmación 151
    guiada 167
    mantra 215
    paso a paso 187
    santuario 167
    vela 176, 177
mesomorfo 11, 65
metabolismo 250
metacarpos 19
metatarsos 19
miedo al futuro 225
movimientos de cuello 92
MTC (Medicina Tradicional China) 65
Mudhasana 105, 128
mudra 86, 128
Muladhara, chakra basal 79, 128, 156-158, 180
músculo abdominal, 30, 40, 63
músculos 18
    abdominales 30, 40, 63
    relajación 200, 204
    tensión 204
música 179, 218
    clásica 179
musicoterapia 141, 191

nadis
    ida 78
    sushumna 78, 129, 159, 191
Namaste mudra 95, 101, 128, 201
Natarajasana 112
naturaleza 242-243
nervios 17
nervioso
    sistema central 213, 251
neutra, posición 55, 58
New Age, música 179

objeto de meditación 214
olfativas, vías 219
olfato 219
Om 87, 129, 215
omoplato 19, 50
ondas 135, 213
orador, postura del 95, 101, 129, 201

ÍNDICE

Padahastasana 98
Padmasana 108-109, 129
palmera, postura de la 95, 129
parejas 226
Parsvottanasana 101, 129
Paschimothanasana 102-103
pensamiento creativo 127
pequeños círculos *véase* ejercicios, método Pilates
peroné 19
perro que se estira, postura del 100, 128
pez, postura del 119, 128
piernas cruzadas, postura sentada de 142
piernas, estiramientos de 93
pies 209
Pilates, Joseph 10, 12
Pilates, método 7
   ejercicios *véase* ejercicios, método Pilates
   historia y evolución 12-13
pinza, postura de la 102-103
postura 32, 33, 34, 42, 142-143
   correcta 42, 50, 54
   mala 33, 34, 238
posturales, hábitos 32
posturas *véase* asanas
prana 78, 129, 156, 191
pranayama 75, 129
presión arterial alta 49
priorizar 138
proteínas 230, 250
puente, postura del pequeño 123, 129

q'i 203, 209, 241, 250

radio 19
raquitismo 65
reflexología 200, 209
relaciones 226-227
relajación 198-199
   técnicas 200-201
religiones 132, 152
REM (Rapid Eye Movement), sueño 244
remedios florales 249
remedios herbales 248
respiración 142-143, 200, 202-203, 234
   abdominal 27
   alterna, Anuloma Viloma 81-82, 128, 203
   correcta 26-27
   costal *véase* respiración torácica
   deficiente 202
   leve 27
   torácica 28, 31, 40, 43, 46, 49, 51, 55, 56, 58, 60, 62, 65

ujjayi 81, 129
yóguica 80-83
recuperar la energía vital 208-209
risa 223
rodillas, posturas de 143
ropa
   método Pilates 21
   yoga 77
rotación de hombros 93
rótula 19

sacro 19
Sahasrâra, chakra de la coronilla 79, 129, 156-158, 181
Salabhasana 117
salutación al sol 96-97, 129
sanar 168-171
Sarvangasana 120-121, 129
Sattva 129
Savasana 90, 129
seguridad 22
sentadas, posturas 142
sentarse correctamente 50
serotonina 250
Setu Bandha Sarvangasana 123, 129
Shatki 129
Shiva 129
Sirshasana 124
Soham 87
sonido 178-181, 191
   solucionar problemas 180
   terapia 218
suelo pélvico, músculos del 43, 46, 48,
suelo, ejercicios de 54-63
sueño 244-245
   potenciadores 245
   problemas del 244
sueños 245
suprarrenales, glándulas 64
Suryanamaskar 96-97, 129
sushumna, nadi 78, 129, 159, 191
Svâdhistâna, chakra sexual 79, 129, 156-158, 180

tacto 215
   terapéutico, 219
Tadasana 95, 129
TAE (Trastorno Afectivo Estacional) 176, 191
tai chi chuan 8, 30, 66, 209
tantien 30, 66
tejidos (cuerpo) 17
tendida, postura 143
tibia 19
tiempo
   ahorrar 139
   planificación efectiva del 136
tiempo meteorológico 243

tiempo, encontrar 139
tinturas 248
tórax, estiramiento de *véase* ejercicios, método Pilates
torsión de columna, postura 107, 128
   véase también torsión de columna, ejercicios método Pilates
toxinas 73
trabajo 229, 236-239
   desconectar del 239
trapecio 18, 66
triángulo, postura del 99, 129
tríceps 18, 66
trikonasana 99, 129

ujjayi *véase* respiración ujjayi
Ustrasana 118
Uttanasana 94-95, 129

vacaciones 239
vaporización 247
vértebras
   cervicales 19
   lumbares 19
   torácicas 19
vipassana 212
Virabhadrasana 101, 129
Vishuddhi, chakra de la garganta 79, 156-158, 181
visualización 25, 162-167, 168-169, 171, 216-219, 222, 225
   beneficios 163
   herramientas 165
vitaminas 231
Vrikshasana 110-111

yoga
   ambiente 77
   meditación 75
   mudra 86, 128
   ropa 77
yogui 129
yoguini 129